中外经典文库

U0062553

胡 适 文 选

洪治纲　主编

上海大学出版社

·上海·

图书在版编目(CIP)数据

胡适文选 / 洪治纲主编. —上海：上海大学
出版社，2023.11
（中外经典文库）
ISBN 978-7-5671-4661-7

Ⅰ.①胡… Ⅱ.①洪… Ⅲ.①胡适（1891-1962）
-文集 Ⅳ.①C52

中国国家版本馆 CIP 数据核字（2023）第 067967 号

统　筹　刘　强
责任编辑　陈　露
助理编辑　张淑娜
封面设计　柯国富
技术编辑　金　鑫　钱宇坤

中外经典文库
胡适文选
洪治纲　主编
上海大学出版社出版发行
（上海市上大路 99 号　邮政编码 200444）
（https://www.shupress.cn　发行热线 021-66135112）
出版人　戴骏豪
＊
南京展望文化发展有限公司排版
上海华业装潢印刷厂有限公司印刷　　各地新华书店经销
开本 890mm×1240mm　1/32　印张 9.75　字数 227 千字
2023 年 11 月第 1 版　2023 年 11 月第 1 次印刷
ISBN 978-7-5671-4661-7/C·146　定价 48.00 元

目录
CONTENTS

《中国哲学史大纲》(卷上)导论[①]

哲学的定义　哲学的定义,从来没有一定的。我如今也暂下一个定义:"凡研究人生切要的问题,从根本上着想,要寻一个根本的解决:这种学问,叫做哲学。"例如行为的善恶,乃是人生一个切要问题。平常人对着这问题,或劝人行善去恶,或实行赏善罚恶,这都算不得根本的解决。哲学家遇着这问题,便去研究什么叫做善,什么叫做恶;人的善恶还是天生的呢,还是学得来的呢;我们何以能知道善恶的分别,还是生来有这种观念,还是从阅历经验上学得来的呢;善何以当为,恶何以不当为;还是因为善事有利所以当为,恶事有害所以不当为呢;还是只论善恶,不论利害呢;这些都是善恶问题的根本方面。必须从这些方面着想,方可希望有一个根本的解决。

因为人生切要的问题不止一个,所以哲学的门类也有许多种。例如:

一、天地万物怎样来的。(宇宙论)

二、知识思想的范围、作用及方法。(名学及知识论)

[①]　此文选自《中国哲学史大纲》(卷上)第一篇,上海商务印书馆 1919 年出版,台湾商务印书馆于 1958 年改为《中国古代哲学史》重新出版。

三、人生在世应该如何行为。（人生哲学，旧称"伦理学"）

四、怎样才可使人有知识、能思想、行善去恶呢。（教育哲学）

五、社会国家应该如何组织、如何管理。（政治哲学）

六、人生究竟有何归宿。（宗教哲学）

哲学史　这种种人生切要问题，自古以来，经过了许多哲学家的研究。往往有一个问题发生以后，各人有各人的见解，各人有各人的解决方法，遂致互相辩论。有时一种问题过了几千百年，还没有一定的解决法。例如孟子说人性是善的，告子说性无善无不善，荀子说性是恶的。到了后世，又有人说性有上中下三品，又有人说性是无善无恶可善可恶的。若有人把种种哲学问题的种种研究法和种种解决方法，都依着年代的先后和学派的系统，一一记叙下来，便成了哲学史。

哲学史的种类也有许多：

一、通史。例如《中国哲学史》《西洋哲学史》之类。

二、专史。

（一）专治一个时代的。例如《希腊哲学史》《明儒学案》。

（二）专治一个学派的。例如《禅学史》《斯多亚派哲学史》。

（三）专讲一人的学说的。例如《王阳明的哲学》《康德的哲学》。

（四）专讲哲学的一部分的历史。例如《名学史》《人生哲学史》《心理学史》。

哲学史有三个目的：

（一）明变　哲学史第一要务，在于使学者知道古今思想沿革变迁的线索。例如孟子、荀子同是儒家，但是孟子、荀子的学说，和孔子不同。孟子又和荀子不同。又如宋儒、明儒也都自称孔氏，但是宋明的儒学，并不是孔子的儒学，也不是孟子、荀子的儒学。但是这个不同之中，却也有个相同的所在，又有个一线相承的所在。这种同异沿革的线索，非有哲学史，不能明白写出来。

（二）求因　哲学史目的，不但要指出哲学思想沿革变迁的线索，还须要寻出这些沿革变迁的原因。例如程子、朱子的哲学，何以不同于孔子、孟子的哲学？陆象山王阳明的哲学，又何以不同于程子、朱子呢？这些原因，约有三种：

（甲）个人才性不同。

（乙）所处的时势不同。

（丙）所受的思想学术不同。

（三）评判　既知思想的变迁和所以变迁的原因了，哲学史的责任还没有完，还须要使学者知道各家学说的价值：这便叫做评判。但是我说的评判，并不是把做哲学史的人自己的眼光，来批评古人的是非得失。那种"主观的"评判，没有什么大用处。如今所说，乃是"客观的"评判。这种评判法，要把每一家学说所发生的效果表示出来。这些效果的价值，便是那种学说的价值。这些效果，大概可分为三种：

（甲）要看一家学说在同时的思想，和后来的思想上，发生何种影响。

（乙）要看一家学说在风俗政治上，发生何种影响。

（丙）要看一家学说的结果，可造出什么样的人格来。

例如古代的"命定主义"，说得最痛切的，莫如庄子。庄子把天道看作无所不在，无所不包，故说"庸讵知吾所谓天之非人乎？所谓人之非天乎？"因此他有"乘化以待尽"的学说。这种学说，在当时遇着荀子，便发生一种反动力。荀子说"庄子蔽于天而不知人"，所以荀子的《天论》极力主张征服天行，以利人事。但是后来庄子这种学说的影响，养成一种乐天安命的思想，牢不可破。在社会上,好的效果,便是一种达观主义;不好的效果,便是懒惰不肯进取的心理。造成的人才,好的便是陶渊明、苏东坡;不好的便是刘伶一类达观的废物了。

中国哲学在世界哲学史上的位置　世界上的哲学大概可分为东西两支。东支又分印度、中国两系,西支也分希腊、犹太两系。初起的时候,这四系都可算作独立发生的。到了汉以后,犹太系加入希腊系,成了欧洲中古的哲学。印度系加入中国系,成了中国中古的哲学。到了近代,印度系的势力渐衰,儒家复起,遂产生了中国近世的哲学,历宋元明清直到于今。欧洲的思想,渐渐脱离了犹太系的势力,遂产生欧洲的近世哲学。到了今日,这两大支的哲学互相接触,互相影响。五十年后、一百年后,或竟能发生一种世界的哲学,也未可知。

附世界哲学系统图

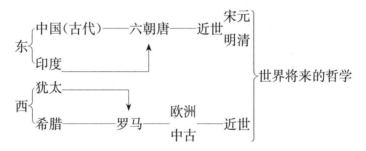

中国哲学史的区分　中国哲学史可分三个时代:

(一)古代哲学　自老子至韩非,为古代哲学。这个时代,又名"诸子哲学"。

(二)中世哲学　自汉至北宋,为中世哲学。这个时代,大略又可分作两个时期:

(甲)中世第一时期　自汉至晋为中世第一时期。这一时期的学派,无论如何不同,都还是以古代诸子的哲学作起点的,例如《淮南子》是折衷古代各家的;董仲舒是儒家的一支;王充的天论得力于道家,性论折衷于各家;魏晋的老庄之学,更不用说了。

(乙)中世第二时期　自东晋以后,直到北宋,这几百年中间,是印度哲学在中国最盛的时代。印度的经典,次第输入中国。印度的宇宙论、人生观、知识论、名学、宗教哲学,都能于诸子哲学之外,别开生面、别放光彩。此时凡是第一流的中国思想家,如智顗、玄奘、宗密、窥基,多用全副精力,发挥印度哲学。那时的中国系的学者,如王通、韩愈、李翱诸人,全是第二流以下的人物。他们所有的学说,浮泛浅陋,全无精辟独到的见解。故这个时期的哲学,完全以印度系为主体。

(三)近世哲学　唐以后,印度哲学已渐渐成为中国思想文明的一部分。譬如吃美味,中古第二时期是仔细咀嚼的时候,唐以后便是胃里消化的时候了。吃的东西消化时,与人身本有的种种质料结合,别成一些新质料。印度哲学在中国,到了消化的时代,与中国固有的思想结合,所发生的新质料,便是中国近世的哲学。我这话初听了好像近于武断。平心而论,宋明的哲学,或是程朱,或是陆王,表面上虽都不承认和佛家禅宗有何关系,其实没有一派不曾受印度学说的影响的。这种影响,约有两方面。一面是直接的。如由佛家的"观心",回到孔子的"操心",到孟子的"尽心""养心",到《大学》的"正心":是直接的影响。一面是反动的。佛家见解尽管玄妙,终究是出世的,是"非伦理的"。宋明的儒家,攻击佛家的出世主义,故极力提倡"伦理的"入世主义。明心见性,以成佛果,终是自私自利;正心诚意,以至于齐家、治国、平天下,便是伦理的人生哲学了。这是反动的影响。

明代以后,中国近世哲学完全成立。佛家已衰,儒家成为一尊。于是又生反动力，遂有汉学宋学之分。清初的汉学家，嫌宋儒用主观的见解，来解古代经典，有"望文生义""增字解经"种种流弊。故汉学的方法，只是用古训、古音、古本等等客观的根据，来求经典的原意。故嘉庆以前的汉学宋学之争，还只是儒家的内哄。但是汉学家既重古训古义，不得不研究与古代儒家同时的子书，用来作参考互证的材料。故清初的诸子学，不过是经学的一种附属品，一种参考书。不料后来的学者，越研究子书，越觉得子书有价值。故孙星衍、王念孙、王引之、顾广圻、俞樾诸人，对于经书与子书，简直没有上下轻重和正道异端的分别了。到了最近世，如孙诒让、章炳麟诸君，竟都用全副精力，发明诸子学。于是从前作经学附属品的诸子学，到此时代，竟成专门学。一般普通学者，崇拜子书，也往往过于儒书。岂但是"附庸蔚为大国"，简直是"婢作夫人"了。

综观清代学术变迁的大势，可称为古学昌明的时代。自从有了那些汉学家考据、校勘、训诂的工夫，那些经书子书，方才勉强可以读得。这个时代，有点像欧洲的"再生时代"。再生时代西名 Renaissance 旧译文艺复兴时代。欧洲到了"再生时代"，昌明古希腊的文学哲学，故能推翻中古"经院哲学"旧译烦琐哲学，极不通。原文为 Scholasticism，今译原义。的势力，产出近世的欧洲文化。我们中国到了这个古学昌明的时代，不但有古书可读，又恰当西洋学术思想输入的时代，有西洋的新旧学说可供我们的参考研究。我们今日的学术思想，有这两个大源头：一方面是汉学家传给我们的古书；一方面是西洋的新旧学说。这两大潮流汇合以后，中国若不能产生一种中国的新哲学，那就真是辜负了这个好机会了。

哲学史的史料　上文说哲学史有三个目的：一是明变，二是求因，三是评判。但是哲学史先须做了一番根本工夫，方才可望达到这三个目的。这个根本工夫，叫做述学。述学是用正确的手段，科学的方法，精密的心思，从所有的史料里面，求出各位哲学家的一生行事、思想渊源沿革和学说的真面目。为什么说"学说的真面目"呢？因为古人读书编书最不细心，往往把不相干的人的学说并入某人的学说；例如《韩非子》的第一篇是张仪说秦王的书。又如《墨子·经上下》《经说上下》《大取》《小取》诸篇，决不是墨翟的书。或把假书作为真书；如《管子》《关尹子》《晏子春秋》之类。或把后人加入的篇章，作为原有的篇章；此弊诸子书皆不能免。试举《庄子》为例。《庄子》书中伪篇最多。世人竟有认《说剑》《渔父》诸篇为真者。其他诸篇，更无论矣。或不懂得古人的学说，遂致埋没了；如《墨子·经上》诸篇或把古书解错了，遂失原意；如汉人用分野、爻辰、卦气说《易经》，宋人用太极图、先天卦位图说《易经》。又如汉人附会《春秋》来说灾异，宋人颠倒《大学》，任意补增，皆是其例。或各用己意解古书，闹得后来众说纷纷，糊涂混乱。如《大学》中"格物"两字，解者多至七十余家。又如老庄之书说者纷纷，无两家相同者。有此种种障碍，遂把各家学说的真面目大半失掉了。至于哲学家的一生行事，和所居的时代，古人也最不留意。老子可见杨朱；庄周可见鲁哀公；管子能说毛嫱西施；墨子能见吴起之死和中山之灭；商鞅能知长平之战；韩非能说荆齐燕魏之亡。此类笑柄，不可胜数。《史记》说老子活了一百六十多岁，或言二百余岁，又说孔子死后一百二十九年，老子还不曾死。那种神话，更不足论了。哲学家的时代，既不分明，如何能知道他们思想的传授沿革？最荒谬的是汉朝的刘歆、班固说诸子的学说都出于王官；又说"合其要归，亦六经之支与流裔"。《汉书·艺文志》。看胡适《诸子不出于王官论》《太平洋杂志》第一卷第七号。诸子既都出于王官与六经，还有什么别的渊源传授可说？

　　以上所说，可见"述学"之难。述学的所以难，正为史料或不完备或不可靠。哲学史的史料，大概可分为两种：一为原料，一为副料。今分说于下：

一、原料　哲学史的原料，即是各哲学家的著作，近世哲学史对于这一层，大概没有什么大困难。因为近世哲学发生在印书术通行以后，重要的哲学家的著作，都有刻板流传；偶有散失埋没的书，终究不多。但近世哲学史的史料，也不能完全没有疑窦。如谢良佐的《上蔡语录》里，是否有江民表的书？如朱熹的《家礼》是否可信为他自己的主张？这都是可疑的问题。又宋儒以来，各家都有语录，都是门弟子笔记的。这些语录，是否无误记误解之处，也是一个疑问。但是大致看来，近世哲学史料还不至有大困难。到了中世哲学史，便有大困难了。汉代的书，如贾谊的《新书》，董仲舒的《春秋繁露》，都有后人增加的痕迹。又如王充的《论衡》，是汉代一部奇书，但其中如《乱龙》篇极力为董仲舒作土龙求雨一事辩护，与全书的宗旨恰相反。篇末又有"《论衡》终之，故曰《乱龙》。乱者，终也"的话，全无道理。明是后人假造的。此外重复的话极多。伪造的书定不止这一篇。又如仲长统的《昌言》，乃是中国政治哲学史上有数的书，如今已失，仅存三篇。魏晋人的书，散失更多。《三国志》《晋书》《世说新语》所称各书，今所存的，不过几部书。如《世说新语》说魏晋注《庄子》的有几十家，今但有郭象注完全存在。《晋书》说鲁胜有《墨辩注》，今看其序，可见那注定极有价值，可惜现在不传了。后人所编的汉魏六朝人的集子，大抵多系东抄西摘而成的，那原本的集子大半都散失了。故中古哲学史料最不完全。我们不能完全恢复魏晋人的哲学著作，是中国哲学史最不幸的事。到了古代哲学史，这个史料问题更困难了。表面上看来，古代哲学史的重要材料，如孔、老、墨、庄、孟、荀、韩非的书，都还存在。仔细研究起来，这些书差不多没有一部是完全可靠的。大概《老子》里假的最少。《孟子》或是全真，或是全假。宋人疑《孟子》者甚多。依我看来，大约是真的。称"子曰"或"孔子曰"的书极多，但是真可靠的实在不多。《墨子》《荀子》两部书里，很多后人杂凑伪造的文字。《庄子》一书，大概十分之八九是假造的。《韩非子》也只有十分之一二可靠。此外如《管子》《列子》《晏子春秋》诸书，是后人杂凑成的。《关尹子》《鹖冠子》《商君书》，是后人伪造的。《邓析子》也是假书。《尹文子》似乎是真书，但不无后人加入的材料。《公孙龙子》有真有假，又多错误。这是我们所有的原料。更想到《庄子·天下》篇和《荀子·非十二子》篇、《天论》篇、《解蔽》篇，所举它嚣、魏牟、陈仲、即《孟子》之陈仲子。宋钘、即《孟子》之宋轻。彭蒙、田骈、慎到、今所传《慎子》五篇是佚文。惠施、申不害；和王充《论衡》所举的世硕、漆雕开、宓子贱、公孙尼子，都没有著作遗传下来。更想到孔门一脉的儒家，所著书籍，何止大小戴《礼记》里所采的几篇？ 如此一想，可知中国古代哲学的史料，于今所存不过十分之一二。其余的十分之八九，都不曾保存下来。古人称"惠施多方，其书五车"。于今惠施的学说，只剩得一百多个字。若依此比例，恐怕现存的古代史料，还没有十分之一二呢！原著的书既散失了这许多，于今又无发现古书的希望，于是有一班学者，把古书所记各人的残章断句，一一搜集成书。如汪继培或孙星衍的《尸子》，如马国翰的《玉函山房辑佚书》。这种书可名为"史料钩沉"，在哲学史上也极为重要。如惠施的五车书都失掉了，幸亏有《庄子·天下》篇所记的十事，还可以考见他的学说的性质。又如告子与宋钘的书，都不传了，今幸亏有《孟子》的《告子》篇和《荀子》的《正论》篇，还可以考见他们的学说的大概。又如各代历史的列传里，也往往保存了许多中古和近世的学说。例如《后汉书》的《仲长统传》保存了三篇《昌言》；《梁书》的《范缜传》保存了他的《神灭论》。这都是哲学史的原料的一部份。

二、副料　原料之外，还有一些副料，也极重要。凡古人所作关于哲学家的传记、轶事、评论、学案、书目，都是哲学史的副料。例如《礼记》中的《檀弓》，《论语》中的十八、十九两篇，《庄子》中的《天下》篇、《荀子》中的《正论》篇、《吕氏春秋》《韩非子》的《显学》篇、《史记》中各哲学家的列传，皆属于此类。近世文集里有许多传状序跋，也往往可供参考。至于黄宗羲的《明儒学案》，及黄宗羲、黄百家、全祖望的《宋元学案》，更为重要的哲学史副料。若古代中世的哲学都有这一类的学案，我们今日编哲学史，便不至如此困难了。副料的重要，约有三端：第一，各哲学家的年代家世事迹，未必在各家著作之中，往往须靠这种副料，方才可以考见。第二，各家哲学的学派系统，传授源流，几乎全靠这种副料作根据。例如《庄子·天下》篇与《韩非子·显学》篇论墨家派别，为他书所无。《天下》篇说墨家的后人，"以坚白同异之辩相訾，以觭偶不仵之辞相应"，可考证后世俗儒所分别的"名家"，原不过是墨家的一派。不但"名家出于礼官之说"不能成立，还可证明古代本无所谓"名家"。说详见本书第八篇。第三，有许多学派的原著已失，全靠这种副料里面，论及这种散失的学派，借此可以考见他们的学说大旨。如《庄子·天下》篇所论宋钘、彭蒙、田骈、慎到、惠施、公孙龙、桓团及其他辩者的学说；如《荀子·正论》篇所称宋钘的学说，都是此例。上节所说的"史料钩沉"，也都全靠这些副料里所引的各家学说。

以上论哲学史料是什么。

史料的审定　中国人作史，最不讲究史料。神话官书，都可作史料，全不问这些材料是否可靠。却不知道史料若不可靠，所作的历史便无信史的价值。孟子说，"尽信书则不如无书"。孟子何等崇拜孔子，但他对于孔子手定之书，还持怀疑态度①。何况我们生

---

① "孟子何等崇拜孔子"以下 24 字，台北版删去。

在今日，去古已远，岂可一味迷信古书，甘心受古代作伪之人的欺骗？哲学史最重学说的真相、先后的次序和沿革的线索。若把那些不可靠的材料信为真书，必致：（一）失了各家学说的真相；（二）乱了学说先后的次序；（三）乱了学派相承的系统。我且举《管子》一部书为例。《管子》这书，定非管仲所作，乃是后人把战国末年一些法家的议论和一些儒家的议论如《内业》篇，如《弟子职》篇。和一些道家的议论，如《白心》《心术》等篇。还有许多夹七夹八的话，并作一书；又伪造了一些桓公与管仲问答诸篇，又杂凑了一些纪管仲功业的几篇；遂附会为管仲所作。今定此书为假造的，证据甚多，单举三条：

（一）《小称》篇记管仲将死之言，又记桓公之死。管仲死于西历前六四三年。《小称》篇又称毛嫱西施。西施当吴亡时还在。吴亡在西历前四七二年，管仲已死百七十年了。此外如《形势解》说"五伯"，《七臣七主》说"吴王好剑，楚王好细腰。"皆可见此书为后人伪作。

（二）《立政》篇说："寝兵之说胜，则险阻不守；兼爱之说胜，则士卒不战。"《立政九败解》说"兼爱"道："视天下之民如其民，视人国如吾国，如是则无并兼攘夺之心。"这明指墨子的学说，远在管仲以后了。《法法》篇亦有求废兵之语。

（三）《左传》纪子产铸刑书，西历前五三六叔向极力反对。过了二十几年，晋国也作刑鼎，铸刑书。孔子也极不赞成。西历前五一三这都在管仲死后一百多年。若管仲生时已有了那样完备的法治学说，何以百余年后，贤如叔向、孔子，竟无一毫法治观念？或言孔子论晋铸刑鼎一段，不很可靠。但叔向谏子产书，决不是后人能假造的。何以子产答叔向书，也只能说"吾以救世而已"？为什么不能利用百余年前已发挥尽致的法治学说？这可见《管子》书中的法治学说，乃是战国末年的出产物，决不是管仲时代所能突然发生的。全书的文法笔势也都不是老子、孔子以前能产生的。即以论法治诸篇看来，如《法法》篇两次说"《春秋》之记，臣有弑其君，子有弑其父者矣"。可见是后人伪作的了。

《管子》一书既不是真书，若用作管仲时代的哲学史料，便生出上文所说的三弊：（一）管仲本无这些学说，今说他有，便是张冠李戴，便是无中生有。（二）老子之前，忽然有《心术》《白心》诸篇那样详细的道家学说；孟子、荀子之前数百年，忽然有《内业》那样深密的儒家心理学；法家之前数百年，忽然有《法法》《明法》《禁藏》诸篇那样发达的法治主义。若果然如此，哲学史便无学说先后演进的次序，竟变成了灵异记、神秘记了！（三）管仲生当老子、孔子之前一百多年，已有那样规模广大的哲学。这与老子以后一步一步、循序渐进的思想发达史，完全不合。故认《管子》为真书，便把诸子学直接间接的渊源系统一齐推翻。

以上用《管子》作例，表示史料的不可不审定。读古书的人，须知古书有种种作伪的理由。第一，有一种人实有一种主张，却恐怕自己的人微言轻，不见信用，故往往借用古人的名字。《庄子》所说的"重言"，即是这一种借重古人的主张。康有为称这一种为"托古改制"，极有道理。古人言必称尧舜，只因为尧舜年代久远，可以由我们任意把我们理想中的制度一概推到尧舜的时代。即如《黄帝内经》假托黄帝，《周髀算经》假托周公，都是这个道理。韩非说得好：

孔子墨子俱道尧舜，而取舍不同，皆自谓真尧舜。尧舜不

复生，将谁使定儒墨之诚乎？《显学》篇

正为古人死无对证，故人多可随意托古改制。这是作伪书的第一类。第二，有一种人为了钱财，有意伪作古书。试看汉代求遗书的令，和诸王贵族求遗书的竞争心，便知作假书在当时定可发财。这一类造假书的，与造假古董的同一样心理。他们为的是钱，故东拉西扯，篇幅越多，越可多卖钱。故《管子》《晏子春秋》诸书，篇幅都极长。有时得了真本古书，因为篇幅太短，不能多得钱，故又东拉西扯，增加许多卷数。如《庄子》《韩非子》都属于此类。但他们的买主，大半是一些假充内行的收藏家，没有真正的赏鉴本领。故这一类的假书，于书中年代事实，往往不曾考校正确。因此庄子可以见鲁哀公，管子可以说西施。这是第二类的伪书。大概这两类之中，第一类"托古改制"的书，往往有第一流的思想家在内。第二类"托古发财"的书，全是下流人才，思想既不高尚，心思又不精密，故最容易露出马脚来。如《周礼》一书，是一种托古改制的国家组织法。我们虽可断定他不是"周公致太平"之书，却不容易定他是什么时代的人假造的。至于《管子》一类的书，说了作者死后的许多史事，便容易断定了。

　　审定史料之法　审定史料乃是史学家第一步根本工夫。西洋近百年来史学大进步，大半都由于审定史料的方法更严密了。凡审定史料的真伪，须要有证据，方能使人心服。这种证据，大概可分五种：此专指哲学史料。

　　（一）史事　书中的史事，是否与作书的人的年代相符。如不相符，即可证那一书或那一篇是假的。如庄子见鲁哀公，便太前了；如管仲说西施，便太后了。这都是作伪之证。

　　（二）文字　一时代有一时代的文字，不致乱用。作伪书的人，多不懂这个道理，故往往露出作伪的形迹来。如《关尹子》中所用字："术咒""诵咒""役神""豆中摄鬼，杯中钓鱼，画门可开，土鬼可语""婴儿蕊女，金楼绛宫，青蛟白虎，宝鼎红炉"，是道士的话。"石火""想""识""五识并驰""尚自不见我，将何为我所"，是佛家的话。这都是作伪之证。

（三）文体 不但文字可作证，文体也可作证。如《管子》那种长篇大论的文体，决不是孔子前一百多年所能作的。后人尽管仿古，古人决不仿今。如《关尹子》中，"譬犀望月，月影入角，特因识生，始有月形，而彼真月，初不在角"；"又譬如水中之影，有去有来，所谓水者，实无去来"：这决不是佛经输入以前的文体。不但一个时代有一个时代的文体，一个人也有一个人的文体。如《庄子》中《说剑》《让王》《渔父》《盗跖》等篇，决不是庄周的文体。《韩非子》中《主道》《扬榷》今作《扬权》等篇和《五蠹》《显学》等篇，明是两个人的文体。

（四）思想 凡能著书立说成一家言的人，他的思想学说，总有一个系统可寻，决不致有大相矛盾冲突之处。故看一部书里的学说是否能连络贯串，也可帮助证明那书是否真的。最浅近的例，如《韩非子》的第一篇，劝秦王攻韩，第二篇，劝秦王存韩。这是绝对不相容。司马光不仔细考察，便骂韩非请人灭他自己的祖国，死有余辜，岂不是冤煞韩非了！大凡思想进化有一定的次序。一个时代有一个时代的问题，即有那个时代的思想。如《墨子》里《经上下》《经说上下》《大取》《小取》等篇，所讨论的问题，乃是墨翟死后百余年才发生的，决非墨翟时代所能提出。因此可知这六篇书决不是墨子自己做的。不但如此，大凡一种重要的新学说发生以后，决不会完全没有影响。若管仲时代已有《管子》书中的法治学说，决不会二三百年中没有法治观念的影响。又如《关尹子》说，

"即吾心中,可作万物";又说,"风雨雷电,皆缘气而生。而气缘心生。犹如内想大火,久之觉热;内想大水,久之觉寒"。这是极端的万物唯心论。若老子、关尹子时代已有这种唯心论,决无毫不发生影响之理。周秦诸子竟无人受这种学说的影响,可见《关尹子》完全是佛学输入以后的书,决不是周秦的书。这都是用思想来考证古书的方法。

（五）旁证　以上所说四种证据,史事、文字、文体、思想,皆可叫做内证。因这四种都是从本书里寻出来的。还有一些证据,是从别书里寻出的,故名为旁证。旁证的重要,有时竟与内证等。如西洋哲学史家,考定柏拉图（Plato）的著作,凡是他的弟子亚里士多德（Aristotle）书中所曾称引的书,都定为真是柏拉图的书。又如清代惠栋、阎若璩诸人考证梅氏《古文尚书》之伪,所用方法,几乎全是旁证。看阎若璩《古文尚书疏证》,及惠栋《古文尚书考》。又如《荀子·正论》篇,引宋子曰,"明见侮之不辱,使人不斗"。又曰,"人之情欲寡,欲是动词而皆以己之情为欲多,是过也"。《尹文子》说,"见侮不辱,见推不矜,禁暴息兵,救世之斗"。《庄子·天下》篇合论宋钘、尹文的学说道,"见侮不辱,救民之斗;禁攻寝兵,救世之战"。又说,"以禁攻寝兵为外,以情欲寡小为内"。又孟子记宋轻听见秦楚交战,便要去劝他们息兵。以上四条,互相印证,即互为旁证,证明宋钘、尹文实有这种学说。

以上说审定史料方法的大概。今人谈古代哲学,不但根据《管子》《列子》《鬻子》《晏子春秋》《鹖冠子》等书,认为史料。甚至于高谈"邃古哲学"、"唐虞哲学"、全不问用何史料。最可怪的是竟有人引《列子·天瑞》篇"有太易,有太初,有太始"一段及《淮南子》"有始者,有未始有有始者"一段,用作"邃古哲学"的材料,说这都是"古说而诸子述之。吾国哲学思想初萌之时,大抵其说即如此!"谢

无量《中国哲学史》第一编第一章,页六。这种办法,似乎不合作史的方法。韩非说得好:

> 无参验而必之者,愚也。弗能必而据之者,诬也。故明据先王必定尧舜者,非愚即诬也。《显学》篇

参验即是我所说的证据。以现在中国考古学的程度看来,我们对于东周以前的中国古史,只可存一个怀疑的态度。至于"邃古"的哲学,更难凭信了。唐虞夏商的事实,今所根据,止有一部《尚书》。但《尚书》是否可作史料,正难决定。梅赜伪古文,固不用说。即二十八篇之"真古文",依我看来,也没有信史的价值。如《皋陶谟》的"凤凰来仪","百兽率舞",如《金縢》的"天大雷电以风,禾尽偃,大木斯拔。……王出郊,天乃雨,反风。禾则尽起。二公命邦人,凡大木所偃,尽起而筑之,岁则大孰"。这岂可用作史料?我以为《尚书》或是儒家造出的"托古改制"的书,或是古代歌功颂德的官书。无论如何,没有史料的价值。古代的书,只有一部《诗经》可算得是中国最古的史料。《诗经·小雅》说:

> 十月之交,朔日辛卯,日有食之。

后来的历学家,如梁·虞劇,隋·张胄元,唐·傅仁均、僧一行,元·郭守敬,都推定此次日食在周幽王六年十月辛卯朔,日入食限。清朝阎若璩、阮元推算此日食,也在幽王六年。近来西洋学者,也说《诗经》所记月日,西历纪元前七七六年八月二十九日。中国北部可见日蚀。这不是偶然相合的事,乃是科学上的铁证。《诗经》有此一种铁证,便使《诗经》中所说的国政、民情、风俗、思想,一一都有史料的价值了。至于《易经》更不能用作上古哲学史料。《易经》除去《十翼》,止剩得六十四个卦,六十四条卦辞,三百八十四条爻

辞,乃是一部卜筮之书,全无哲学史料可说。故我以为我们现在作哲学史,只可从老子、孔子说起。用《诗经》作当日时势的参考资料。其余一切"无征则不信"的材料,一概阙疑。这个办法,虽比不上别的史家的淹博,或可免"非愚即诬"的讥评了。

整理史料之法　哲学史料既经审定,还须整理。无论古今哲学史料,都有须整理之处。但古代哲学书籍,更不能不加整理的工夫。今说整理史料的方法,约有三端:

(一)校勘　古书经了多少次传写,遭了多少兵火虫鱼之劫,往往有脱误、损坏种种缺点。校勘之学,便是补救这些缺点的方法。这种学问,从古以来,多有人研究,但总不如清朝王念孙、王引之、卢文弨、孙星衍、顾广圻、俞樾、孙诒让诸人的完密谨严,合科学的方法。孙诒让论诸家校书的方法道:

> 综论厥善,大氐以旧刊精校为据依,而究其微旨,通其大例,精研博考,不参成见。其谊正文字讹舛,或求之于本书,或旁证之他籍,及援引之类书,而以声类通转为之辖键。《札迻序》。

大抵校书有三种根据:① 是旧刊精校的古本。例如《荀子·解蔽》篇"不以己所臧害所将受"。宋钱佃本、元刻本、明世德堂本,皆作"所已臧",可据以改正。② 是他书或类书所援引。例如《荀子·天论》篇"修道而不贰"。王念孙校曰,"修当为循。贰当为贷。字之误也,贷与忒同。……《群书治要》作循道而不忒"。③ 是本书通用的义例。例如《墨子·小取》篇,"辟也者,举也物而以明之也"。毕沅删第二"也"字,便无意思。王念孙说,"也与他同。举他物以明此物,谓之譬。……《墨子》书通以也为他。说见《备城门》篇"。这是以本书的通例作根据。又如《小取》篇说,"此与彼同类,世有彼而不自非也。墨者有此而非之,无故也焉"。王引之曰,"无故也焉,当作无也故焉。也故即他故。下文云,此与彼同类,世有彼而不自非也。墨者有此而罪非之,无也故焉。文正与此同"。这是先用本篇构造相同的文句,来证"故也"当作"也故";又用全书以也为他的通例,来证"也故"即"他故"。

(二)训诂　古书年代久远,书中的字义古今不同。宋儒解书,往往妄用己意,故常失古义。清代的训诂学,所以超过前代,正因为戴震以下的汉学家,注释古书,都有法度,都用客观的佐证,不用主观的猜测。三百年来,周秦两汉的古书所以可读,不单靠校勘的精细,还靠训诂的谨严。今述训诂学的大要,约有三端:① 根据古义或用古代的字典,如《尔雅》《说文》《广雅》之类。或用古代笺注如《诗》的毛郑,如《淮南子》的许高。作根据。或用古书中相同的字句作印证。今引王念孙《读书杂记余编》上一条为例:

> 《老子》五十三章:"行于大道,唯施是畏。"王弼曰:"唯施为之是畏也。"河上公注略同。念孙按,二家以"施为"释施字,非也。施读为迤。迤,邪也。言行于大道之中,唯惧其入于邪道。……《说文》:"迤,邪行也。"引《禹贡》"东迤北会于汇"。《孟子·离娄》篇"施从良人之所之"。赵注:"施者,邪施而行。"丁公著音迤。《淮南·齐俗》篇"去非者。非批邪施也"。高注曰:"施,微曲也。"《要略》篇"接径直施"。高注曰:"施,邪也。"是施与迤通。《史记·贾生传》"庚子日施兮"。《汉书》施作斜。斜亦邪也。《韩子·解老》篇释此章之义曰:"所谓大道也者,端道也。所谓貌施也者,邪道也。"此尤其明证矣。

这一则中引古字典一条,古书类似之例五条,古注四条。这都是根据古义的注书法。② 根据文字假借声类通转的道理。古字通用,全由声音。但古今声韵有异,若不懂音韵变迁的道理,便不能领会古字的意义。自顾炎武、江永、钱大昕、孔广森诸人以来,音韵学大兴。应用于训诂学,收效更大。今举二例。《易·系辞传》"旁行而不流"。又《乾文言》"旁通情也"。旧注多解旁为边旁。王引之说:"旁之言溥也,遍也。《说文》'旁,溥也。'旁、溥、遍一声之转。《周官》男巫曰,'旁招以茅',谓遍招于四方也。《月令》曰,'命有司大难,旁磔',亦谓遍磔于四方也。……《楚语》曰,武丁使以梦象'旁求四方之贤',谓遍求四方之贤。"又《书·尧典》"汤汤洪水方割";《微子》"小民方兴,相为敌仇";《立政》"方行天下,至于海表";《吕刑》"方告无辜于上"。旧说方字都作四方解。王念孙说,"方皆读为旁。旁之言溥也,遍也。《说文》曰'旁,溥也。'旁与方古字通。《尧典》'共工方鸠僝功',《史记》引作旁。《皋陶谟》'方施象刑惟明',《新序》引作旁。《商颂》'方命厥后',郑笺曰,'谓遍告诸侯'。是方为遍也。……'方告无辜于上',《论衡·变动》篇引此,方作旁,旁亦遍也"。以上两例,说方旁两字皆作溥遍解。今音读方为轻唇音,旁为重唇音。不知古无轻唇音,故两字同音,相通。与溥字遍字,皆为同纽之字。这是音韵学帮助训诂学的例。③ 根据文法的研究。古人讲书最不讲究文法上的构造。往往把助字、介字、连字、状字等,都解作名字、代字等等的实字。清朝训诂学家最讲究文法的,是王念孙、王引之父子两人。他们的《经传释词》,用归纳的方法,比较同类的例句,寻出各字的文法上的作用,可算得《马氏文通》之前的一部文法学要书。这种研究法,在训诂学上,别开一新天地。今举一条例如下:

> 《老子》三十一章:"夫佳兵者不祥之器。"《释文》"佳,善也"。河上云:"饰也。"念孙案,善饰二训,皆于义未安。……

今案佳字当作佳，字之误也。佳，古唯字也。唯兵为不祥之器，故有道者不处。上言"夫唯"，下言"故"，文义正相承也。八章云："夫唯不争，故无尤。"十五章云："夫唯不可识，故强为之容。"又云："夫唯不盈。故能蔽不新成。"二十二章云："夫唯不争，故天下莫能与之争。"皆其证也。古钟鼎文，唯字作佳。石鼓文亦然。又夏竦《古文四声韵》载《道德经》唯字作崖。据此则今本作唯者，皆后人所改。此佳字若不误为佳，则后人亦必改为唯矣。王念孙《读书杂志余》篇上。

以上所述三种根据，乃是训诂学的根本方法。

（三）贯通　上文说整理哲学史料之法，已说两种。校勘是书的本子上的整理，训诂是书的字义上的整理。没有校勘，我们定读误书；没有训诂，我们便不能懂得书的真意义。这两层虽极重要，但是作哲学史还须有第三层整理的方法。这第三层，可叫做"贯通"。贯通便是把每一部书的内容要旨融会贯串，寻出一个脉络条理，演成一家有头绪有条理的学说。宋儒注重贯通，汉学家注重校勘训诂。但是宋儒不明校勘训诂之学，朱子稍知之而不甚精。故流于空疏，流于臆说。清代的汉学家，最精校勘训诂，但多不肯做贯通的工夫，故流于支离碎琐。校勘训诂的工夫，到了孙诒让的《墨子间诂》，可谓最完备了。此书尚多缺点，此所云最完备，乃比较之辞耳。但终不能贯通全书，述墨学的大旨。到章太炎方才于校勘训诂的诸子学之外，别出一种有条理系统的诸子学。太炎的《原道》《原名》《明见》《原墨》《订孔》《原法》《齐物论释》，都属于贯通的一类。《原名》《明见》《齐物论释》三篇，更为空前的著作。今细看这三篇，所以能如此精到，正因太炎精于佛学，先有佛家的因明学、心理学、纯粹哲学，作为比较印证的材料，故能融会贯通，于墨翟、庄周、惠施、荀卿的学说里面，寻出一个条理系统。于此可见整理哲学史料的第三步，必须于校勘训诂之外，还要有比较参考的哲学资料。为什么呢？因为古代哲学去今太远，久成了绝学。当时发生那些学说的特别时势，特别原因，现在都没有了。当时讨论最激烈的问题，现在都不成问题了。当时通行的学术名词，现在也都失了原意了。但是别国的哲学史上，有时也曾发生那些问题，也曾用过那些名词，也曾产出大同小异或小同大异的学说。我们有了这种比较参考的材料，往往能互相印证，互相发明。今举一个极显明的例。《墨子》的《经上下》《经说上下》《大取》《小取》六篇，从鲁胜以后，几乎无人研究。到了近几十年之中，有些人懂得几何算学了，方才知道那几篇里有几何算学的道理；后来有些人懂得光学力学了，方才知道那几篇里又有光学力学的道理；后来有些人懂得印度的名学心理学了，方才知道这几篇里又有名学知识论的道理。到了今日，这几篇二千年没人过问的书，竟成中国古代的第一部奇书了！我做这部哲学史的最大奢望，在于把各家的哲学融会贯通，要使他们各成有头绪条理的学说。我所用的比较参证的材料，便是西洋的哲学。但是我虽用西洋哲学作参考资料，并不以为中国古代也有某种学说，便可以自夸自喜。做历史的人，千万不可存一毫主观的成见。须知东西的学术思想的互相印证，互相发明，至多不过可以见得人类的官能心理大概相同，故遇着大同小异的境地时势，便会产出大同小异的思想学派。东家所有，西家所无，只因为时势境地不同，西家未必不如东家，东家也不配夸炫于西家。何况东西所同有，谁也不配夸张自豪。故本书的主张，但以为我们若想贯通整理中国哲学史的史料，不可不借用别系的哲学，作一种解释演述的工具。此外别无他种穿凿附会，发扬国光，自己夸耀的心。

史料结论　以上论哲学史料，先论史料为何，次论史料所以必须审定,次论审定的方法,次论整理史料的方法。前后差不多说了一万字。我的理想中,以为要做一部可靠的中国哲学史,必须要用这几条方法:第一步须搜集史料;第二步须审定史料的真假;第三步须把一切不可信的史料全行除去不用;第四步须把可靠的史料仔细整理一番:先把本子校勘完好,次把字句解释明白,最后又把各家的书贯串领会,使一家一家的学说,都成有条理有统系的哲学。做到这个地位,方才做到"述学"两个字。然后还须把各家的学说,笼统研究一番,依时代的先后,看他们传授的渊源,交互的影响,变迁的次序:这便叫做"明变"。然后研究各家学派兴废沿革变迁的原故:这便叫做"求因"。然后用完全中立的眼光,历史的观念,一一寻求各家学说的效果影响,再用这种种影响效果来批评各家学说的价值:这便叫做"评判"。

这是我理想中的《中国哲学史》,我自己深知道当此初次尝试的时代,我这部书定有许多未能做到这个目的和未能谨守这些方法之处。所以我特地把这些做哲学史的方法详细写出。一来呢,我希望国中学者用这些方法来评判我的书。二来呢,我更希望将来的学者用这些方法来做一部更完备更精确的《中国哲学史》。

古代哲学的终局①

第一章　前三世纪的思潮

　　西历前四世纪_{前四〇〇年至三〇一年,安王二年至赧王十四年。}和前三

世纪的前七十年,_{前三〇〇年至二三〇年,周赧王十五年至秦始皇十七年。}乃

是中国古代哲学极盛的时代。我们已讲过"别墨"、惠施、公孙龙、
孟子、庄子、荀子的哲学了。但是除了这几个重要学派以外,还有
许多小学派发生于前四世纪的下半和前三世纪的上半。因为这几
家学派成熟的时期大概多在前三世纪的初年,故统称为"前三世纪
的思潮"。这一篇所说,以各家的人生哲学和政治哲学为主脑。

　　一、慎到、彭蒙、田骈　据《史记》,慎到是赵国人,田骈是齐国
人。《史记》又屡说"淳于髡、慎到、环渊、接子、田骈、驺奭之徒",
_{《孟子荀卿列传》及《田完世家》。}似乎慎到、田骈的年代大概相去不远。
《庄子·天下》篇说田骈学于彭蒙,《尹文子》下篇记田子、宋子、彭
蒙问答一段,又似乎田骈是彭蒙之师。但道藏本的《尹文子》无此
段,或是后人加入的。大概我们还应该根据《天下》篇,说慎到稍在
前,彭蒙次之,田骈最后。他们的时代大概当前三世纪初年。《汉

---

　　①　此文选自《中国哲学史大纲》(卷上)第十二篇,上海商务印书馆 1919 年
出版。

书·艺文志》有《慎子》四十二篇、《田子》二十五篇，今不多传。《慎子》惟存佚文若干条，后人集成《慎子》五篇。《汉书》云："慎子先申韩，申韩称之。"此言甚谬，慎子在申子后。

《庄子·天下》篇说：

> 彭蒙、田骈、慎到……齐万物以为首。曰：天能覆之而不能载之；地能载之而不能覆之；大道能包之而不能辩之。知万物皆有所可，有所不可。故曰：选则不遍，教则不至，道则无遗者矣。道通导字。

这种根本观念，与《庄子·齐物论》相同。"万物皆有所可，有所不可"，象虽大，蚂蚁虽小，各有适宜的境地，故说万物平等。齐物论只是认明万物之不齐，方才可说齐。万物既各有个性的不齐，故说选择不能遍及，教育不能周到，只有因万物的自然，或者还可以不致有遗漏。"道"即是因势利导。故下文接着说：

> 是故慎到弃知去己，而缘不得已。泠汰于物，以为道理。郭注"泠汰，犹听放也。"郭说似是。泠汰犹今人说冷淡。謑髁无任，而笑天下之尚贤也。纵脱无行，而非天下之大圣。椎拍輐断，与物宛转，舍是与非，苟可以免；不师知虑，不知前后，魏然而已矣。

"弃知去己而缘不得已"，"椎拍輐断，与物宛转"，即是上文"道"字的意思。庄子所说的"因"，也是此理。下文又申说这个道理：

> 推而后行，曳而后往；若飘风之还，若羽之旋，若磨石之隧。全而无非，动静无过，未尝有罪。是何故？夫无知之物，无建己之患，无用知之累，动静不离于理，是以终身无誉。故曰：至于若无知之物而已。无用贤圣，夫块不失道。豪杰相与笑之曰："慎到之道，非生人之行，而至死人之理，适得

怪焉。"

这一段全是说"弃知去己，而缘不得已"的道理。老子说的"圣人之治，虚其心，实其腹；弱其志，强其骨；常使民无知无欲"，即是这个道理。老子要人做一个"顽似鄙"的"愚人"，慎到更进一层，要人做土块一般的"无知之物"。

如今所传的《慎子》五篇，及诸书所引，也有许多议论可说明《天下》篇所说。上文说"夫无知之物，无建己之患，无用知之累，动静不离于理"。反过来说，凡有知之物，不能尽去主观的私见，不能不用一己的小聪明，故动静定不能不离于理。这个观念用于政治哲学上，便主张废去主观的私意，建立物观的标准。《慎子》说：

> 措钧石，使禹察之，不能识也。悬于权衡，则厘发识矣。

权衡钧石都是"无知之物"，但这种无知的物观标准，辨别轻重的能力，比有知的人还高千百倍。所以说：

> 有权衡者，不可欺以轻重；有尺寸者，不可差以长短；有法度者，不可巧以诈伪。

这是主张"法治"的一种理由。孟子说过：

> 徒善不足以为政，徒法不能以自行。诗云："不愆不忘，率由旧章。"遵先王之法而过者，未之有也。圣人既竭目力焉，继之以规矩准绳，以为方员平直，不可胜用也。既竭耳力焉，继之以六律，〔以〕正五音，不可胜用也。既竭心思焉，继之以不忍人之政，而仁覆天下矣。

孟子又说：

> 规矩，方员之至也；圣人，人伦之至也。皆见《离娄》篇。

孟子所说的"法",还只是一种标准模范,还只是"先王之法"。当时的思想界,受了墨家"法"的观念的影响,都承认治国不可不用一种"标准法"。儒家的孟子主张用"先王之法",荀子主张用"圣王为师",这都是"法"字模范的本义。慎子的"法治主义",便比儒家进一层了。慎子所说的"法",不是先王的旧法,乃是"诛赏予夺"的标准法。慎子最明"法"的功用,故上文首先指出"法"的客观性。这种客观的标准,如钧石权衡,因为是"无知之物",故最正确,最公道,最可靠。不但如此,人治的赏罚,无论如何精明公正,总不能使人无德无怨。这就是"建己之患,用知之累"。若用客观的标准,便可免去这个害处。《慎子》说:

> 君人者,舍法而以身治,则诛赏予夺从君心出。然则受赏者,虽当,望多无穷;受罚者,虽当,望轻无已。君舍法,以心裁轻重,则同功殊赏,同罪殊罚矣。怨之所由生也。

这是说人治"以心裁轻重"的害处。《慎子》又说:

> 法虽不善,犹愈于无法。所以一人心也。夫投钧以分财,投策以分马,非钧策为均也,使得美者不知所以美,得恶者不知所以恶。此所以塞愿望也。

这是说客观的法度可以免"以心裁轻重"的大害。此处慎子用钧策比"法",说法之客观性最明白。此可见中国法治主义的第一个目的,只要免去专制的人治"诛赏予夺从君心出"的种种祸害。此处慎到虽只为君主设想,其实是为臣民设想,不过他不敢明说罢了。儒家虽也有讲到"法"字的,但总脱不了人治的观念,总以为"惟仁者宜在高位"。孟子语,见《离娄》篇。慎到的法治主义首先要去掉"建己之患,用知之累"。这才是纯粹的法治主义。

慎到的哲学根本观念——"弃知去己而缘不得已"——有两种结果：第一是用无知的法治代有知的人治，这是上文所说过了的。第二是因势主义。《天下》篇说："选则不遍，教则不至，道则无遗者矣。"《慎子》也说：

> 天道因则大，化则细。因即《天下》篇之"道"，化即《天下》篇之"教"。因也者，因人之情也。人莫不自为也，化而使之为我，则莫可得而用。……人人不得其所以自为也，则上不取用焉。故用人之自为，不用人之为我，则莫不可得而用矣。此之谓因。

这是老子、杨朱一支的嫡派。老子说为治须要无为无事，杨朱说人人都有"存我"的天性，但使人人不拔一毛，则天下自然太平了。慎到说的"自为"，即是杨朱说的"存我"。此处说的"因"，只是要因势利用人人的"自为"心。此说后来《淮南子》发挥得最好。看本书中卷论《淮南子》。凡根据于天道自然的哲学，多趋于这个观念。欧洲十八世纪的经济学者所说的"自为"观念，参看亚当斯密《原富》部甲第二篇。便是这个道理。

上文引《天下》篇说慎到的哲学道，"推而后行，曳而后往：若飘风之还，若羽之旋，若磨石之隧。"这也是说顺着自然的趋势。慎到的因势主义，有两种说法：一种是上文说的"因人之情"；一种是他的"势位"观念。《韩非子·难势》篇引慎子道：

> 慎子曰："飞龙乘云，腾蛇游雾。云罢雾霁而龙蛇与蚯蚓同矣，则失其所乘。贤人而诎于不肖者，则权轻位卑也。不肖而能服于贤者，适按，服字下之于字系衍文，后人不通文法，依上句妄加者也。则权重位尊也。尧为匹夫，不能治三人；而桀为天子，能乱天下。吾以此知势位之足恃而贤智之不足慕也。夫弩弱而矢高者，激于风也。身不肖而令行者，得助于众也。尧教于隶

属而民不听,至于南面而王天下,令则行,禁则止。由此观之,贤智未足以服众,而势位足以任贤者也。"

这个观念,在古代政治思想发达史上很是重要的。儒家始终脱不了人治的观念,正因为他们不能把政权与君主分开来看,故说"徒法不能以自行",又说"惟仁者宜在高位"。他们不知道法的自身虽不能施行,但行法的并不必是君主,乃是政权,乃是"势位"。知道行政执法所靠的是政权,不是圣君明主,这便是推翻人治主义的第一步。慎子的意思要使政权(势位)全在法度,使君主"弃知去己",做一种"虚君立宪"制度。君主成了"虚君",故不必一定要有贤智的君主。荀子批评慎子的哲学,说他"蔽于法而不知贤",又说"由法谓之,道尽数矣",《解蔽》篇。不知这正是慎子的长处。

以上说慎到的哲学。《天下》篇说田骈、彭蒙的哲学与慎到大旨相同,都以为"古之道人,至于莫之是、莫之非而已矣"。这就是上文"齐万物以为首"的意思。

二、宋钘、尹文 宋钘,又作宋轻,大概与孟子同时。尹文曾说齐湣王,见《吕氏春秋·正名》篇,又见《说苑》。《汉书·艺文志》作说齐宣王,大概死在孟子之后,若用西历计算,宋钘是纪元前三六〇至二九〇年,尹文是纪元前三五〇年二七〇年。

《汉书·艺文志》有《宋子》十八篇,列在小说家;《尹文子》一篇,列在名家。今《宋子》已不传了,现行之《尹文子》有上下两篇。

《庄子·天下》篇论宋钘、尹文道:

不累于俗,不饰于物,不苟于人,不忮于众;愿天下之安宁,以活民命;人我之养,毕足而止,以此白心。白,《释文》云或作任。古之道术有在于是者,宋钘、尹文闻其风而悦之,作为华山之冠以自表。接万物以别宥为始。……见侮不辱,救民之斗；禁攻寝兵，救世之战。以此周行天下，上说下教，虽天下不取，强聒而不舍也。……以禁攻寝兵为外，以情欲寡浅为内。……

这一派人的学说，与上文慎到、田骈一派有一个根本的区别。慎到一派"齐万物以为道"，宋钘、尹文一派"接万物以别宥为始"。齐万物是要把万物看作平等，无论他"有所可，有所不可"，只是听其自然。"别宥"便不同了。宥与囿通，《吕氏春秋·去宥》篇说："夫人有所宥者，因以昼为昏，以白为黑。……故凡人必别宥，然后知。别宥则能全其天矣。"别宥只是要把一切蔽囿心思的物事都辨别得分明。故慎到一派主张无知，主张"莫之是，莫之非"，宋钘、尹文一派主张心理的研究，主张正名检形，明定名分。

《尹文子》也有"禁暴息兵，救世之斗"的话。《孟子》记宋钘要到楚国去劝秦楚停战，这都与《天下》篇相印证。《孟子》又说宋钘游说劝和的大旨是"将言其不利"，这个正与墨家非攻的议论相同。《天下》篇说宋钘、尹文"其为人太多，其自为太少"；此亦与慎到"自为"主义不同。又说："先生恐不得饱，弟子虽饥，不忘天下，日夜不休，曰，我必得活哉！"这都是墨家"日夜不休，以自苦为极"的精神。因此我疑心宋钘、尹文一派是墨家的一支，稍偏于"宗教的墨学"一方面，故不与"科学的别墨"同派。若此说是真的，那么今本《尹文子》中"大道治者，则儒、墨、名、法自废；以儒、墨、名、法治者，则不得离道"等句，都是后人加入的了。《荀子·非十二子篇》也以墨翟、宋钘并称。

"见侮不辱，救民之斗"，乃是老子、墨子的遗风。老子的"不争"主义，即含有此意。见第三篇。墨子也有此意。《耕柱》篇说：

子墨子曰："君子不斗。"子夏之徒曰："狗豨犹有斗，恶有士而无斗矣。"子墨子曰，"伤矣哉！言则称于汤文，行则譬于狗豨！伤矣哉！"

但宋钘的"见侮不辱"说，乃是从心理一方面着想的，比老子、墨子都更进一层。《荀子·正论》篇述宋子的学说道：

> 子宋子曰：明见侮之不辱，使人不斗。人皆以见侮为辱，故斗也。知见侮之为不辱，则不斗矣。《正名》篇亦言"见侮不辱"。

宋子的意思只要人知道"见侮"不是可耻的事，便不至于争斗了，娄师德的"唾面自干"便是这个道理。譬如人骂你"猪狗"，你便大怒；然而你的老子对人称你为"豚儿"，为"犬子"，何以不生气呢？你若能把人骂你用的"猪狗"看作"豚儿"之豚，"犬子"之犬，那便是做到"见侮不辱"的地位了。

宋子还有一个学说，说人的性情是爱少不爱多的，是爱冷淡不爱浓挚的。《庄子·天下》篇称为"情欲寡浅"说。欲是动词，即"爱"字。《荀子·正论》篇说：

> 子宋子曰："人之情欲欲是动词。寡，而皆以己之情为欲多，是过也。"故率其群徒，辩其谈说，明其譬称，将使人知情之欲寡也。《正名篇》亦有"情欲寡"句。

这种学说大概是针对当时的"杨朱主义"纵欲主义而发的。宋子要人寡欲，因说人的情欲本来是要"寡浅"的，故节欲与寡欲并不是逆天拂性，乃是顺理复性。这种学说正如儒家的孟子一派要人为善，遂说性本是善的，同是偏执之见。看荀子的驳论。但宋钘、尹文都是能实行这个主义的，看《天下》篇所说，便可见了。

尹文的学说，据现有的《尹文子》看来，可算得当时一派重要学说。尹文是中国古代一个法理学大家。中国古代的法理学，乃是儒墨道三家哲学的结果。老子主张无为，孔子也说无为，但他却先要"正名"，等到了"君君、臣臣、父父、子子"的地位，方才可以"无为而治"了。孔子的正名主义，已含有后来法理学的种子。看他说不正名之害可使"刑罚不中，……民无所措手足"，便可见名与法的关系。后来墨家说"法"的观念，发挥得最明白。墨家说"名"与"实"的关系，也说得最详细。尹文的法理学的大旨，只在于说明"名"与"法"的关系。《尹文子》说：

> 名者，名形者也。形者，应名者也。……故必有名以检形，形以定名；名以定事，事以检名。疑当作"名以检事，事以正名"。……善名命善，恶名命恶。故善有善名，恶有恶名。圣贤仁智，命善者也。顽嚚凶愚，命恶者也。……使善恶尽然有分，虽未能尽物之实，犹不患其差也。……今亲贤而疏不肖，赏善而罚恶。贤、不肖、善、恶之名宜在彼，亲、疏、赏、罚之称宜在我。……名宜属彼，分宜属我。我爱白而憎黑，韵商而舍征，好膻而恶焦，嗜甘而逆苦。白、黑、商、征、膻、焦、甘、苦，彼之名也；爱、憎、韵、舍、好、恶、嗜、逆，我之分也。定此名分，则万事不乱也。

这是尹文的法理学的根本观念。大旨分三层说：一是形，二是名，三是分。形即是"实"，即是一切事物。一切形都有名称，名须与实相应，故说"名者，名形者也；形者，应名者也"。尹文的名学好像最得力于儒家的正名主义，故主张名称中须含有褒贬之意，所以说"善名命善，恶名命恶，……使善恶尽_{疑当作画}然有分"。这完全是寓褒贬，别善恶，明贵贱之意。命名既正当了，自然会引起人心对于一切善恶的正当反动。这种心理的反动，这种人心对于事物的态度，便叫做"分"。例如我好好色而恶恶臭，爱白而憎黑：好色、恶臭、白、黑，是名；好、恶、爱、憎，是分。名是根据于事物的性质而定的,故说"名宜属彼"。分是种种名所引起的态度,故说"分宜属我"。有什么名,就该引起什么分。名不正,则分不正。例如匈奴子娶父妻,不以为怪;中国人称此为"烝",为"乱伦",就觉得是一桩大罪恶。这是因为烝与"乱伦"二名,都能引起一种罪恶的观念。又如中国妇女缠足,从前以为"美",故父母狠起心肠来替女儿裹足,女儿也忍着痛苦要有这种"美"的小脚。现今的人说小脚是"野蛮",缠足是"残忍非人道",于是缠足的都要放了,没有缠的也不再缠了。这都因为"美"的名可引起人的羡慕心,"野蛮""残忍"的名可引起人的厌恶心。名一变,分也变了。正名的宗旨只是要"善有善名,恶有恶名"。只是要善名发生羡慕爱做的态度,恶名发生厌恶不肯做的态度。故说"定此名分,则万事不乱也"。

以上所说,尹文的法理学与儒家的正名主义毫无分别。参观第四篇第四章、第十一篇第三章。但儒家如孔子想用"春秋笔法"来正名,如荀卿想用国家威权来制名,多不主张用法律。尹文便不同了。尹文子道:

> 故人以度审长短,以量受多少,以衡平轻重,以律均清浊,
> 以名稽虚实,以法定治乱。以简治烦惑,以易御险难,以万事
> 皆归于一,百度皆准于法。归一者,简之至;准法者,易之极。
> 如此,顽嚚聋瞽可与察慧聪明同其治也。

从纯粹儒家的名学,一变遂成纯粹的法治主义。这是中国法理学史的一大进步,又可见学术思想传授沿革的线索最易寻,决非如刘歆、班固之流划分做六艺九流就可完事了的。

三、许行、陈相、陈仲 当时的政治问题和社会问题最为切要,故当时的学者没有一人不注意这些问题。内中有一派,可用许行作代表。许行和孟子同时。《孟子·滕文公》篇说:

> 有为神农之言者许行，自楚之滕，踵门而告文公曰："远方之人，闻君行仁政，愿受一廛而为氓。"文公与之处。其徒数十人，皆衣褐，捆屦，织席以为食。……陈相见孟子，道许行之言曰："滕君则诚贤君也，虽然，未闻道也。贤者与民并耕而食，饔飧而治。今也滕有仓廪府库，则是厉民而以自养也。恶得贤？"

这是很激烈的无政府主义。《汉书·艺文志》论"农家"，也说他们"以为无所事圣王，欲使君臣并耕，悖上下之序"。大概这一派的主张有三端：第一，人人自食其力，无有贵贱上下，人人都该劳动。故许行之徒自己织席子，打草鞋，种田；又主张使君主与百姓"并耕而食，饔飧而治"。第二，他们主张一种互助的社会生活。他们虽以农业为主，但并不要废去他种营业。陈相说："百工之事，固不可耕且为也。"因此，他们只要用自己劳动的出品与他人交易，如用米换衣服、锅、甑、农具之类。因为是大家共同互助的社会，故谁也不想赚谁的钱，都以互相辅助、互相供给为目的。因此他们理想中的社会是：

> 从许子之道，则市价不贰，国中无伪。虽使五尺之童适市，莫之或欺。布帛长短同，则价相若。麻缕丝絮轻重同，则价相若。五谷多寡同，则价相若。屦大小同，则价相若。

因为这是互助的社会，故商业的目的不在赚利益，乃在供社会的需要。孟子不懂这个道理，故所驳全无精彩。如陈相明说"屦大小同，则价相若"，这是说屦的大小若相同，则价也相同；并不是说大屦与小屦同价。孟子却说："巨屦小屦同价，人岂为之哉？"这竟是"无的放矢"的驳论了。第三，因为他们主张互助的社会，故他们主张不用政府。《汉书》所说"无所事圣王，欲使君臣并耕"；《孟子》所说"贤者与民并耕而食，饔飧而治"，都是主张社会以互助为治，不用政府。若有政府，便有仓廪府库，便是"厉民而以自养"，失了"互助"的原意了。这种主义，与近人托尔斯泰(Tolstoy)所主张最近。

以上三端，可称为互助的无政府主义。只可惜许行、陈相都无书籍传下来，遂使这一学派湮没至今。《汉书·艺文志》记"农家"有《神农》二十篇，《野老》十七篇，及他书若干种，序曰：

> 农家者流，盖出于农稷之官，播百谷，劝耕桑，以足衣食，……此其所长也。及鄙者为之，以为无所事圣王，欲使君臣并耕，悖上下之序。

却不知序中所称"鄙者"，正是这一派的正宗。这又可见《艺文志》分别九流的荒谬了。参看江瑔《读子卮言》第十六章论农家。

陈仲子，也称田仲，田陈古同音。也是孟子同时的人。据《孟子》所说：

> 仲子，齐之世家也。兄戴盖禄万钟。以兄之禄为不义之禄而不食也；以兄之室为不义之室而不居也。避兄离母，处于于陵。

> 居于陵，三日不食，耳无闻，目无见也。井上有李，螬食实者过半矣，匍匐往将食之，然后耳有闻，目有见。

> 仲子所居之室，所食之粟，彼身织屦，妻辟纑以易之。

陈仲这种行为，与许行之徒主张自食其力的，毫无分别。《韩非子》也称田仲"不恃仰人而食"，可与《孟子》所说互相证明。《荀子·非十二子》篇说陈仲一般人"忍情性，綦谿利跂，苟以分异人为高，不足以合大众，明大分"。这一种人是提倡极端的个人主义的，故有这种特立独行的行为。《战国策》记赵威后问齐王的使者道：

於陵仲子尚存乎？是其为人也，上不臣于王，不下治其家，中不索交诸侯，此率民而出于无用者。何为至今不杀乎？

这可见陈仲虽不曾明白主张无政府，其实也是一个无政府的人了。

四、驺衍　驺衍，齐人。《史记》说他到梁时，梁惠王郊迎；到赵时，平原君"侧行襒席"；到燕时，燕昭王"拥彗先驱"。这几句话很不可靠。平原君死于西历前二五一年，梁惠王死于前三一九年，此据《纪年》，若据《史记》，则在前三三五年。梁惠王死时，平原君还没有生呢。《平原君传》说驺衍过赵在信陵君破秦存赵之后，前二五七年。那时梁惠王已死六十二年了，若依《史记》，则那时惠王已死了七十八年。燕昭王已死二十二年了。《史记集解》引刘向《别录》也有驺衍过赵见平原君及公孙龙一段，那一段似乎不是假造的。依此看来，驺衍大概与公孙龙同时，在本章所说诸人中，要算最后的了。《史记》亦说衍后孟子。

《汉书·艺文志》有《驺子》四十九篇，又《驺子终始》五十六篇，如今都不传了。只有《史记·孟荀列传》插入一段，颇有副料的价值。《史记》说：

> 驺衍睹有国者益淫侈不能尚德，……乃深观阴阳消息而作怪迂之变，终始大圣之篇，十余万言。其语闳大不经，必先验小物，推而大之，至于无垠。

这是驺衍的方法。这方法其实只是一种"类推"法。再看这方法的应用：

> 先序今，以上至黄帝，学者所共术。次并世盛衰，因载其机祥度制，推而远之，至天地未生，窈冥不可考而原也。知列中国名山、大川、通谷、禽兽、水土所殖、物类所珍。因而推之，及海外人之所不能睹。

驺衍这个方法，全是由已知的推想到未知的。用这方法，稍不小心便有大害。驺衍用到历史、地理两种科学，更不合宜了。历史全靠事实，地理全靠实际观察调查，驺衍却用"推而远之"的方法，以为"想来大概如此"，岂非大错？《史记》又说：

> 称引天地剖判以来，五德转移，治各有宜，而符应若兹。

这是阴阳家的学说。大概当时的历史进化的观念已很通行。看第九篇第一二章及本篇下章论韩非。但当时的科学根据还不充足，故把历史的进化看作了一种终始循环的变迁。驺衍一派又附会五行之说，以为五行相生相胜，演出"五德转移"的学说。《墨辩·经下》说：

> 五行无常胜，说在宜。说曰：五合水土火，火离然。五当作互。火铄金，火多也。金靡炭，金多也。合之府水，道藏本吴钞本作木。木离木。

此条有脱误，不可全懂。但看那可懂的几句，可知这一条是攻击当时的"五行相胜"说的。五行之说大概起于儒家，《荀子·非十二子》篇说子思"案往旧造说，谓之五行"，可以为证。驺衍用历史附会五德，于是阴阳五行之说遂成重要学说。到了汉朝这一派更盛，从此儒家遂成"道士的儒学"了。看中卷第十四篇第五章。

驺衍的地理学虽是荒诞，却有很大胆的思想。《史记》说他：

> 以为儒者所谓"中国"者，于天下乃八十一分居其一分耳。中国名曰赤县神州。……中国外，如赤县神州者九，乃所谓"九州"也。于是有裨海环之，人民禽兽莫能相通者，……乃为一州。如此者九，乃有大瀛海环其外，天地之际焉。

这种地理，虽是悬空理想，但很可表示当时理想的大胆，比那些人认中国为"天下"的，可算得高十百倍了！

《史记·平原君传》,《集解》引刘向《别录》有驺衍论"辩"一节,似乎不是汉人假造的。今引如下:

> 驺子曰:……辩者,别殊类使不相害,序异端使不相乱;抒意通指,明其所谓;使人与知焉,不务相迷也。故胜者不失其所守,不胜者得其所求。若是,故辩可为也。及至烦文以相假,饰辞以相悖,巧譬以相移,引人声使不得及其意。如此,害大道。不能无害君子。

这全是儒家的口吻,与荀子论"辩"的话相同。看上篇第三章。

参考书举要:

马骕《绎史》卷一百十九。

第二章　所谓法家

一、论"法家"之名　古代本没有什么"法家"。读了上章的人,当知道慎到属于老子、杨朱、庄子一系;尹文的人生哲学近于墨家,他的名学纯粹是儒家。又当知道孔子的正名论,老子的天道论,墨家的法的观念,都是中国法理学的基本观念。故我以为中国古代只有法理学,只有法治的学说,并无所谓"法家"。中国法理学当西历前三世纪时,最为发达,故有许多人附会古代有名的政治家如管仲、商鞅、申不害之流,造出许多讲法治的书。后人没有历史眼光,遂把一切讲法治的书统称为"法家",其实是错的。但法家之名,沿用已久了,故现在也用此名。但本章所讲,注重中国古代法理学说,并不限于《汉书·艺文志》所谓"法家"。

二、所谓"法家"的人物及其书

（一）管仲与《管子》　管仲在老子、孔子之前。他的书大概是前三世纪的人假造的,其后又被人加入许多不相干的材料。说详第一篇。但此书有许多议论可作前三世纪史料的参考。

（二）申不害与《申子》　申不害曾作韩昭侯的国相。昭侯在位当西历前三五八至三三三年，大概申不害在当时是一个大政治家。《韩非子》屡称申子，《荀子·解蔽》篇也说："申子蔽于势而不知智。由势谓之，道尽便矣。"《韩非子·定法》篇说："申不害言术而公孙鞅为法。"又说："韩者，晋之别国也。晋之故法未息，而韩之新法又生；先君之令未收，而后君之令又下。申不害不擅其法，不一其宪令。……故托万乘之劲韩，七十年顾千里校疑当作十七年。而不至于霸王者，虽用术于上，法不勤饰于官之患也。"依此看来，申不害虽是一个有手段所谓术也的政治家，却不是主张法治主义的人。今《申子》书已不传了，诸书所引佚文，有"圣君任法而不任智，任数而不任说，……置法而不变"等语，似乎不是申不害的原著。

（三）商鞅与《商君书》　卫人公孙鞅于西历前三六一年入秦，见孝公，劝他变法。孝公用他的话，定变法之令，"设告相坐而责其实，连什伍而同其罪。《史记》云：'令民为什伍而相收司连坐。不告奸者腰斩，告奸者与斩敌同赏，匿奸者与降敌同罚。'与此互相印证。赏厚而信，刑重而必"。《韩非子·定法》篇。公孙鞅的政策只是用赏罚来提倡实业，提倡武力。《史记》所谓"变法修刑，内务耕稼，外劝战死之赏罚"是也。这种政策，功效极大，秦国渐渐富强，立下后来吞并六国的基础。公孙鞅后封列侯，号商君，但他变法时结怨甚多，故孝公一死，商君遂遭车裂之刑而死。西历前三三八年。商君是一个大政治家，主张用严刑重赏来治国。故他立法："斩一首者爵一级，欲为官者为五十石之官；斩二首者爵二级，欲为官者为百石之官。"《韩非子·定法》篇。又："步过六尺者有罚，弃灰于道者被刑。"《新序》。这不过是注重刑赏的政策，与法理学没有关系。今世所传《商君书》二十四篇，《汉书》作二十九篇。乃是商君死后的人所假造的书。如《徕民》篇说"自魏襄以来，三晋之所亡于秦者，不可胜数也。"魏襄王死在西历前二九六年，商君已死四十二年，如何能知他的谥法呢？《徕民》篇又称"长平之胜"，此事在前二六〇年，商君已死七十八年了。书中又屡称秦王，秦称王在商君死后十余年。此皆可证《商君书》是假书。商君是一个实行的政治家，没有法理学的书。

以上三种都是假书。况且这三个人都不配称为"法家"这一统的人物，——管仲、子产、申不害、商君——都是实行的政治家，不是法理学家，故不该称为"法家"。但申不害与商君同时，皆当前四世纪的中叶。他们的政策，都很有成效，故发生一种思想上的影响。有了他们那种用刑罚的政治，方才有学理的"法家"。正如先有农业，方才有农学；先有文法，方才有文法学；先有种种美术品，方才有美学。这是一定的道理。如今且说那些学理的"法家"和他们的书：

（四）慎到与《慎子》 见上章。

（五）尹文与《尹文子》 见上章。《汉书·艺文志》尹文在"名家"是错的。

（六）尸佼与《尸子》 尸佼，楚人。据《史记·孟荀列传》及《集解》引刘向《别录》。班固以佼为鲁人，鲁灭于楚，鲁亦楚也。或作晋人，非。古说相传，尸佼曾为商君之客；商君死，尸佼逃入蜀。《汉书·艺文志》。《尸子》书二十卷，向来列在"杂家"。今原书已亡，但有从各书里辑成的《尸子》两种。一为孙星衍的，一为汪继培的。汪辑最好。据这些引语看来，尸佼是一个儒家的后辈，但他也有许多法理的学说，故我把他排在这里。即使这些话不真是尸佼的，也可以代表当时的一派法理学者。

（七）韩非与《韩非子》 韩非是韩国的公子，与李斯同受学于荀卿。当时韩国削弱，韩非发愤著书，攻击当时政府"所养非所用，所用非所养"。因主张极端的"功用"主义，要国家变法，重刑罚，去无用的蠹虫，韩王不能用。后来秦始皇见韩非的书，想收用他，遂急攻韩。韩王使韩非入秦，说存韩的利益。按《史记》所说，李斯劝秦王急攻韩，欲得韩非，似乎不可信。李斯既举荐韩非，何以后来又害杀他。大概韩王遣韩非入秦说秦王存韩，是事实。但秦攻韩未必是李斯的主意。秦王不能用，后因李斯、姚贾的谗言，遂收韩非下狱。李斯使人送药与韩非，叫他自杀，韩非遂死狱中，时为西历前二三三年。

《汉书·艺文志》载《韩非子》五十五篇。今本也有五十五篇，但其中很多不可靠的。如《初见秦》篇乃是张仪说秦王的话，所以劝秦王攻韩。韩非是韩国的王族，岂有如此不爱国的道理？况且第二篇是《存韩》，既劝秦王攻韩，又劝他存韩，是决无之事。第六篇《有度》，说荆齐燕魏四国之亡。韩非死时，六国都不曾亡。齐亡最后，那时韩非已死十二年了。可见《韩非子》决非原本，其中定多后人加入的东西。依我看来，《韩非子》十分之中，仅有一二分可靠，其余都是加入的。那可靠的诸篇如下：

《显学》《五蠹》《定法》《难势》

《诡使》《六反》《问辩》

此外如《孤愤》《说难》《说林》《内外储》，虽是司马迁所举的篇名，但是司马迁的话是不很靠得住的。如所举《庄子·渔父》《盗跖》诸篇，皆为伪作无疑。我们所定这几篇，大都以学说内容为根据。大概《解老》《喻老》诸篇，另是一人所作。《主道》《扬榷》今作扬权，此从顾千里校。诸篇，又另是一派"法家"所作。《外储说左上》似乎还有一部分可取，其余的更不可深信了。

三、法　按《说文》："灋，刑也。平之如水，从水；廌，所以触不直者去之，从廌去。廌，解廌兽也。似牛一角。古者决讼，令触不直者。象形。法，今文省。佱，古文。"据我个人的意见看来，大概古时有两个法字。一个作"佱"，从亼从正，是模范之法。一个作"灋"，《说文》云，"平之如水，从水；廌，所以触不直者去之，从廌去"，是刑罚之法。这两个意义都很古。比较看来，似乎模范的"佱"更古。《尚书·吕刑》说："苗民弗用灵，制以刑，惟作五虐之刑，曰法。"如此说可信，是罚刑的"灋"字，乃是后来才从苗民输入中国本部的。灋字从廌从去，用廌兽断狱，大似初民状态，或本是苗民的风俗，也未可知。大概古人用法字起初多含模范之义。《易·蒙》初六云，"发蒙利用刑人，用说。句桎梏以往，吝。"《象》曰，"利用刑人，以正法也"。此明说"用刑人"即是"用正法"。"刑"是刑范，"法"是模范，"以"即是用。古人把"用说桎梏以往"六字连读，把言说的说解作脱字，便错了。又《系辞传》："见乃谓之象，形乃谓之器，制而用之谓之法。"法字正作模范解。孔颖达《正义》："垂为模范，故云谓之法。"又如《墨子·法仪》篇云：

> 天下从事者，不可以无法仪。……虽至百工从事者，亦皆有法。百工为方以矩，为圆以规，直以绳，正以县。无巧工不巧工，皆以此四者为法。

这是标准模范的"法"。参看《天志》上中下，及《管子·七法篇》。到了墨家的后辈，"法"字的意义讲得更明白了。《墨辩·经上》说：

> 法所若而然也。看第八篇第二章论"法"的观念。佴，所然也。《经说》曰，佴所然也者，民若法也。

佴字，《尔雅·释言》云："贰也。"郭注："佴次为副贰。"《周礼》"掌邦之六典八法八则之贰"，郑注，"贰，副也"。我们叫钞本做"副本"，即是此意。譬如摹拓碑帖，原碑是"法"，拓本是"佴"，是"副"。墨家论法，有三种意义：（一）一切模范都是法。如上文所引《法仪》篇。（二）物事的共相可用物事的类名作代表的，也是法。看第八篇第二三章。（三）国家所用来齐一百姓的法度，也是法。如上文所引《墨辩》"佴所然也者，民若法也"的话，便是指这一种齐一百姓的法度。荀子说"墨子有见于齐，无见于畸"。《天论》篇。墨子的"尚同主义"，要"壹同天下之义"，使"上之所是，必皆是之；上之所非，必皆非之"。故荀子说他偏重"齐"字，却忘了"畸"字，畸即是不齐。后来"别墨"论"法"字，要使依法做去的人都有一致的行动，如同一块碑上摹下来的拓本一般；要使守法的百姓都如同法的"佴"。这种观念正与墨子的尚同主义相同，不过墨子的尚同主义含有宗教的性质，"别墨"论法便没有这种迷信了。

上文所引《墨辩》论"法"字，已把"法"的意义推广，把瀍、金两个字合成一个字。《易经》噬嗑卦《象传》说，"先王以明罚饬法"，法与刑罚还是两事。大概到了"别墨"时代，四世纪中叶以后。法字方才包括模范标准的意义和刑律的意义。如《尹文子》说：

> 法有四呈：一曰不变之法，君臣上下是也。二曰齐俗之法，能鄙同异是也。三曰治众之法，庆赏刑罚是也。四曰平准之法，律度权衡是也。

《尹文子》的法理学很受儒家的影响，说见上章。故他的第一种"法"，即是不变之法，近于儒家所谓天经地义。第二种"齐俗之法"，指一切经验所得或科学研究所得的通则，如"火必热"，"员无直"皆见《墨辩》。等等。第三种是刑赏的法律，后人用"法"字单指这第三种。

佛家所谓法，(达摩)不在此例。第四种"平准之法"，乃全字本义，无论儒家、墨家、道家，都早承认这种标准的法。看《孟子·离娄》篇、《荀子·正名》篇、《墨子·法仪》《天志》等篇，及《管子·七法》篇、《慎子》《尹文子》等书。当时的法理学家所主张的"法"，乃是第三种"治众之法"。他们的意思，只是要使刑赏之法，也要有律度权衡那样的公正无私明确有效。看上章论慎到、尹文。故《韩非子·定法》篇说：

> 法者，宪令著于官府，刑罚必于民心；赏存乎慎法，而罚加乎奸令者也。

又《韩非子·难三》篇说：

> 法者编著之图籍，设之于官府，而有之于百姓者也。

又《慎子》佚文说：

> 法者，所以齐天下之动，至公大定之制也。见马骕《绎史》百十九卷所辑。

这几条界说，讲"法"字最明白。当时所谓"法"，有这几种性质：（一）是成文的，编著之图籍。（二）是公布的，布之于百姓。（三）是一致的，所以齐天下之动，至公大定。（四）是有刑赏辅助施行的功效的。刑罚必于民心，赏存乎慎法，而罚加于奸令。

四、"法"的哲学 以上述"法"字意义变迁的历史，即是"法"的观念进化的小史。如今且说中国古代法理学法的哲学。的几个基本观念。

要讲法的哲学，先须要说明几件事。第一，千万不可把"刑罚"和"法"混作一件事。刑罚是从古以来就有了的，"法"的观念是战国末年方才发生的。古人早有刑罚，但刑罚并不能算是法理学家所称的"法"。譬如现在内地乡人捉住了做贼的人便用私刑拷打；

又如那些武人随意枪毙人，这都是用刑罚，却不是用"法"。第二，须知中国古代的成文的、公布的法令，是经过了许多反对，方才渐渐发生的。春秋时的人不明"成文公布法"的功用，以为刑律是愈秘密愈妙，不该把来宣告国人。这是古代专制政体的遗毒。虽有些出色人才，也不能完全脱离这种遗毒的势力。所以郑国子产铸刑书时，昭六年，西历前五三六年。晋国叔向写信与子产道：

> 先生议事以制，不为刑辟，惧民之有争心也。……民知有辟，则不忌于上，并有争心，以征于书而徼幸以成之，弗可为矣。……锥刀之末，将尽争之。乱狱滋丰，贿赂并行，终子之世，郑其败乎！

后二十九年，昭二十九年，前五一三年。叔向自己的母国也作刑鼎，把范宣子所作刑书铸在鼎上。那时孔子也极不赞成，他说：

> 晋其亡乎！失其度矣。……民在鼎矣，何以尊贵？尊字是动词，贵是名词。贵何业之守？……

这两句话很有趣味。就此可见刑律在当时，都在"贵族"的掌握。孔子恐怕有了公布的刑书，贵族便失了他们掌管刑律的"业"了。那时法治主义的幼稚，看此两事，可以想见。后来公布的成文法渐渐增加，如郑国既铸刑书，后来又采用邓析的竹刑。铁铸的刑书是很笨的，到了竹刑更方便了。公布的成文法既多，法理学说遂渐渐发生。这是很长的历史，我们见惯了公布的法令，以为古代也自然是有的，那就错了。第三，须知道古代虽然有了刑律，并且有了公布的刑书，但是古代的哲学家对于用刑罚治国，大都有怀疑的心，并且有极力反对的。例如老子说的："法令滋彰，盗贼多有"；"民不畏死，奈何以死惧之"。又如孔子说的："道之以政，齐之以刑，民免而无耻;道之以德,齐之以礼,有耻且格。"这就可见孔子不重刑罚,老子更反对刑罚了。这也有几层原因。(一)因当时的刑罚本来野蛮得很,又没有限制,如《诗》:"彼宜无罪,汝反收之,此宜有罪,汝覆脱之。"又如《左传》所记诸虐刑。实在不配作治国的利器。(二)因为儒家大概不能脱离古代阶级社会的成见,以为社会应该有上下等级,刑罚只配用于小百姓们,不配用于上流社会。上流社会只该受"礼"的裁制,不该受"刑"的约束。如《礼记》所说"礼不下庶人,刑不上大夫";《荀子·富国》篇所说"由士以上,则必以礼乐节之;众庶百姓,则必以法数制之",都可为证。近来有人说,儒家的目的要使上等社会的"礼"普及全国,法家要使下级社会的"刑"普及全国。参看梁任公《中国法理学发达史》。这话不甚的确。其实那种没有限制的刑罚,是儒、法两家所同声反对的。法家所主张的,并不是用刑罚治国。他们所说的"法",乃是一种客观的标准法,要"宪令著于官府,刑罚必于民心",百姓依这种标准行动,君主官吏依这种标准赏罚。刑罚不过是执行这种标准法的一种器具。刑罚成了"法"的一部分,便是"法"的刑罚,便是有了限制,不是从前"诛赏予夺从心出"的刑罚了。

懂得上文所说三件事,然后可讲法理学的几个根本观念。中国的法理学虽到前三世纪方才发达,但它的根本观念来源很早。今分述于下:

第一,无为主义　中国的政治学说,自古代到近世,几乎没有一家能逃得出老子的无为主义。孔子是极力称赞"无为而治"的,后来的儒家多受了孔子"恭己正南面"的话的影响,宋以后更是如此,无论是说"正名""仁政""王道""正心诚意",都只是要归到"无为而治"的理想的目的。平常所说的"道家"一派,更不用说了。法家中如慎到一派便是受了老子一系的无为主义的影响;如《尸子》,如

《管子》中《禁藏》《白心》诸篇，如《韩非子》中《扬榷》《主道》诸篇，便是受了老子、孔子两系的无为主义的影响。宋朝王安石批评老子的无为主义，说老子"知无之为车用，无之为天下用，然不知其所以为用也。故无之所以为车用者，以有毂辐也；无之所以为天下用者，以有礼乐刑政也。如其废毂辐于车，废礼乐刑政于天下，而坐求其无之为用也，则亦近于愚矣"。王安石《老子论》。这段话很有道理。法家虽信"无为"的好处，但他们以为必须先有"法"然后可以无为。如《管子·白心》篇说："名正法备，则圣人无事。"又如《尸子》说："正名去伪，事成若化。……正名覆实，不罚而成。"这都是说有了"法"便可做到"法立而不用，刑设而不行"用《管子·禁藏》篇语。的无为之治了。

第二，正名主义 上章论尹文的法理学时，已说过名与法的关系。参看上章。尹文的大旨是要"善有善名，恶有恶名"，使人一见善名便生爱做的心，一见恶名便生痛恶的心。"法"的功用只是要"定此名分"，使"万事皆归于一，百度皆准于法"。这可见儒家的正名主义乃是法家哲学的一个根本观念。我且再引《尸子》几条作参证：

> 天下之可治，分成也。是非之可辨，名定也。

> 明王之治民也，……言寡而令行，正名也。君人者苟能正名，愚智尽情；执一以静，令名自正，赏罚随名，民莫不敬。参看《韩非子·扬榷》篇云，"执一以静，使名自命，令事自定。"又看《主道》篇。

> 言者，百事之机也。圣王正言于朝，而四方治矣。是故曰，正名去伪，事成若化；以实覆名，百事皆成。……正名覆实，不罚而威。

> 审一之经，百事乃成；审一之纪，百事乃理。名实判为两

分为一。是非随名实,赏罚随是非。

这几条说法治主义的逻辑,最可玩味。他的大旨是说天下万物都有一定的名分,只看名实是否相合,便知是非。名实合,便是"是";名实不合,便是"非"。是非既定,赏罚跟着来。譬如"儿子"是当孝顺父母的,如今说"此子不子",是名实不合,便是"非",便有罚了。"名"与"法"其实只是同样的物事。两者都是"全称"(Universal),都有驾驭个体事物的效能。"人"是一名,可包无量数的实。"杀人者死"是一法,可包无数杀人的事实。所以说"审一之经",又说"执一以静"。正名定法,都只要"控名责实",都只要"以一统万"——孔子的正名主义的弊病在于太注重"名"的方面,就忘了名是为"实"而设的,故成了一种偏重"虚名"的主张,如《论语》所记"尔爱其羊,我爱其礼";及《春秋》种种正名号的笔法,皆是明例。后来名学受了墨家的影响,趋重"以名举实",故法家的名学,如尹文的"名以检形,形以定名;名以定事,事以检名";疑当作"名以检事,事以定名"。如《尸子》的"以实覆名,……正名覆实";如《韩非子》的"形名参同",《主道篇》《扬榷篇》。都是墨家以后改良的正名主义了。

第三,平等主义 儒家不但有"礼不下庶人,刑不上大夫"的成见,还有"亲亲""贵贵"种种区别,故孔子有"子为父隐,父为子隐"的议论;孟子有瞽瞍杀人,舜窃负而逃的议论。故我们简直可说儒家没有"法律之下,人人平等"的观念。这个观念得墨的影响最大。墨子的"兼爱"主义直攻儒家的亲亲主义,这是平等观念的第一步。后来"别墨"论"法"字,说道:

一法者之相与也。尽类,若方之相合也。《经说》曰:一方尽类,俱有法而异。或木或石,不害其方之相合也。尽类犹方也,物俱然。

这是说同法的必定同类，无论是科学的通则，是国家的律令，都是如此。这是法律平等的基本观念。所以法家说，"如此，则顽嚚聋瞽可与察慧聪明同其治也"。《尹文子》。"法"的作用要能"齐天下之动"。儒家所主张的礼仪，只可行于少数的"君子"，不能遍行全国。韩非说得最好：

> 夫圣人之治国，不恃人之为吾善也，而用其不得为非也。恃人之为吾善也，境内不什数。用人不得〔为〕非，一国可使齐。为治者用众而舍寡，故不务德而务法。夫恃自直之箭，百世无矢；恃自圜之木，百世无轮矣。自直之箭，自圜之木，百世无有一。然而世皆乘车射禽者，隐栝之道用也。虽有不恃隐栝而自直之箭，自圜之木，良工弗贵也。何则？乘者非一人，射者非一发也。不恃赏罚而自善之民，明主弗贵也。何则？国法不可失，而所治非一人也。《显学篇》。

第四，客观主义　上章曾说过慎到论"法"的客观性。参看。慎到的大旨以为人的聪明才智，无论如何高绝，总不能没有偏私错误，即使人没有偏私错误，总不能使人人心服意满。只有那些"无知之物，无建己之患，无用知之累"，可以没有一毫私意又可以不至于陷入偏见的蒙蔽。例如最高明的才智，总比不上权衡斗斛度量等物的正确无私。又如拈钩分钱，投策分马，即使不如人分的均平，但是人总不怨钩策不公。这都是"不建己，不用知"的好处。不建己，不用知，即是除去一切主观的弊害，专用客观的标准。法治主义与人治主义不同之处，根本即在此。慎到说得最好：

> 君人者，舍法而以身治，则诛赏予夺从君心出。然则受赏者，虽当，望多无穷；受罚者，虽当，望轻无已。……法虽不善，犹愈于无法。……夫投钩以分财，投策以分马，非钩策为均

也,使得美者不知所以美,得恶者不知所以恶,此所以塞愿望也。

这是说用法可以塞怨望。《韩非子》说:

> 释法术而心治,尧不能正一国。去规矩而妄意度,奚仲不能成一轮。……使中主守法术,拙匠守规矩尺寸,则万不失矣。君人者能去贤巧之所不能,守中拙之所万不失,则人力尽而功名立。《用人》

> 故设柙非所以备鼠也,所以使怯弱能服虎也。立法非所以避曾史也,所以使庸主能止盗跖也。《守道》

这是说,若有了标准法,君主的贤不贤都不关紧要。人治主义的缺点,在于只能希望"惟仁者宜在高位",却免不了"不仁而在高位"的危险。法治的目的在于建立标准法,使君主遵守不变。现在所谓"立宪政体",即是这个道理。但中国古代虽有这种观念,却不曾做到施行的地步。所以秦孝公一死,商君的新法都可推翻;秦始皇一死,中国又大乱了。

第五,责效主义 儒家所说"为政以德""保民而王""恭己正南面而天下治"等话,说来何尝不好听,只是没有收效的把握。法治的长处在于有收效的把握。如《韩非子》说的:

> 法者,宪令著于官府,刑罚必于民心;赏存于乎慎法,而罚加乎奸令者也。

守法便是效。效的本义为"如法"。《说文》:"效,象也。"引申为效验、为功效。不守法便是不效。但不守法即有罚,便是用刑罚去维持法令的效能。法律无效,等于无法。法家常说"控名以责实",这便是我所说的"责效"。名指法,"如杀人者死"。实指个体的案情。如"某人杀某人"。凡合于某法的某案情,都该依某法所定的处分:这便是"控名以责实"。如云:"凡杀人者死。某人杀人,故某人当死。"这种学说,根本上只是一种演绎的论理。这种论理的根本观念只要"控名责实",要"形名参同",要"以一统万"。这固是法家的长处,但法家的短处也在此。因为"法"的目的在"齐天下之动",却不知道人事非常复杂,有种种个性的区别,决不能全靠一些全称名词便可包括了一切。例如"杀人"须分故杀与误杀;故杀之中,又可分别出千百种故杀的原因和动机。若单靠"杀人者死"一条法去包括一切杀人的案情,岂不要冤枉杀许多无罪的人吗?中国古代以来的法理学,只是一个刑名之学。今世的"刑名师爷",便是这种主义的流毒。"刑名之学"只是一个"控名责实"。正如"刑名师爷"的责任只是要寻出各种案情,(实),合于刑律的第几条第几款。(名)。

五、韩非 "法家"两个字,不能包括当时一切政治学者。法家之中,韩非最有特别的见地,故我把他单提出来,另列一节。

我上文说过,中国古代的政治学说大都受了老子的"无为"两个字的影响。就是法家也逃不出这两个字。如上文所引《尸子》的话:"君人者苟能正名,愚智尽情;执一以静,令名自正。"又说:"正名去伪,事成若化。……正名覆实,不罚而威。"又如《管子·白心》篇说的:"名正法备,则圣人无事。"这都是"无为"之治。他们也以为政治的最高目的是"无为而治",有了法律,便可做到"法立而不用,刑设而不行"的无为之治了。这一派的法家,我们可称为保守派。

韩非是一个极信历史进化的人,故不能承认这种保守的法治主义。若《显学》《五蠹》诸篇是韩非的书,则《主道》《扬榷》诸篇决不是韩非的书。两者不可并立。他的历史进化论,把古史分作上古、中古、近古三个时期;每一时期,有那时期的需要,便有那时期的事业。故说:

> 今有构木钻燧于夏后氏之世者,必为鲧禹笑矣。有决渎
> 于殷周之世者,必为汤武笑矣。然则今有美尧、舜、禹、汤、武
> 之道于当今之世者,必为新圣笑矣。是以圣人不务循古,不法
> 常可。论世之事,因为之备。《五蠹》

韩非的政治哲学,只是"论世之事,因为之备"八个字。所以说"事
因于世而备适于事",又说"世异则事异,事异则备变"。他有一则
寓言说得最好:

> 宋人有耕田者,田中有株,兔走触株,折颈而死,因释其耒
> 而守株,冀复得兔。……今欲以先王之政治当世之民,皆守株
> 之类也。(同)

后人多爱用"守株待兔"的典,可惜都把这寓言的本意忘了。韩非
既主张进化论,故他的法治观念,也是进化的。他说:

> 故治民无常,惟治为法。法与时转则治,治与世宜则有
> 功。……时移而治不易者乱。《心度》

韩非虽是荀卿的弟子,他这种学说却恰和荀卿相反。荀卿骂那些
主张"古今异情,其所以治乱者异道"的人都是"妄人"。如此说来,
韩非是第一个该骂了! 其实荀卿的"法后王"说,虽不根据于进化
论,却和韩非有点关系。荀卿不要法先王,是因为先王的制度文物
太久远了,不可考了,不如后王的详备。韩非说得更畅快:

> 孔子、墨子俱道尧、舜而取舍不同,皆自谓真尧、舜。尧、
> 舜不复生,将谁使定儒、墨之诚乎? ……不能定儒、墨之真,今
> 乃欲审尧、舜之道于三千岁之前,意者其不可必乎? 无参验而
> 必之者,愚也。弗能必而据之者,诬也。故明据先王,必定尧
> 舜者,非愚则诬也。《显学》

"参验"即是证据。韩非的学说最重实验,他以为一切言行都该用实际的"功用"作试验。他说:

> 夫言行者,以功用为之的彀者也。夫砥砺杀矢,而以妄发,其端未尝不中秋毫也,然而不可谓善射者,无常仪的也。设五寸之的,引十步之远,非羿、逢蒙不能必中者,有常仪的也。故有常仪的则羿、逢蒙以五寸的为巧,无常仪的则以妄发之中秋毫为拙。今听言观行,不以功用为之的彀,言虽至察,行虽至坚,则妄发之说也。《问辩》。旧本无后面三个"仪的",今据《外诸说左上》增。

言行若不以"功用"为目的,便是"妄发"的胡说胡为,没有存在的价值。正如《外储说左上》举的例:

> 郑人有相与争年者,〔其一人曰,"我与尧同年";〕旧无此九字,今据马总《意林》增。其一人曰,"我与黄帝之兄同年。"讼此而不决,以后息者为胜耳。

言行既以"功用"为目的,我们便可用"功用"来试验那言行的是非善恶。故说:

> 人皆寐则盲者不知;皆嘿则喑者不知。觉而使之视,问而使之对,则喑盲者穷矣。……明主听其言必责其用,观其行必求其功,然则虚旧之学不谈,矜诬之行不饰矣。《六反》

韩非的"功用主义"和墨子的"应用主义",大旨相同。但韩非比墨子还要激烈些。他说:

> 故不相容之事,不两立也。斩敌者受上赏,而高慈惠之行;拔城者受爵禄,而信兼爱之说;兼旧误作廉。坚甲厉兵以备难,而美荐绅之饰;富国以农,距敌恃卒,而贵文学之士;废敬

上畏法之民,而养游侠私剑之属:举行如此,治强不可得也。国贫养儒侠,难至用介士,所利非所用,所用非所利。是故服事者简其业,而游于学者日众,是世之所以乱也。且世之所谓贤者,贞信之行也。所谓智者,微妙之言也。微妙之言,上智之所难知也。今为众人法,而以上智之所难知,则民无从识之矣。……夫治世之事,急者不得,则缓者非所务也。今所治之政,民间之事,夫妇所明知者不用,而慕上知之论,则其于治反矣。故微妙之言,非民务也。……今境内之民皆言治,藏商、管之法者家有之,而国愈贫,言耕者众,执耒者寡也。境内皆言兵,藏孙、吴之书者家有之,而兵愈弱,言战者多,被甲者少也。故明主用其力,不听其言;赏其功,必禁无用。《五蠹》

这种极端的"功用主义",在当时韩非对于垂亡的韩国,固是有为而发的议论。但他把一切"微妙之言","商、管之法","孙、吴之书",都看作"无用"的禁品。后来他的同门弟兄李斯把这学说当真实行起来,遂闹成焚书坑儒的大劫。这便是极端狭义的功用主义的大害了。参看第八篇末章。

第三章 古代哲学之中绝

本章所述,乃系中国古代哲学忽然中道消灭的历史。平常的人都把古学中绝的罪归到秦始皇焚书坑儒两件事。其实这两件事虽有几分关系,但都不是古代哲学消灭的真原因。现在且先记焚书坑儒两件事:

焚书 秦始皇于西历前二三〇年灭韩,二二八年灭赵,二二五年灭魏,二二三年灭楚,明年灭燕,又明年灭齐。二二一年,六国都亡,秦一统中国,始皇称皇帝,用李斯的计策,废封建制度,分中国为三十六郡；又收天下兵器，改铸钟镰铁人；于是统一法度、衡石、丈尺；车同轨，书同文：为中国有历史以来第一次造成统一的帝国。此语人或不以为然。但古代所谓一统，不是真一统，至秦始真成一统耳。当日李斯等所言"上古以来未尝有，五帝所不及"，并非妄言。李斯曾做荀卿的弟子，荀卿本是主张专制政体的人，看他的《正名》篇。以为国家对于一切奇辞邪说，应该用命令刑罚去禁止他们。李斯与韩非同时，又曾同学于荀卿，故与韩非同有历史进化的观念，又同主张一种狭义的功用主义。故李斯的政策，一是注重功用的，二是主张革新变法的，三是狠用专制手段的。后来有一班守旧的博士如淳于越等反对始皇的新政，以为"事不师古而能长久者，非所闻也"。始皇把这议交群臣会议，李斯回奏道：

> 五帝不相复，三代不相袭，各以治。非其相反，时变异也。看上章论韩非一节。今陛下创大业，建万世之功，固非愚儒所知。且越言乃三代之事，何足法也？此等话全是韩非《显学》《五蠹》两篇的口气。《商君书》论变法也有这等话，但《商君书》是假造的，(考见上章)不可深信。异时诸侯并争，厚招游学。今天下已定，法令出一；百姓当家则力农，士则学习法令辟禁。今诸生不师今而学古，以非当世，惑乱黔首。丞相臣斯昧死言：古者天下散乱，莫之能一，是以诸侯侯字当作儒。并作，语皆道古以害今，饰虚言以乱实。人善其所私学，以非上之所建立。今皇帝并有天下，别黑白而定一尊。而私学相与非法教，而字本在学字下。人闻令下，则各以其学议之；入则心非，出则巷议；夸主以为名，异取以为高，率群下以造谤。如此弗禁，则主势降于上，党与成乎下。禁之便。臣请史官非秦纪，皆烧之。非博士官所职，天下敢有藏《诗》《书》百家语者，悉诣守尉杂烧之。有敢偶语《诗》《书》

弃市。以古非今者族。吏见知不举者，与同罪。令下三十日不烧，黥为城旦。所不去者，医药卜筮种树之书。若有欲学法令，有欲二字原本误倒，今依王念孙校改。以吏为师。此奏据《史记·秦始皇本纪》及《李斯列传》。

始皇赞成此议，遂实行烧书。近人如康有为、《新学伪经考》卷一。崔适《史记探原》卷三。都以为此次烧书"但烧民间之书，若博士所职，则《诗》《书》百家自存"。又以为李斯奏内"若有欲学法令，以吏为师"一句，当依徐广所校及《李斯列传》，删去"法令"二字，"吏"即博士，"欲学《诗》《书》六艺者，诣博士受业可矣"。此康有为之言。康氏、崔氏的目的在于证明六经不曾亡缺。其实这种证据是很薄弱的。法令既说"偶语《诗》《书》者弃市"，决不至又许"欲学《诗》《书》六艺者，诣博士受业。"这是显然的道理。况且"博士所职"四个字泛得很，从《史记》各处合看起来，大概秦时的"博士"多是"儒生"，决不至兼通"文学百家语"。即使如康氏、崔氏所言，"六经"是博士所职，但他们终不能证明"百家"的书都是博士所守。《始皇本纪》记始皇自言，"吾前收天下书不中用者，尽去之"。大概烧的书自必很多，博士所保存的不过一些官书，未必肯保存诸子百家之书。但是政府禁书，无论古今中外，是禁不尽绝的。秦始皇那种专制手段，还免不了博浪沙的一次大惊吓；十日的大索也捉不住一个张良。可见当时犯禁的人一定很多，偷藏的书一定很不少。试看《汉书·艺文志》所记书目，便知秦始皇烧书的政策，虽不无小小的影响，其实是一场大失败。所以我说烧书一件事不是哲学中绝的一个真原因。

坑儒　坑儒一事，更不重要了。今记这件事的历史于下：

> 侯生、卢生相与谋曰："始皇为人，天性刚戾自用。起诸

侯，并天下，意得欲从，以为自古莫能及己。专任狱吏，狱吏得亲幸。博士虽七十人，特备员弗用。丞相诸大臣皆受成事，倚办于上。上乐以刑杀为威，……下慑伏谩欺以取容。秦法，不得兼方，不验，辄死。然候星气者至三百人，皆良士，畏忌讳谀，不敢端言其过。天下之事无大小皆决于上。上至以衡石量书，日夜有呈，不中呈不得休息。贪于权势至如此，未可为求仙药。"遂亡去。始皇闻亡，乃大怒曰："吾前收天下书不中用者，尽去之；悉召文学方术士甚众，欲以兴太平，方士欲练以求奇药。今闻韩众去不报，徐市等费以巨万计，终不得药，徒奸利相告日闻。卢生等，吾尊赐之甚厚。今乃诽谤我，以重吾不德也！也通耶字。诸生在咸阳者，吾使人廉问，或为谣言以乱黔首。"于是使御史悉按问诸生，诸生传相告引，乃自除犯禁者四百六十余人，皆坑之咸阳，使天下知之以惩。后益发，谪徙边。《史记·秦始皇本纪》

细看这一大段，可知秦始皇所坑杀的四百六十余人，乃是一班望星气、求仙药的方士。《史记·儒林列传》也说，"秦之季世坑术士"。这种方士，多坑杀了几百个，于当时的哲学只该有益处，不该有害处。故我说坑儒一件事也不是哲学中绝的真原因。

现今且问：中国古代哲学的中道断绝究竟是为了什么缘故呢？依我的愚见看来，约有四种真原因：（一）是怀疑主义的名学，（二）是狭义的功用主义，（三）是专制的一尊主义，（四）是方士派的迷信。我且分说这四层如下：

第一，怀疑的名学　在哲学史上，"怀疑主义"乃是指那种不认真理为可知，不认是非为可辩的态度。中国古代的哲学莫盛于"别墨"时代。看《墨辩》诸篇，所载的界说，可想见当时科学方法和科学问题的范围。无论当时所造诣的深浅如何,只看那些人所用的方法和所研究的范围,便可推想这一支学派,若继续研究下去,有人继长增高,应该可以发生很高深的科学,和一种"科学的哲学"。不料这支学派发达得不多年,便受一次根本上的打击。这种根本上的打击,就是庄子一派的怀疑主义。因为科学与哲学发达的第一个条件,就是一种信仰知识的精神,以为真理是可知的,是非是可辩的,利害嫌疑治乱都是可以知识解决的。故"别墨"论"辩"以为天下的真理都只有一个是非真伪,故说"彼,不可两不可也";又说;"辩也者,或谓之是,或谓之非,当者胜也"。这就是信仰知识的精神。看第八篇第三章。到了庄子,忽生一种反动。庄子以为天下本没有一定的是非,"彼出于是,是亦因彼";"是亦彼也,彼亦是也"。因此他便走入极端的怀疑主义,以为人生有限而知识无穷,用有限的人生去求无穷的真理,乃是最愚的事。况且万物无时不变,无时不移,此刻的是,停一刻已变为不是;古人的是,今人又以为不是了;今人的是,将来或者又变为不是了。所以庄子说,我又如何知道我所知的当真不是"不知"呢?又如何知道我所不知的或者倒是真"知"呢?这就是怀疑的名学。有了这种态度,便可把那种信仰知识的精神一齐都打消了。再加上老子传下来的"使民无知无欲"的学说,和庄子同时的慎到、田骈一派的"莫之是,莫之非"的学说,自然更容易养成一种对于知识学问的消极态度。因此,庄子以后,中国的名学简直毫无进步。名学便是哲学的方法。方法不进步,哲学科学自然不会有进步了。所以我说中国古代哲学中绝的第一个真原因,就是庄子的《齐物论》。自从这种怀疑主义出世以后,人人以"不谴是非"为高尚,如何还有研究真理的科学与哲学呢?

第二,狭义的功用主义　庄子的怀疑主义出世之后,哲学界又生出两种反动:一是功用主义,一是一尊主义。这两种都带有救正怀疑主义的意味。他们的宗旨都在于寻出一种标准，可作为是非的准则。如今且先说功用主义。

我从前论墨子的应用主义时，曾引墨子自己的话，下应用主义的界说如下：

> 言足以迁行者，常之。不足以迁行者，勿常。不足以迁行而常之，是荡口也。《贵义篇》《耕柱篇》。

这是说，凡理论学说须要能改良人生的行为，始可推尚。这是墨家的应用主义。后来科学渐渐发达，学理的研究越进越高深，于是有坚白同异的研究，有时间空间的研究。这些问题，在平常人眼里，觉得是最没有实用的诡辩。所以后来发生的功用主义，一方面是要挽救怀疑哲学的消极态度，一方面竟是攻击当时的科学家与哲学家。如《荀子·儒效》篇说：

> 凡事行，有益于理者，立之；无益于理者，废之。[①] ……若夫充虚之相施易也，施通移。坚白同异之分隔也，是聪耳之所不能听也，明目之所不能见也，……虽有圣人之知，未能偻指也。不知无害为君子，知之无损为小人。

这种学说，以"有益于理""无益于理"作标准。一切科学家的学说如"充虚之相施易"，充是实体，虚是虚空。物动时只是从这个地位，换到那个地位，故说充虚之相移易。《墨辩》释移为"域徒也"，可以参看。如"坚白同异之分隔"，依儒家的眼光看来，都是"无益于理"。《荀子·解蔽篇》也说：

> 若夫非分是非，非治曲直，非辨治乱，非治人道，虽能之，无益于人；不能，无损于人。案也乃直将治怪说，玩奇辞，以相

---

① "有益于理者"和"无益于理者"，台北版改为"有益于治者"和"无益于治者"。

挠滑也。……此乱世奸人之说也。

墨家论辩的目的有六种：（一）明是非,（二）审治乱,（三）明同异之处,（四）察名实之理,（五）处利害,（六）决嫌疑。见《小取篇》《荀子》所说只有（一）、（二）两种,故把学问知识的范围更狭小了。因此,我们可说荀子这一种学说为"狭义的功用主义",以别于墨家的应用主义。墨子亦有甚狭处,说见第六篇。

这种主义到韩非时,更激烈了,更偏狭了。韩非说：

> 夫言行者,以功用为之的彀者也。……今听言观行,不以功用为之的彀,言虽至察,行虽至坚,则妄发之说也。是以乱世之听言也,以难知为察,以博文为辩。其观行也,以离群为贤,以犯上为抗。……是以儒服带剑者众,而耕战之士寡;坚白无厚之辞章,而宪令之法息。《问辩》篇。

这种学说,把"功用"两字,解作富国强兵立刻见效的功用。因此,一切"坚白无厚之辞",此亦指当时的科学家。《墨辩》屡言"无厚",见《经说上》;惠施也有"无厚不可积也"之语。同一切"上智之论,微妙之言",都是没有用的。都是该禁止的。参观上章论韩非一段。后来秦始皇说,"吾前收天下书不中用者尽去之",便是这种狭义的功用主义的自然结果。其实这种短见的功用主义,乃是科学与哲学思想发达的最大阻力。科学与哲学虽然都是应用的,但科学家与哲学家却须要能够超出眼前的速效小利,方才能够从根本上着力,打下高深学问的基础,预备将来更大更广的应用。若哲学界有了一种短见的功用主义,学术思想自然不会有进步,正用不着焚书坑儒的摧残手段了。所以我说古代哲学中绝的第二个真原因,便是荀子、韩非一派的狭义的功用主义。

第三,专制的一尊主义　上文说怀疑主义之后,中国哲学界生出两条挽救的方法：一条是把"功用"定是非，上文已说过了；还有一条是专制的一尊主义。怀疑派的人说道：

> 计人之所知，不若其所不知；其生之时，不若其未生之时。以其至小，求穷其至大之域，是故迷乱而不能自得也。《庄子·秋水》篇。

这是智识上的悲观主义。当时的哲学家听了这种议论，觉得很有道理。如荀子也说：

> 凡〔可〕以知，人之性也。可知，物之理也。以可以知之性，求可知之理，而无所疑止之，疑，定也。说详第九篇第一章。参看第十一篇第三章引此段下之校语。则没世穷年不能遍也。其所以贯理焉，虽亿万已，不足以浃万物之变，与愚者若一。学，老身长子，而与愚者若一，犹不知错，夫是之谓妄人。

这种议论同庄子的怀疑主义有何分别？但荀子又转一句，说道：

> 故学也者，固学止之也。

这九个字便是古学灭亡的死刑宣言书！学问无止境，如今说学问的目的在于寻一个止境：从此以后还有学术思想发展的希望吗？荀子接着说道：

> 恶乎止之？曰：止诸至足。曷谓至足？曰：圣王也。圣也者，尽伦者也；王也者，尽制者也。两尽者足以为天下极矣。故学者以圣王为师，案荀子用案字，或作乃解，或作而解。古者案、而、乃、等字，皆在泥纽、故相通。以圣王之制为法。《解蔽篇》。

这便是我所说的"专制的一尊主义"。在荀子的心里，这不过是挽救怀疑态度的一个方法，不料这种主张便是科学的封门政策，便是哲学的自杀政策。荀子的正名主义全是这种专制手段。后来他的弟子韩非、李斯，和他的"私淑弟子"董仲舒，董仲舒作书美荀卿，见刘向《荀卿书序》。都是实行这种师训的人。《韩非子·问辩》篇说：

> 明主之国，令者，言最贵者也；法者，事最适者也。言无二贵，法不两适。故言行而不轨于法令者，必禁。

这就是李斯后来所实行"别黑白而定一尊"的政策。哲学的发达全靠"异端"群起，百川竞流。端古训一点，引申为长物的两头。异端不过是一种不同的观点。譬如一根手杖，你拿这端，我拿那端。你未必是，我未必非。一到了"别黑白而定一尊"的时候，一家专制，罢黜百家；名为"尊"这一家，其实这一家少了四围的敌手与批评家，就如同刀子少了磨刀石，不久就要锈了，不久就要钝了。故我说中国古代哲学灭亡的第三个真原因，就是荀子、韩非、李斯一系的专制的一尊主义。

第四，方士派迷信的盛行 中国古代哲学的一大特色，就是几乎完全没有神话的迷信。当哲学发生之时，中国民族的文化已脱离了幼稚时代，已进入成人时代，故当时的文学、如《国风》《小雅》。史记、如《春秋》。哲学，都没有神话性质。老子第一个提出自然无为的天道观念，打破了天帝的迷信。从此以后，这种天道观念，遂成中国"自然哲学"老子、杨朱、庄子、淮南子、王充，以及魏晋时代的哲学家。的中心观念。儒家的孔子、荀子都受了这种观念的影响，故多有破除迷信的精神。但中国古代通行的宗教迷信，有了几千年的根据，究竟不能一齐打破。这种通行的宗教，简单说来，约有几个要点。（一）是一个有意志知觉、能赏善罚恶的天帝。说见第二篇。（二）是崇拜自然界种种质力的迷信，如祭天地日月山川之类。（三）是鬼神的迷信，以为人死有知，能作祸福，故必须祭祀供养他们。这几种迷信，可算得是古中国的国教。这个国教的教主即是"天子"。

天子之名，乃是古时有此国教之铁证。试看古代祭祀颂神的诗歌，如《周颂》及《大雅》《小雅》。及天子祭天地，诸侯祭社稷，大夫祭宗庙等等礼节，可想见当时那种半宗教半政治的社会阶级。更看春秋时人对于一国宗社的重要，也可想见古代的国家组织，实含有宗教的性质。周灵王时，因诸侯不来朝，苌弘为那不来朝的诸侯设位，用箭去射，要想用这个法子使诸侯来朝。这事虽极可笑，但可考见古代天子对于各地诸侯，不单是政治上的统属，还有宗教上的关系。古代又有许多宗教的官，如祝、宗、巫、觋之类。后来诸国渐渐强盛，周天子不能统治诸侯，政治权力与宗教权力都渐渐消灭。政教从此分离，宗祝巫觋之类也渐渐散在民间。哲学发生以后，宗教迷信更受一种打击。老子有"其鬼不神，其神不伤人"的话；儒家有无鬼神之论。见《墨子》。春秋时人叔孙豹说"死而不朽"，以为立德、立功、立言是三不朽；至于保守宗庙，世不绝祀，不可谓之不朽。这已是根本的推翻祖宗的迷信了。但是后来又发生几种原因，颇为宗教迷信增添一些势焰。一是墨家的明鬼尊天主义；二是儒家的丧礼祭礼；三是战国时代发生的仙人迷信；仙人之说，古文学如《诗》三百篇中皆无之，似是后起的迷信。四是战国时代发生的阴阳五行之说；看本篇第一章论邹衍一节。五是战国时代发生的炼仙药求长生之说。——这五种迷信，渐渐混合，遂造成一种方士的宗教。这五项之中，天鬼、丧祭、阴阳五行三件，都在别篇说过了。最可怪的是战国时代哲学科学正盛之时，何以竟有仙人的迷信同求长生仙药的迷信？依我个人的意见看来，大概有几层原因：（一）那个时代乃是中国本部已成熟的文明，开化四境上各种新民族的时代。试想当日开化中国南部的一段历史。新民族吸收中原文化，自不必说。但是新民族的许多富于理想的神话，也随时输入中国本部。试看屈原、宋玉一辈人的文学中所有的神话，都是北方文学所无，便是一证。或者神仙之说也是从这些新民族输入中国文明的。（二）那时生计发达，航海业也渐渐发达，于是有海上三神山等等神话自海边传来。（三）最要紧的原因是当时的兵祸连年，民不聊生，于是出世的观念也更发达。同时的哲学也有杨朱的厌世思想和庄子一派的出世思想，可见当时的趋势。《庄子》书中有许多仙人的神话，如列子御风，藐姑射仙人之类。又有"真人""神人""大浸稽天而不溺，大旱金石流，土山焦而不热"种种出世的理想。故仙人观念之盛行，其实只是那时代厌世思想流行的表示。

以上说"方士的宗教"的小史。当时的君主，很有几人迷信这种说话的。齐威王、宣王与燕昭王都有这种迷信。燕昭王求长生药，反被药毒死。秦始皇一统天下之后，功成意得，一切随心所欲，只有生死不可知，于是极力提倡这种"方士的宗教"。到处设祀，封泰山，禅梁父，信用燕齐海上的方士，使徐市带了童男女数千人入海求仙人，使卢生去寻仙人羡门子高，使韩终、又作韩众。侯生等求不死之药，召集天下"方术士"无数，"候星气者多至三百人"。这十几年的热闹，遂使老子到韩非三百年哲学科学的中国，一变竟成一个方士的中国了。古代的哲学，消极一方面，受了怀疑主义的打击，受了狭义功用主义的摧残，又受了一尊主义的压制；积极一方面，又受了这十几年最时髦的方士宗教的同化，古代哲学从此遂真死了！所以我说，哲学灭亡的第四个真原因，不在焚书，不在坑儒，乃在方士的迷信。

戴东原的哲学(节选)^①

戴震生于雍正元年的十二月(一七二四年一月十九日),那时清初的一班大师都死完了。但他们的影响都还存在。他虽然生在那多山的徽州,居然也能得着一种很高等的小学与经学的教育。二十岁后,他从婺源的江永受学;江永"治经数十年,精于三礼及步算,钟律,声韵,地名沿革"。江永不但是一个大学者,并且是一位朱学的大家,曾做一部《近思录集注》。戴震的著作之中,有一部《经考》,共五卷,新近刻在《邴斋丛书》里。我们看这部书,可以知道戴氏对于程朱的书,对于清初一班大师的书,都曾做过很勤密的研究。在治学的方法一方面,他更是顾炎武、阎若璩的嫡派传人。他不但用那比较考证的方法来治古音,并且用那方法来治校勘,来讲故训。他的天才过人,所以他在这几方面都有很好的成绩。

我们看他的两部哲学书,——《孟子字义疏证》和《原善》——不能不疑心他曾受着颜李学派的影响。戴望作《颜氏学记》,曾说戴震的学说是根据于颜元而畅发其旨^(《学记》一,页四)我们至今不曾寻出戴学与颜李有渊源关系的证据。我个人推测起来,戴学与颜

---

① 此文选自《戴东原的哲学》第二部分。该文原载北京大学《国学季刊》第2卷第1期,上海商务印书馆1925年出版。

学的媒介似乎是程廷祚。程廷祚(一六九一——一七六七)二十岁后即得见颜李的书;二十四岁即上书给李塨,并著《闲道录》,时在康熙甲午(一七一四),自此以后,他就终身成了颜李的信徒,与常州的恽鹤生同为南方颜李学的宣传者。程廷祚是徽州人,寄籍在江宁。戴震二十多岁时,他的父亲带他到江宁去请教一位同族而寄寓江宁的时文大家戴瀚。此事约在乾隆七八年(一七四二——一七四三)。后来乾隆二十年(一七五五)戴震入京之后,他曾屡次到扬州(一七五七、一七五八、一七六〇),都有和程廷祚相见的机会。他中式举人在乾隆二十七年(一七六二);他屡次在江宁乡试,也都可以见着程廷祚。况且程廷祚的族侄孙程晋芳(也是徽州人,寄籍淮安)是戴震的朋友;戴氏也许可以从他那边得见程廷祚或颜李的著作。(程晋芳极推崇程廷祚,而不赞成颜李之学。他作《正学论》,力诋颜李,并驳戴震,大为程朱辨冤。所以他明知程廷祚得力于颜李,——有《与家绵庄先生书》可证,——而他作《绵庄先生墓志铭》,竟不提及颜李之学。)

依段玉裁的记载,戴震的《原善》三篇作于癸未(一七六三)以前,甲戌(一六五四)以后的十年之间(《戴氏年谱》,页十六)。这十年正是戴氏往来扬州、江宁之间,常得见程廷祚的时期。段氏又说乾隆三十一年(一七六六)曾听得戴震自说,"近日做得讲理学一书",即是《孟子字义疏证》的初稿(《年谱》,页十七)。这正是程廷祚死的前一年。依这种种可能的机会看来,我们似乎很可以假设程廷祚是颜学与戴学之间的媒介了。

我们研究戴震的思想变迁的痕迹,似乎又可以假定他受颜李的影响大概在他三十二岁(一七五五)入京之后。这一年的秋天,他有《与方希原书》,说:

> 圣人之道在六经。汉儒得其制数,失其义理;宋儒得其义理,失其制数。譬有人焉,履泰山之巅,可以言山;有人焉,跨

北海之涯，可以言水。二人者不相谋，天地间之巨观，目不全收，其可哉？抑言山也，言水也，时或不尽山之奥，水之奇。奥奇，山水所有也；不尽之，阙物情也。《与方希原书》

他在这时候还承认宋儒"得其义理"，不过"不尽"罢了。同年他又有《与姚姬传书》，也说：

先儒之学，如汉郑氏，宋程子，张子，朱子，其为书至详博，然犹得失中判。其得者，取义远，资理闳。……其失者，即目未睹渊泉所导，手未披枝肆所歧者也；而为说转易晓，学者浅涉而坚信之，用自满其量之能容受，不复求远者闳者。故诵法康成、程、朱，不必无人，而皆失康成、程、朱于诵法中，则不志乎闻道之过也。诚有能志乎闻道，必去其两失，殚力于其两得。

这里他也只指出汉儒、宋儒"得失中判"。这都是他壮年的未定之见。文集中有《与某书》，虽不载年月，然书中大旨与《孟子字义疏证》定本的主张相同，其为晚年之作无疑。那书中的议论便与上文所引两书大不相同了。他说：

治经先考字义，次通文理。志存闻道，必空所依傍。汉儒故训有师承，亦有时傅会。晋人傅会凿空益多。宋人时恃胸臆为断，故其袭取者多谬，而不谬者在其所弃。我辈读书原非与后儒竞立说。宜平心体会经文。有一字非其的解，则于所言之意必差，而道从此失。……宋已来，儒者以己之见硬坐为古贤圣立言之意，而语言文字实未之知。其于天下之事也，以己所谓"理"强断行之，而事情原委隐曲实未能得。是以大道失而行事乖。《与某书》

这时候他的态度更显明了：汉儒的故训也不免"有时傅会"；至于宋儒的义理，原来是"恃胸臆以为断""以己之见硬坐为古贤圣立言之意"。这时候他不但否认宋儒"得其义理"，竟老实说他们"大道失而行事乖"了。

我们看这几篇书，可以推知戴氏三十二岁入京之时还不曾排斥宋儒的义理；可以推知他在那时候还不曾脱离江永的影响，还不曾接受颜李一派排斥程朱的学说。如果他的思想真与颜李有渊源的关系，那种关系的发生当在次年（一七五六）他到扬州以后。

戴震在清儒中最特异的地方，就在他认清了考据名物训诂不是最后的目的，只是一种"明道"的方法。他不甘心仅仅做个考据家；他要做个哲学家。在这一点上，他有很明白的宣言；他说：

> 经之至者，道也。所以明道者，其词也。所以成词者，字也。由字以通其词，由词以通其道，必有渐。（《与是仲明书》）

又说：

> 君子务在闻道也。今之博雅能文章，善考核者，皆未志乎闻道。从株守先儒而信之笃，如南北朝人所讥"宁言周孔误，莫道郑服非"，亦未志乎闻道者也。（《答郑丈用牧书》）

他又说：

> 后之论汉儒者，辄曰："故训之学云尔，未与于理精而义明。"则试诘以"求理义于古经之外乎？若犹存古经中也，则凿空者得乎"？呜呼，经之至者，道也。所以明道者，其词也。所以成词者，未有能外小学文字者也。由文字以通乎语言，由语

言以通乎古圣贤之心志，譬之适堂坛之必循其阶而不可以躐等。是故凿空之弊有二：其一，缘词生训也；其一，守讹传谬也。缘词生训者，所释之义非其本义；守讹传谬者，所据之经并非其本经。……二三好古之儒，知此学之不仅在故训，则以志乎闻道也，或庶几焉。（《古经解钩沉序》）

戴氏这种见解，当时那班"擘绩补苴"的学者都不能了解，只有章学诚能指出：

> 凡戴君所学，深通训诂，先于名物制度而得其所以然，将以明道也。时人方贵博雅考订，见其训诂名物有合时好，以为戴之绝诣在此。及戴著《论性》《原善》诸篇，于天人理气，实有发先人所未发，时人则谓空说义理，可以无作。是固不知戴学者矣。（《章氏遗书》，《朱陆篇书后》。）

章学诚常骂戴氏，但他实在是戴学的第一知己。

戴氏认清了"此学不仅在故训"，这是他特异于清儒的第一要点。当时的人深信"汉儒去古未远"的话，极力崇奉汉儒；戴氏却深知宋儒的义理虽不可靠，而汉儒的故训也不可株守，所以学者"必空所依傍"，"平心体会经文"。清代的经学大师往往误认回到汉儒便是止境了；戴震晚年不说"回到汉儒"了，却说"必空所依傍""回到经文"。这"必空所依傍"五个字，是清儒的绝大多数人决不敢说的。当时的学者王鸣盛曾评论惠栋和戴震两人道："今之学者断推两先生。惠君之治经求其古，戴君求其是。"（洪榜《东原先生行状》引。）空所依傍，而唯求其是，这是戴学的第二异点。

戴氏既以"明道""闻道"为目的，我们应该先看看他所谓"道"是什么。他说"道"字，含有两种意义：一是天道，一是人道。天道即是天行，人道即是人的行为。他说：

道犹行也。(《孟子字义疏证》,以下省称《疏证》,章十六。)

在天地,则气化流行,生生不息,是谓道。在人物,则凡生生所有事,亦如气化之不可已,是谓道。(同书,三二。)

我们现在也依这个分别,先论他的天道论。

戴震的天道论,是一种自然主义。他从《周易》的《系辞传》入手,而《系辞传》的宇宙论实在是一种唯物的、自然的宇宙论,故王弼可用老庄的哲学来讲《易》,而宋儒自周敦颐、邵雍从道士队里出来,也还可依附《周易》,做成一种儒道糅合的自然主义。戴氏说:

道犹行也。气化流行,生生不息,是故谓之道。《易》曰:"一阴一阳谓道。"《鸿范》:"五行:一曰水,二曰火,三曰木,四曰金,五曰土。"行亦道之通称。(原注:《诗·载驰》:"女子善怀,亦各有行。"毛传云:"行,道也。"《竹竿》:"女子有行,远兄弟父母。"郑笺云:"行,道也。")举阴阳则赅五行,阴阳各具五行也。举五行即赅阴阳,五行各有阴阳也。(《疏证》十六)

他在《原善》里也有同样的主张:

道,言乎化之不已也。……生生者,化之原。生生而条理者,化之流。(《原善》上,章一。)

一阴一阳,盖言天地之化不已也,道也。一阴一阳,其生生乎。其生生而条理乎,以是见天地之顺,故曰一阴一阳之谓道。(同书上,三。)

《易》曰:"天地之大德曰生。"气化之于品物,可以一言尽也:生生之谓欤?(同书上,四。)

他论天道的要旨只是:

一阴一阳,流行不已,夫是之为道而已。(《疏证》十七)

他只认阴阳五行的流行不已，生生不息，便是道。这是一种唯物论，与宋儒的理气二元论不相同。宋儒依据《易·系辞》，"形而上者谓之道，形而下者谓之器"的话，建立他们的二元论，如朱子说：

> 阴阳，气也，形而下者也。所以一阴一阳者，理也，形而上者也。道即理之谓也。

戴氏驳道：

> 气化之于品物，则形而上下之分也。形乃品物之谓，非气化之谓。……形谓已成形质。形而上犹曰"形以前"。形而下犹曰"形以后"。（原注：如言"千载而上，千载而下"。《诗》"下武维周"，郑笺云，"下犹后也"。）阴阳之未成形质，是谓形而上者也，非形而下，明矣。器言乎一成而不变，道言乎体物而不可遗。不徒阴阳非形而下；如五行水火木金土，有质可见，固形而下也，器也。其五行之气，人物咸禀受于此，则形而上者也。（《疏证》十七）

他老实承认那形而上和形而下的都是气。这种一元的唯物论，在中国思想史上，要算很大胆的了。

他的宇宙观有三个要点：（一）天道即是气化流行；（二）气化生生不已；（三）气化的流行与生生是有条理的，不是乱七八糟的。生生不已，故有品物的孳生；生生而条理，故有科学知识可言。最奇特的是戴氏的宇宙观完全是动的，流行的，不已的。这一点和宋儒虽兼说动静，而实偏重静的宇宙观大大不相同。戴氏也兼说动静，他说：

> 生则有息，息则有生，天地所以成化也。（《原善》上，一。）

但他说的"息"只是一种潜藏的动力。

生生之呈其条理，"显诸仁"也。惟条理是以生生，"藏诸用"也。显也者，化之生于是乎见。藏也者，化之息于是乎见。生者至动而条理也。息者至静而用神也。卉木之株叶华实，可以观夫生。果实之白（即核中之仁），全其生之性，可以观夫息。（《原善》上，四。）

我们看他用果实中的"白"来形容"息"，可以知道他虽也说息说静，却究竟偏重生，偏重动的气化。

他对于宋儒的二元的宇宙论，一面指出《易·系辞》，"易有太极，是生两仪，两仪生四象，四象生八卦"的话本是指卦画的，宋儒误"两仪为阴阳，而求太极于阴阳之所由生"（看《疏证中》，三）；一面又指出宋儒所以不能抛弃二元论，只因为他们借径于佛老之学，受其蔽而不自觉。他说：

在老庄释氏，就一身分言之，有形体，有神识，而以神识为本。推而上之，以神为有天地之本，遂求诸无形无迹者为实有，而视有形有迹为幻。在宋儒，以形气神识同为己之私，而理得于天。推而上之，于理气截之分明，以理当其无形无迹之实有，而视有形有迹为幻。益就彼之言而转之，（原注：朱子辨释氏云："儒者以理为不生不灭，释氏以神识为不生不灭。"）因视气曰空气，视心曰性之郛郭。是彼别形神为二本，而宅于空气宅于郛郭者为天地之神与人之神。此别理气为二本，而宅于空气宅于郛郭者为天地之理与人之理。……其以理为气之主宰，如彼以神为气之主宰也。以理能生气，如彼以神能生气也。以理坏于形气，无人欲之蔽，则复其初，如彼以神受气而生，不以物欲累之，则复其初也。皆改其所指神识者以指理，徒援彼例此，而实非得之于此。（《疏证》十九）

以上述戴氏的宇宙观。他是当日的科学家，精于算数历象之学，深知天体的运行皆有常度，皆有条理，可以测算，所以他的宇宙观也颇带一点科学色彩，虽然说的不详不备，究竟不愧为梅文鼎、江永、钱大昕的时代宇宙论。(参看戴氏的《原象》八篇及《续天文略》二卷。当时输入的西洋天文学犹是第谷〔Tycho〕以前地球中心说，故《续天文略》说："天为大圆，以地为大圆之中心。"但当时人推求地球所以不坠之故，以为"大圆气固而内行，故终古不坠"，又说"梅文鼎所谓人居地上不忧环立，推原其故，惟大气举之一言足以蔽之"。当时人把气看作如此重要，故戴氏的宇宙论以气化为天道。)

在叙述戴氏论天道之后，我们应该接着叙述他的性论，因为他的性论是从他的天道论来的。戴氏论性最爱引《大戴礼记》的两句话：

> 分于道谓之命，形于一谓之性。

他解释这两句话道：

> 言分于阴阳五行以有人物，而人物各限于所分以成其性，阴阳五行，道之实体也。血气心知，性之实体也。有实体，故可分。惟分也，故不齐。古人言性惟本于天道，如是。(《疏证》十六)

> 分于道者，分于阴阳五行也。一言乎分，则其限之于始，有偏全厚薄清浊昏明之不齐，各随所分而形于一，各成其性也。(同书二十)

所以他下"性"的定义是：

> 性者，分于阴阳五行以为血气心知，品物区以别焉。(同书十九)

他说道的实体是阴阳五行。性的实体是血气心知，而血气心知又只是阴阳五行分出来的。这又是一种唯物的一元论，又和宋儒的理气二元的性论相冲突了。宋儒说性有两种：一是气质之性，一是理性；气质之性其实不是性，只有理性才是性；理无不善，故性是善的。戴氏说血气心知是性，这正是宋儒所谓气质之性。他却直认不讳。他说：

> 《记》曰："夫民有血气心知之性，而无哀乐喜怒之常。应感起物而动，然后心术形焉。"（此《乐记》语。）凡有血气心知，于是乎有欲。性之征于欲，声色臭味而爱畏分。既有欲矣，于是乎有情。性之征于情，喜怒哀乐而惨舒分。既有欲有情矣，于是乎有巧与智。性之征于巧智，美恶是非而好恶分。生养之道，存乎欲者也。感通之道，存乎情者也。二者自然之符，天下之事举矣。尽美恶之极致，存乎巧者也；宰御之权，由斯而出。尽是非之极致，存乎智者也；贤圣之德，由斯而备。二者亦自然之符，精之以底于必然，天下之能举矣。（《原善》上，五。）

戴氏书中最喜欢分别"自然"和"必然"：自然是自己如此，必然是必须如此，应该如此。自然是天，必然是人力。他说：

> 耳目百体之所欲，血气资之以养，所谓性之欲也。……由性之欲而语于无失，是谓性之德。性之欲，其自然之符也。性之德，其归于必然也。归于必然，适全其自然。此之谓自然之极致。（《原善》上，六。）

这里说自然和必然的区别，很分明。血气心知之性是自然的；但人的心知（巧与智）却又能指导那自然的性，使他走到"无失"的路上去，那就是必然。必然不是违反自然，只是人的智慧指示出来的"自然之极致"。

宋儒排斥气质之性，戴氏认为根本上的大错误。他说：

> 喜怒哀乐，爱隐感念，愠憷怨愤，恐悸虑叹，饮食男女，郁悠戚咨，惨舒好恶之情，胥成性则然，是故谓之道。（《原善》中，一。）

他又说：

> 凡血气之属，皆知怀生畏死，因而趋利避害，虽明暗不同，不出乎怀生畏死者同也。人之异于禽兽者不在是。……人则能扩充其知，至于神明，仁义礼智无不全也。仁义礼智非他，心之明之所止也；知之极其量也。……孟子言，今人乍见孺子将入于井，皆有怵惕恻隐之心。然则所谓恻隐，所谓仁者，非心知之外，别如有物焉，藏于心也。已知怀生而畏死，故怵惕于孺子之危，恻隐于孺子之死。使无怀生畏死之心，又焉有怵惕恻隐之心？推之羞恶，辞让，是非，亦然。使饮食男女与夫感于物而动者，脱然无之，以归于静，归于一，又焉有羞恶，有辞让，有是非？此可以明仁义礼智非他，不过怀生畏死，饮食男女，与夫感于物而动之者皆不可脱然无之，以归于静，归于一，而恃人之心知异于禽兽，能不惑乎所行，即为懿德耳。古贤圣所谓仁义礼智，不求于所谓欲之外，不离乎血气心知。（《疏证》二十一）

他这样公然承认血气心知之性即是性，更不须悬想一个理来"凑泊附着以为性"。人与禽兽同有这血气心知，——"禽兽知母而不知父，限于知觉也；然爱其生之者，及爱其所生，与雌雄牝牡之相爱，同类之不相噬，习处之不相啮，进乎怀生畏死矣。"——但人能扩充心知之明，能"不惑乎所行"，能由自然回到必然，所以有仁义礼智种种懿德。

戴氏也主张性是善的，但他说性善不必用理气二元论作根据。

他说：

> 耳能辨天下之声，目能辨天下之色，鼻能辨天下之臭，口
> 能辨天下之味，心能通天下之理义；人之才质得于天，若是其
> 全也！孟子曰，"非天之降才尔殊"；曰，"乃若其情，则可以为
> 善矣。乃所谓善也。若夫为不善，非才之罪也。"唯据才质为
> 言，始确然可以断人之性善。（《原善》中，四。）

这是他的性善说的根据。孟子的话本来很明白；我们看荀子极力
辨"能不能"与"可不可"的分别，更可以明白当日论性善的人必曾
注重那"可以知之质，可以能之具"。戴氏论性善也只是指出人所
同有的那些"可以知之质，可以能之具"。他又指出孟荀的不同之
点是：

> 荀子之重学也，无于内而取于外；孟子之重学也，有于内
> 而资于外。夫资于饮食能为身之营卫血气者，所资以养者之
> 气，与其身本受之气，原于天地，非二也。故所资虽在外，能化
> 为血气以益其内。未有内无本受之气与外相得，而徒资焉者
> 也。问学之于德性，亦然。（《疏证》二六）

戴氏之说颇似莱卜尼兹（Leibnitz）；他并不否认经验学问是从外来
的，但他同时又主张人的才质"有于内"，所以能"资于外"。

程子、朱子的理气二元论说"性止是搭附在气禀上，既是气禀
不好，便和那性坏了"（此朱子语）。朱子又说：

> 人生而静以上，是人物未生时，止可谓之理，未可名为性，
> 所谓在天曰命也。才说性时，便是人生以后，此理已堕在形气
> 中，不全是性之全体矣，所谓在人曰性也。

戴氏驳他说：

据《乐记》，"人生而静"与"感于物而动"对言之，谓方其未感，非谓人物未生也。《中庸》"天命之谓性"，谓气禀之不齐，各限于生初，非以理为在天在人异其名也。（《疏证》二七）

人之得于天也，一本。既曰血气心知之性，又曰天之性，何也？本阴阳五行以为血气心知，方其未感，湛然无失，是谓天之性，非有殊于血气心知也。（《原善》上，五。）

对于气质坏性一层，他的驳论最痛快：

彼荀子见学之不可以已，非本无，何待于学？而程子、朱子亦见学之不可以已，其本有者，何以又待于学？故谓为气质所污坏，以便于言本有者之转而如本无也！于是性之名移而加之理，而气化生人生物适以病性。性譬水之清，因地而污浊。不过从老庄释氏所谓"真宰""真空"者之受形以后昏昧于欲，而改变其说。特彼以真宰真空为我，形体为非我；此仍以气质为我，难言性为非我，则惟归之天与我，而后可谓之我有；亦惟归之天与我，而后可为完全自足之物，断之为善；惟使之截然别于我，而后虽天与我完全自足，可以咎我之坏之，而待学以复之。以水之清喻性，以受污而浊喻性堕于形气中污坏，以澄之而清喻学：水静则能清，老庄释氏之主于无欲，主于静寂是也。因改变其说为主敬，为存理，依然释氏教人认本来面目，教人常惺惺之法。若夫古贤圣之由博学，审问，慎思，明辨，笃行以扩而充之者，岂徒澄清已哉？（《疏证》二七）

这是他的哲学史观的一部分。程朱终是从道家、禅家出来的，故虽也谈格物致知，而终不能抛弃主敬；他们所谓主敬，又往往偏重静坐存理，殊不知格物是要去格的，致知是要去致的，岂是静坐的人干得的事业？戴氏认清宋儒的根本错误在于分性为理气二元，一面仇视气质形体,一面误认理性为"天与我完全自足"的东西,所以他们讲学问只是要澄清气质的污染,而恢复那"天与我完全自足"的理性,所以朱子论教育的功用是"明善而复其初"。宋儒重理性而排斥气质,故要"澄而清之";戴氏认气血心知为性,才质有于内而须取资于外,故要"由博学,审问,慎思,明辨,笃行以扩而充之"。这是戴学与理学大不相同的一点。

戴氏论性善,以才质为根据,他下的"才"的定义是:

> 才者,人与百物各如其性以为形质,而知能遂区以别焉,孟子所谓"天之降才"是也。气化生人生物,据其限于所分而言,谓之命;据其为人物之本始而言,谓之性;据其体质而言,谓之才。由成性各殊,故才质亦殊。才质者,性之所呈也。舍才质,安睹所谓性哉?(《疏证》二九)

他说才是性的表现;有什么性,便呈现什么才质;譬如桃杏之性具于核中之白,但不可见,等到萌芽甲坼生根长叶之时,桃仁只生桃而不生杏,杏仁只生杏而不生桃,这就是性之呈现,就是才。"才之美恶,于性无所增,亦无所损"(同上)。这种说法,又是一种一元论,又和宋儒的二元论冲突了。程子说:

> 性无不善;而有不善者,才也。性即理。……才禀于气,气有清浊,禀其清者为贤,禀其浊者为愚。

朱子说程子这话比孟子说的更精密。戴氏说这是分性与才为二本,又是二元论来了。他说:

> 孟子道性善。成是性斯为是才,性善则才亦美。……人之初生,不食则死,人之幼稚,不学则愚。食以养其生,充之使长;学以养其良,充之至于贤人圣人。其故一也。才虽美,譬

之良玉，……剥之蚀之，委弃不惜，久且伤坏无色，可宝减乎其前矣。又譬之人物之生，皆不病也。其后百病交侵，……而曰天与以多病之体，不可也。……因于失养，不可以是言人之才也。（《疏证》三一）

他用病作譬喻，说"人物之生，皆不病也"。这话是禁不起近世科学的证明的。分性与才为二本，是错的；戴氏说有是性便有是才，是不错的。但"性善则才亦美"一句话也只有相对的真实，而不可解作"凡性皆善，故才皆美"。宋儒说善由于性而恶由于气质，自然是不对的。但戴氏认血气心知为性，而又要说凡性皆善，那也是不能成立的。人物固有生而病的，才质也有生而不能辨声辨色的，也有生而不能知识思想的。所以我们只可说，戴氏的气质一元的性论确是一种重要的贡献，但他终不肯抛弃那因袭的性善论，所以不免有漏洞了。

戴氏说"唯据才质为言，始确然可以断人之性善"。其实，据才质为言，至多也只可以说人"可以"为善。我们试列举戴氏书中专论性善的话如下：

性者，飞潜动植之通名。性善者，论人之性也。……专言乎血气之伦，不独气类各殊，而知觉亦殊。人以有礼义异于禽兽，实人之知觉大远乎物，则然。此孟子所谓性善。（《疏证》二七）

知觉运动者，人物之生，知觉运动之所以异者，人物之殊其性。……性者，血气心知本乎阴阳五行，人物莫不区以别焉，是也。而理义者，人之心知有思辄通，能不惑乎所行也。……人之心知，于人伦日用，随在而知恻隐，知羞恶，知恭敬辞让，知是非，端绪可举，此之谓性善。（《疏证》二一）

这两条的意义都很明显。他说的是性善,而举的证据只是人的智慧远胜于禽兽。故戴氏说人性善只是对于禽兽而言;只是说"人之知觉大远乎物"。这本是极平常的科学知识,不幸被那些因袭的玄学名词遮盖了,挂着"性善论"的招牌,反不容易懂得了。

所以我们应该丢开"性善"的套语,再来看戴氏的性论。他说:

> 人生而后有欲,有情,有知。三者,血气心知之自然也。给于欲者,声色臭味也;而因有爱畏。发乎情者,喜怒哀乐也;而因有惨舒。辨于知者,美丑是非也;而因有好恶。声色臭味之欲,资以养其生。喜怒哀乐之情,感而接于物。美丑是非之知,极而通于天地鬼神。……是皆成性然也。有是身,故有声色臭味之欲;有是身,而君臣父子夫妇昆弟朋友之伦具,故有喜怒哀乐之情。惟有欲有情而又有知,然后欲得遂也,情得达也。天下之事,使欲之得遂,情之得达,斯已矣。惟人之知,小之能尽美丑之极致,大之能尽是非之极致;然后遂己之欲者,广之能遂人之欲;达己之情者,广之能达人之情。道德之盛,使人之欲无不遂,人之情无不达,斯已矣。(三十)

他把情、欲、知,三者一律平等看待,都看作"血气心知之自然"。这是对于那些排斥情欲,主静、主无欲的道学先生们的抗议。他在那三者之中,又特别提出知识,特别赞美他"小之能尽美丑之极致,大之能尽是非之极致"。因为有知,欲才得遂,情才得达。又因为有知,人才能推己及人,才有道德可说。理想的道德是"使人之欲无不遂,人之情无不达"。这是他的性论,他的心理学,也就是他的人生哲学。

戴氏是当日"反理学"的运动中的一员健将,故他论"道",极力避免宋明理学家的玄谈。他说：

> 语道于天地，举其实体实事而道自见。……语道于人，人伦日用，咸道之实事。（《疏证》三二）

他论人道，只是一种行为论。他说：

> 道者，居处，饮食，言动，自身而周于身之所亲，无不该焉也。（《疏证》三三）

人道重在一个"修"字，因为：

> 人之心知有明暗。当其明，则不失；当其暗，则有差谬之失。……此所谓道，不可不修者也。（三二）

他说：

> 人道本于性，而性原于天道。……《易》言天道而下及人物，不徒曰"成之者性"，而先曰"继之者善"。……善，其必然也。性，其自然也。归于必然，适完其自然。此之谓自然之极致。（三二）

他又说：

> 古贤圣之所谓道，人伦日用而已矣。于是而求其无失，则仁义礼之名因之而生。非仁义礼有加于道也。于人伦日用行之无失，如是之谓仁，如是之谓义，如是之谓礼而已矣。

行之无失，就是修其自然，归于必然。

他在这里又对于宋儒的二元论下一种总攻击：

> 宋儒合仁义礼而统谓之理，视之如有物焉，得于天而具于心，因以此为形而上，为冲漠无朕；以人伦日用为形而下，为万

象纷罗；盖由老庄释氏之舍人伦日用而别有所贵道，遂转之以言夫理。在天地则以阴阳不得谓之道；在人物则以气禀不得谓之性，以人伦日用之事不得谓之道。六经孔孟之言，无与之合者也。（三三）

从这里我们可以回到戴氏在哲学史上的最大贡献：他的"理"论。戴氏论性即是气质之性，与颜元同；他论"道犹行也"，与李塨同；不过他说的比他们更精密，发挥的比他们更明白，组织的也比他们更有条理，更成系统。戴氏说"理"，也不是他个人的创获。李塨和程廷祚都是说理即是文理、条理。惠栋在他的《易微言》里，也有理字一条，引据了许多古书，想比较归纳出一个定义出来。惠栋自己得着的结论却是很奇特的，他说：

> 理字之义，兼两之谓也。

"兼两"就是成双成对的。阴阳，刚柔，仁义，短长，大小，方圆，……都是兼两。这个结论虽是可笑，然而惠栋举的许多例证，却可以帮助李塨、程廷祚的理字解。例如他最赞叹的三条都出于《韩非子》：

> 一、凡物之有形者，易裁也，易割也。何以论之？有形则有短长，有短长则有小大，有小大则有方圆，有方圆则有坚脆，有坚脆则有轻重，有轻重则有白黑（许多"则"字不通）。短长，大小，方圆，坚脆，轻重，白黑之谓理。理定而物易割也。

> 二、道者，万物之所然也，万理之所稽也。理者，成物之文也。……万物各异理，而道尽稽万物之理。……

> 三、凡理者，方圆，长短，粗靡，坚脆之分也。故理定而后物可得道也。

惠栋从这里得着"兼两"的妙义，然而别人却从此更可以明白理字的古义是条理、文理、分理。戴震说理字最好：

> 理者，察之而几微必区以别之名也。是故谓之分理。在物之质曰肌理，曰腠理，曰文理。得其分，则有条而不紊，谓之条理。孟子称孔子之谓集大成曰："始条理者，智之事也；终条理者，圣之事也。"圣智至孔子而极其盛，不过举条理以言之而已矣。……《中庸》曰："文理密察，足有别也。"《乐记》曰："乐者，通伦理者也。"郑康成注云："理，分也。"许叔重《说文解字序》曰："知分理之可相别异也。"古人所谓理，未有如后儒之所谓理者矣。(《疏证》一)

戴氏这个定义，与李塨、程廷祚的理字解大旨相同。他们都说理是事物的条理、分理；但颜李一派的学者还不曾充分了解这个新定义的涵义。这个新定义到了戴氏的手里，方才一面成为破坏理学的武器，一面又成为一种新哲学系统的基础。

宋儒之学，以天理为根本观念。大程子说："吾学虽有所传授，天理二字却是自家体会出来。"程子以下，一班哲学家把理看作"不生不灭"，看作"如有物焉，得于天而具于心"。(朱子说："理在人心，是谓之性。心是神明之合，为一身之主宰。性便是许多道理，得之天而具于心者。")于是这个人静坐冥想出来的，也自命为天理；那个人读书傅会出来的，也自命为天理。因此宋明的道学又称为理学。理学的运动，在历史上有两个方面，第一是好的方面。学者提倡理性，以为人人可以体会天理，理附着于人性之中；虽贫富贵贱不同，而同为有理性的人，即是平等。这种学说深入人心之后，不知不觉地使个人的价值抬高，使个人觉得只要有理可说，富贵利禄都不足羡慕，威武刑戮都不足畏惧。理既是不生不灭的，暂时的失败和压制终不能永远把天理埋没了，天理终有大白于天下的一日。我们试看这八百年的政治史,便知道这八百年里的知识阶级对政府的奋斗,无一次不是掮着"理"字的大旗来和政府的威权作战。北宋的元祐党禁(一一〇二),南宋的庆元党禁(一一九六),明初成祖的杀戮学者(一四〇二),明代学者和宦官或权相的奋斗,直到明末的东林党案(一六二四——一六二七),无一次没有理学家在里面做运动的中坚,无一次不是政府的权威大战胜,却也无一次不是理学家得最后的胜利。生前窜逐的,死后不但追封赐谥,还常常请进孔庙里去陪吃冷猪肉咧。生前廷杖打死的,死后不但追封赐谥,还往往封荫及于三代,专祠遍于国中咧。明末理学家吕坤说的最好:

> 天地间唯理与势最尊,理又尊之尊也。庙堂之上言理,则天子不得以势相夺。即相夺,而理则常伸于天下万世。(《语录》,焦循《理说》引。)

我们试想程子、朱子是曾被禁锢的,方孝孺是灭族的,王阳明是廷杖后贬逐的,高攀龙是自杀的,——就可以知道理学家在争自由的奋斗史上占的重要地位了。在这一方面,我们不能不颂赞理学运动的光荣。

第二是坏的方面。理学家把他们冥想出来的臆说认为天理而强人服从。他们一面说存天理,一面又说去人欲。他们认人的情欲为仇敌,所以定下许多不近人情的礼教,用理来杀人,吃人。譬如一个人说"饿死事极小,失节事极大",这分明是一个人的私见,然而八百年来竟成为天理,竟害死了无数无数的妇人女子。又如一个人说"天下无不是的父母",这又分明是一个人的偏见,然而八百年来竟成为天理,遂使无数无数的儿子媳妇负屈含冤,无处伸诉。八百年来,"理学先生"一个名词竟成了不近人情的别名。理与势战时,理还可以得人的同情;而理与势携手时,势力借理之名,行私利之实,理就成了势力的护身符,那些负屈含冤的幼者弱者就无处伸诉了。八百年来,一个理字遂渐渐成了父母压儿子,公婆压媳妇,男子压女子,君主压百姓的唯一武器;渐渐造成了一个不人道,不近人情,没有生气的中国。

戴震生于满清全盛之时,亲见雍正朝许多惨酷的大狱,常见皇帝长篇大论地用"理"来责人;受责的人,虽有理,而无处可伸诉,只好屈伏受死,死时还要说死的有理。我们试读《大义觉迷录》,处处可以看见雍正帝和那"弥天重犯"曾静高谈"春秋大义"。一边是皇帝,一面是"弥天重犯":这二人之间如何有理可说? 如何有讲理的余地? 然而皇帝偏不肯把他拖出去剐了;偏要和他讲理,讲《春秋》大义,讲天人感应之理! 有时候,实在没有理可讲了,皇帝便说:"来! 把山西巡抚奏报庆云的折子给他看看。""来! 把通政使留保奏报的庆云图给他看看。""来! 把云贵总督鄂尔泰进献的嘉谷图发给他,叫他看看稻谷每穗有四五百粒至七百粒之多的,粟米有每穗长至二尺有奇的!"这都是天人感应之理。至于荆、襄、岳、常等府连年的水灾,那就是因为"有你这样狂背逆乱之人,伏藏匿处其间,秉幽险乖戾之气,致阴阳愆伏之干;以肆扰天常为心,以灭弃人理为志,自然江水泛涨,示儆一方。灾祸之来,实因你一人所致,你知道么? 有何说处?"那位弥天重犯连忙叩头供道:"一人狂背,皆足致灾,此则非精通天人之故者不能知。弥天重犯闻之,豁然如大寐初醒。虽朝闻夕死,亦实幸矣。"(《大义觉迷录》卷三,页一至二。)这样的讲理,未免把理字太轻薄了。戴震亲见理学之末流竟致如此,所以他的反动最激烈,他的抗议最悲愤。

戴震说:

六经孔孟之言,以及传记群籍,理字不多见。今虽至愚之人，悖戾恣睢，其处断一事，责诘一人，莫不辄曰"理"者，自宋以来，始相习成俗，则以理为如有物焉，得于天而具于心，因以心之意见当之也。于是负其气，挟其势位，加以口给者，理伸；力弱气慑，口不能道辞者，理屈。呜呼，其孰谓以此制事，以此制人之非理哉？……昔人知在己之意见不可以理名，而今人轻言之。夫以理为如有物焉，得于天而具于心，未有不以意见当之者也。（《疏证》五）

他又说：

呜呼，今之人其亦弗思矣！圣人之道，使天下无不达之情，求遂其欲，而天下治。后儒不知情之至于纤微无憾是谓理；而其所谓理者，同于酷吏之所谓法。酷吏以法杀人，后儒以理杀人，浸浸乎舍法而论理，死矣！更无可救矣！《与某书》

这是何等悲愤的呼喊！

宋儒都不能完全脱离禅宗"明心见性"的观念；陆王一派认心即是理，固不消说；程朱一派虽说"吾心之明莫不有知，而天下之物莫不有理"，然而他们主张理即是性，得之天而具于吾心，这和陆王的主张有何差异？至多我们只能说陆王一派说理是纯粹的主观的；程朱一派知道理在事物，同时又深信理在人心。程朱的格物说所以不能彻底，也正因为他们对于理字不曾有彻底的了解。他们常说"即物而穷其理"，然而他们同时又主张静坐省察那喜怒哀乐未发之前的气象。于是久而久之，那即物穷理的也就都变成内观返视了。戴震认清了理在事物，只是事物的条理关系；至于心的方面，他只承认一个可以知识思想的官能。他说：

思者，心之官能也。凡血气之属皆有精爽；其心之精爽，

巨细不同。如火光之照物，光小者其照也近。所照者，不谬
也。所不照，斯疑谬承之。不谬之谓得理。其光大者，其照也
远，得理多而失理少。且不特远近也，光之及又有明暗，故于
物有察有不察。察者，尽其实。不察，斯疑谬承之。疑谬之谓
失理。失理者，限于质之昧，所谓愚也。惟学可以增益其不足
而进于智。……故理义非他，所照所察者之不谬也。……理
义岂别若一物，求之所照所察之外？而人之精爽能进于神明，
岂求诸气禀之外哉？（《疏证》六）

他又说：

耳目口鼻之官，臣道也；心之官，君道也。臣效其能而君
正其可否。理义非他，可否之而当，是谓理义。然又非心出一
意以可否之也。若心出一意以可否之，何异强制之乎？是故
就事物言，非事物之外别有理义也。有物必有则，以其则正其
物，如是而已矣。就人心言，非别有理以予之，而具于心也。
心之神明，于事物咸足以知其不易之则，譬有光皆能照，而中
理者乃其光盛，其照不谬也。（八）

他认定心不是理，不过是一种思想判断的官能。这个官能是"凡血
气之属"都有的，只有巨细的区别，并不专属于人类。心不是理，也
不是理具于心。理在于事物，而心可以得理。心观察事物，寻出事
物的通则（《疏证》三，说"以秉持为经常曰则"），疑谬便是失理，不谬之谓得
理。心判断事物（"可否"就是判断），并不是"心出一意以可否之"；只是
寻求事物的通则，"以其则正其物"。

至于怎样寻求事物的通则，戴震却有两种说法：一种是关于
人事的理。一种是关于事物的理。前者是从儒家经典里出来的；
后来很少依据，可算是戴氏自己的贡献。

先说关于人事的理。戴氏说：

> 理者，情之不爽失者也。未有情不得而理得者也。凡有
> 所施于人，反躬而静思之：人以此施于我，能受之乎？凡有所
> 责于人，反躬而静思之：人以此责于我，能尽之乎？以我絜之
> 人，则理明。天理云者，言乎自然之分理也。自然之分理，以
> 我之情，絜人之情，而无不得其平，是也。《疏证》二）

> 在己与人，皆谓之情。无过情，无不及情之谓理。（三）

> 惟以情絜情，故其于事也，非心出一意见以处之。苟舍情
> 求理，其所谓理无非意见也。未有任其意见而不祸斯民
> 者。（五）

这是用《论语》的"恕"字和《大学》的"絜矩之道"来解释理字。他又
引孟子"心之所同然者，谓理也，义也"的话，而加以解释道：

> 心之所同然，始谓之理，谓之义；则未至于同然，存乎其人
> 之意见，非理也，非义也。凡一人以为然，天下万世皆曰是不
> 可易也，此之谓同然。……分之各有其不易之则，名曰理。如
> 斯而宜，名曰义。是故明理者，明其区分也。精义者，精其裁
> 断也。……人莫患乎蔽而自智，任其意见，执之为理义。吾惧
> 求理义者以意见当之；孰知民受其祸之所终极也哉？（四）

关于人事的理，他只主张"以情絜情"。这是儒书里钩出来的
求理说；所谓"恕"，所谓"一贯"，所谓"絜矩之道"，都是这个。他假
定"一人之欲，天下人之同欲也"《疏证》二），故可以"以我之情絜人
之情而无不得其平"。但那个假定的前提是不很靠得住的，"一人
之欲"，而自信为"天下人之同欲"，那仍是认自己的意见为天理，正
是戴氏所要推翻的见解。所以"以情絜情"的话，虽然好听，却有语

病；"心之所同然"的话比较更稳当些。要求心之所同然，便不可执著个人所欲，硬认为天下人之同欲；必须就事上求其"不易之则"。这就超过"以情絜情"的套话了。戴氏著《孟子字义疏证》，自托于说经，故往往受经文的束缚，把他自己的精义反蒙蔽了。他自己的主张实在是：

> 人伦日用，圣人以通天下之情，遂天下之欲，权之而分理不爽，是谓理。（《疏证》四十）
>
> 心之明之所止，于事情区以别焉，无几微爽失，则理义以名。（《原善》中，四。）

这是用心的灵明，去审察事情，使他无几微爽失；这岂是"以情絜情"的话包括得尽的吗？

其实戴氏说理，无论是人情物理，都只是要人用心之明，去审察辨别，寻求事物的条理。他说：

> 事物之理，必就事物剖析至微，而后理得。（《疏证》四一）

段玉裁给他做《年谱》，曾引他的话道：

> 总须体会孟子"条理"二字，务要得其条理，由合而分，由分而合，则无不可为。（《年谱》页四五）

他又《与段玉裁书》说：

> 古人曰理解者，即寻其腠理而析之也。（《年谱》页三四）

这三条须参互合看。他说"剖析"，说"分"，说"析"，都是我们今日所谓"分析"。他说的"合"，便是我们所谓"综合"。不分析，不能得那些几微的区别；不综合，不能贯通那些碎细的事实而组成条理与意义。

戴氏这样说理，最可以代表那个时代的科学精神。宋儒虽说"即物而穷其理"，但他们终不曾说出怎样下手的方法。直到陈第、顾炎武以后，方才有一种实证的求知的方法。戴氏是真能运用这种方法的人，故他能指出分析与综合二方面，给我们一个下手的方法。他又说：

> 天地人物事为，不闻无可言之理者也。《诗》曰，"有物有则"，是也。⋯⋯实体实事罔非自然而归于自然，天地人物事为之理得矣。夫天地之大，人物之蕃，事为之委曲条分，苟得其理矣，如直者之中悬，平者之中水，圆者之中规，方者之中矩。然后推诸天下万世而准。⋯⋯《中庸》称"考诸三王而不谬，建诸天地而不悖，质诸鬼神而无疑，百世以俟圣人而不惑"。夫如是，是为得理，是为心之所同然。⋯⋯举凡天地人物事为，求其必然不可易，理至明显也。从而尊大之，不徒曰"天地人物事为之理"，而转其语曰"理无不在"，视之如有物焉，将使学者皓首茫然，求其物不得。（十三）

这一段说的正是科学的目的。科学的目的正是"举凡天地人物事为，求其必然不可易"。宋儒虽然也说格物穷理，但他们根本错在把理看作无所不在的一个，所以说"一本而万殊"。他们虽说"万殊"，而其实只妄想求那"一本"；所以程朱论格物虽说"今日格一事，明日格一事"，而其实只妄想那"一旦豁然贯通"时的"表里精粗无不尽，而吾心之全体大用无不明"。戴氏却不存此妄想；他只要人"就事物剖析至微""求其必然不可易"。他所谓"推诸天下万世而准"，只是科学家所谓"证实"（verification）；正如他对姚鼐说的：

> 寻求而获，有十分之见，有未至十分之见。所谓十分之见，必征之古而靡不条贯，合诸道而不留余议；巨细毕究，本末

兼察。(《与姚姬传书》)

十分之见即是"心之所同然",即是"推诸天下万世而准"。这是科学家所谓证实了的真理。

戴氏是顾炎武、阎若璩以来考证之学的嫡派传人;他做学问的方法(他的名学)一面重在"必就事物剖析至微",一面重在证实。就事物剖析至微而后得来的"理",比较归纳出来的"则",只是一种假设的理(a hypothesis),不能说是证实的真理。必须经过客观的实证,必须能应用到同样的境地里而"靡不条贯",方才可算是真正的理。戴氏有《与王凤喈书》,讨论《尚书·尧典》,"光被四表"的光字,最可引来说明他的治学方法。光字蔡沈训为"显",似无可疑了;然而孔安国传却有"光,充也"之训,孔颖达《正义》指出此训是据《尔雅·释言》的。戴氏考郭本《尔雅》只有"桄颎,充也"之文;陆氏《释文》曰"桄,孙作光,古黄反"。桄字不见于六经,而《说文》有"桄,充也"之训。孙愐《唐韵》读为"古旷反"。《礼记·乐记》有"钟声铿铿以立号,号以立横,横以立武",郑注"横,充也";又《孔子闲居篇》有"横于天下"之文,郑注也训为充。《释文》于《乐记》之横字,读为"古旷反"。戴氏因此推想《礼记》之两个横字即是《尔雅》和《说文》的桄字,他因此下一个大胆的假设道:

> 《尧典》古本必有作"横被四表"者。横被,广被也。正如《记》所云,"横于天下""横于四海",是也。横四表,格上下,对举。溥遍所及曰横,贯通所至曰格。……横转写为桄,脱误为光。追原古初,当读"古旷反"。……

此书作于乾隆乙亥(一七五五);过了两年(一七五七),钱大昕检得《后汉书·冯异传》有"横被四表,昭假上下"之语,是一证;姚鼐又检得班固《两都赋》有"横被六合",是二证。七年之后(一七六二),

戴震的族弟受堂又检得《王莽传》有"昔唐尧横被四表",这更明显了。受堂又举王褒《圣主得贤臣颂》的"化溢四表,横被无穷",这是第三、四证。洪榜案《淮南·原道训》,"横四维而含阴阳",高诱注"横读桄车之桄",这更可证明汉人横字和桄字通用。这是第五证。段玉裁又举李善注《魏都赋》引《东京赋》,"惠风横被",今本《东京赋》误改作"惠风广被",这是第六证。戴震假设《尧典》,"光被"即是"桄被",即是"横被",现在果然全证实了。这就是"征之古而靡不条贯"。

戴震的心理学里只有欲望、情绪、心知三大区分（《疏证》三十,引见上）。心知是一身的主宰,是求理的官能。但他的心理学里没有什么"得于天而具于心"的理。这样的主张又和宋儒以来的理欲二元论相冲突了。宋儒说:

> 人欲云者,正天理之反耳。（朱子《答何叔京》）

这样绝对的二元论的结果便是极端的排斥人欲。他们以为"去人欲"即是"存天理"的唯一方法。这种排斥人欲的哲学在七八百年中逐渐造成了一个不近人情,冷酷残忍的礼教。戴震是反抗这种排斥人欲的礼教的第一个人。他大声疾呼地喊道:"酷吏以法杀人,后儒以理杀人,浸浸乎舍法而论理,死矣! 更无可救矣!"（《与某书》,引见上。）他很大胆地说,"理者,情之不爽失者也";"情之至于纤微无憾是谓理"。这分明是说:

> 理者,存乎欲者也。（《疏证》十）

这和上文引的朱子"人欲云者,正天理之反"的话恰恰相反。戴氏最反对"无欲"之说,他以为周敦颐、朱熹一班人主张无欲的话都出于老庄释氏，不是《中庸》上说的"虽愚必明"之道。他说：

> 有生而愚者，虽无欲，亦愚也。凡出于欲，无非以生以养之事。欲之失为私，不为蔽。自以为得理，而所执之实谬（之字似当作者），乃蔽而不明。天下古今之人，其大患，私与蔽二端而已。私生于欲之失，蔽生于知之失。欲生于血气，知生于心。因私而咎欲，因欲而咎血气。因蔽而咎知，因知而咎心（心字孔刻本误脱，今依上文增）。老氏所以言常使民无知无欲。……后之释氏，其论说似异而实同。宋儒出入于老释，故杂乎老释之言以为言。（《疏证》十）

宋儒常说"人欲所蔽"，故戴氏指出"欲之失为私，不为蔽"。他曾说：

> 人之生也，莫病于无以遂其生。欲遂其生，亦遂人之生，仁也。欲遂其生，至于戕人之生而不顾者，不仁也。不仁实始于欲遂其生之心。使其无此欲，必无不仁矣。然使其无此欲，则于天下之人生道穷促，亦将漠然视之。己不必遂其生，而遂人之生，无是情也。（同）

戴氏的主张颇近于边沁（Bentham）、弥尔（J.S.Mill）一派的乐利主义（Utilitarianism）。乐利主义的目的是要谋"最大多数的最大幸福"。戴氏也主张：

> 圣人治天下，体民之情，遂民之欲，而王道备。（同）
> 道德之盛，使人之欲无不遂，人之情无不达，斯已矣。（三十）

他虽不明说"乐利"，但他的意义实很明显。他痛恨宋以来的儒者：

> 举凡饥寒愁怨，饮食男女，常情隐曲之感，则名之曰人欲；

故终其身见欲之难制。其所谓存理,空有理之名,究不过绝情欲之感耳。何以能绝?曰:主一无适。此即老氏之抱一无欲。故周子以"一"为学圣之要,且明之曰:"一者,无欲也。"(四三)

他驳他们道:

> 天下必无舍生养之道而得存者。凡事为皆有于欲。无欲则无为矣。有欲而后有为。有为而归于至当不可易之谓理。无欲无为,又焉有理?(同上)

他这样抬高欲望的重要,在中国思想史上是很难得的。他的结论是:

> 老庄释氏主于无欲无为,故不言理。圣人务在有欲有为之咸得理。是故君子亦无私而已矣,不贵无欲。(同上)

> 圣贤之道无私而非无欲。老庄释氏无欲而非无私。彼以无欲成其自私者也。此以无私通天下之情,遂天下之欲者也。(《疏证》四十)

颜元、李塨的学派提倡"正德,利用,厚生",也是倾向于乐利主义的。戴氏注重"生养之道",主张"无私而非无欲",与颜李学派似有渊源的关系。

戴氏以为"凡出于欲,无非以生以养之事"。排斥人欲,即是排斥生养之道。理欲之辨的流弊必至于此。宋明的儒者诋毁王安石,鄙薄汉唐,都只为他们瞧不起生养之事。

戴氏说:

> 宋儒程子、朱子易老庄释氏之所私者而贵理,易彼之外形体者而咎气质。其所谓理,依然如有物焉,宅于心。于是辨乎

理欲之分,谓不出于理,则出于欲;不出于欲,则出于理。虽视人之饥寒号呼,男女哀怨,以至垂死冀生,无非"人欲"! 空指一绝情欲之感者为天理之本然,存之于心。及其应事,幸而偶中,非曲体事情,求如此以安之也。不幸而事情未明,执其意见,方自信天理非人欲,而小之一人受其祸,大之天下国家受其祸。徒以不出于欲,遂莫之或寤也。凡以为理宅于心,不出于欲则出于理者,未有不以意见为理而祸天下者也。(四十)

执意见以为理,用来应付事情,不肯"曲体事情",而固执意见,结果可以流毒天下。不但在"应事"的方面如此;在责人的方面,理欲之辨的流弊也很大。戴氏说:

今之治人者,视古贤圣体民之情,遂民之欲,多出于鄙细隐曲,不措诸意:不足为怪。而及其责以理也,不难举旷世之高节,著于义而罪之。尊者以理责卑,长者以理责幼,贵者以理责贱,虽失,谓之顺。卑者幼者贱者以理争之,虽得,谓之逆。于是下之人不能以天下之同情,天下所同欲,达之于上。上以理责其下。而在下之罪,人人不胜指数。人死于法,犹有怜之者。死于理,其谁怜之! 呜呼,杂乎老释之言以为言,其祸甚于申韩如是也! 六经孔孟之书,岂尝以理为如有物焉,外乎人之性之发为情欲者,而强制之也哉?(十)

这一段真沉痛。宋明以来的理学先生们往往用理责人,而不知道他们所谓"理"往往只是几千年因袭下来的成见与习惯。这些成见与习惯大都是特殊阶段(君主、父母、舅姑、男子等等)的保障;讲起"理"来,卑者幼者贱者实在没有开口的权利。"回嘴"就是罪! 理无所不在;故背理的人竟无所逃于天地之间。所以戴震说:"死矣! 无可救矣!""死于法犹有怜之者。死于理,其谁怜之!"乾嘉时代的学者稍稍脱离宋儒的势力,颇能对于那些不近人情的礼教,提出具体的抗议。吴敬梓、袁枚、汪中、俞正燮、李汝珍(小说《镜花缘》的著者)等,都可算是当日的人道主义者,都曾有批评礼教的文字。但他们只对于某一种制度,下具体的批评;只有戴震能指出这种种不近人情的制度所以能杀人吃人,全因为他们撑着"理"字的大旗来压迫人,全因为礼教的护法诸神——理学先生们——抬出理字来排斥一切以生以养之道:"虽视人之饥寒号呼,男女哀怨,以至垂死冀生,无非人欲!"

戴氏总论理欲之辨凡有三大害处:

第一,责备贤者太苛刻了,使天下无好人,使君子无完行。他说:

> 以无欲然后君子,而小人之为小人也依然行其贪邪,犹执此以为君子者谓不出于理则出于欲,不出于欲则出于理。(此四十六字,孔刻本在下文三十三字之下,文理遂不可读。今细审原文上下文理,移此四十六字于此。)于是谗说诬辞反得刻议君子而罪之。此理欲之辨使君子无完行者,为祸如是也!(四三)

第二,养成刚愎自用,残忍惨酷的风气。他说:

> 不寤意见多偏之不可以理名,而持之必坚;意见所非,则谓其人"自绝于理"。此理欲之辨适成忍而残杀之具,为祸又如是也!(四三)

第三,重理而斥欲,轻重失当,使人不得不变成诈伪。他说:

> 今既截然分理欲为二,治己以不出于欲为理。举凡民之饥寒愁怨,饮食男女,常情隐曲之感,咸视为人欲之甚轻者矣。轻者所轻,乃吾重。"天理"也,"公义"也,言虽美,而用之治人

则祸其人。……古之言理也，就人之情欲求之，使之无疵之为理。今之言理也，离人之情欲求之，使之忍而不顾之为理。此理欲之辨适以穷天下之人尽转移为欺伪之人，为祸何可胜言也哉！（四三）

这三大害之中，第三项也许用得着几句引申的注语。譬如爱生而怕死，乃是人的真情；然而理学先生偏说"饿死事极小，失节事极大"。他们又造出贞节牌坊一类的东西来鼓动妇女的虚荣心。于是节妇坊、贞女祠的底下就埋葬了无数的"饥寒愁怨，饮食男女，常情隐曲"的叹声。甚至于寡妇不能忍饥寒寂寞之苦的，或不能忍公婆虐待之苦的，也只好牺牲生命，博一个身后的烈妇的虚荣。甚至于女儿未嫁而夫死了的，也羡慕那虚荣而殉烈，或守贞不嫁，以博那"贞女""烈女"的牌坊。这就是戴氏说的"今之言理也，离人之情欲求之，使之忍而不顾，……适以穷天下之人尽转移为欺伪之人"。

戴氏的人生观，总括一句话，只是要人用科学家求知求理的态度与方法来应付人生问题。他的宇宙观是气化流行，生生不已；他的人生观也是动的，变迁的。他指出人事不能常有"千古不易之重轻"。他指出"有时权之而重者，于是乎轻；轻者于是乎重"。这叫做"变"。他说：

"变则非智之尽能辨察而准，不足以知之。""古今不乏严气正性疾恶如仇之人，是其所是，非其所非，执显然共见之重轻，实不知有时权之而重者于是乎轻，轻者于是乎重。其是非轻重一误，天下受其祸而不可救。岂人欲蔽之也哉？自信之理非理也。"（四十）

这种"辨察是非轻重而准"的作用叫做"权"：

> 孟子曰："执中无权，犹执一也。"权，所以别轻重。谓心之
> 明至于辨察事情而准，故曰权。学至是，一以贯之矣。意见之
> 偏除矣。（四二）

最可注意的是戴氏用"权"来释《论语》的"一贯"。《论语》两次
说"一以贯之"；朱子的解说孔子对曾子说一贯的一章道：

> 圣人之心，浑然一理，而泛应曲当，用各不同。曾子于其
> 用处盖已随事精察而力行之，但未知其体之一耳。

戴震最反对朱子说的"浑然一理""其体之一"的话。他自己解释
"一以贯之"道：

> 一以贯之，非言以"一"贯之也。……闻见不可不广，而务
> 在能明于心。一事豁然使无余蕴，更一事而亦如是；久之心知
> 之明进于圣智，虽未学之事，岂足以穷其智哉？……致其心之
> 明，自能权度事情，无几微差失。又焉用知"一"求"一"哉？（四
> 一）

这一段最可注意。一贯还是从求知入手。求知并不仅是"多学而
识之"，只是修养那心知之明，使他格外精进。一贯并不是认得那
"浑然一理"，只是养成一个"泛应曲当"，"权度事情无几微爽失"的
心知。这个心知到了圣智的地步，"取之左右逢其源"，"自无弗贯
通"了。

戴氏不肯空谈知行合一。他很明白地主张"重行须先重知"。
他说：

> 凡异说皆主于无欲，不求无蔽；重行，不先重知。（四十）
> 圣人之言无非使人求其至当以见之行。求其至当，即先

务于知也。凡去私不求去蔽，重行不先重知，非圣学也。（四二）

圣贤之学由博学，审问，慎思，明辨，而后笃行，则行者行其人伦日用之不蔽者也。（四十）

从知识学问入手，每事必求其"豁然使无余蕴"，逐渐养成一个"能审察事情而准"的智慧，然后一切行为自能"不惑于所行"。这是戴震的"一以贯之"。

什么是文学①

——答钱玄同

我尝说:"语言文字都是人类达意表情的工具;达意达的好,表情表的妙,便是文学。"

但是怎样才是"好"与"妙"呢? 这就很难说了。我曾用最浅近的话说明如下:"文学有三个要件: 第一要明白清楚,第二要有力能动人,第三要美。"

因为文学不过是最能尽职的语言文字,因为文学的基本作用(职务)还是"达意表情",故第一个条件是要把感情或意,明白清楚的表出达出,使人懂得,使人容易懂得,使人决不会误解。请看下例:

> 蘽坞芝房,一点中池。生来易惊。笑金钗卜就,先能断决;犀珠镇后,才得和平。楼响登难,房空怯最,三斗除非借酒倾。芳名早,唤狗儿吹笛,伴取歌声。

> 沉忱何事牵情? 消不觉人前太息轻。怕残灯枕外,帘旌蝙拂;幽期夜半,窗户鸡鸣。愁髓频寒,回肠易碎,长是心头苦暗并。无边月,纵团圞如镜,难照分明。

---

① 此文选自《胡适文存》第一集第一卷,上海亚东图书馆 1921 年出版。

这首《沁园春》是从《曝书亭集》卷二十八，页八，抄出来的。你是一位大学的国文教授，你可看得懂他"咏"的是什么东西吗？若是你还看不懂，那么，他就通不过这第一场"明白"（"懂得性"）的试验。他是一种玩意儿，连"语言文字"的基本作用都够不上，哪配称为"文学"！

懂得还不够。还要人不能不懂得；懂得了，还要人不能不相信，不能不感动。我要他高兴，他不能不高兴；我要他哭，他不能不哭；我要他崇拜我，他不能不崇拜我；我要他爱我，他不能不爱我。这是"有力"。这个，我可以叫他做"逼人性"。

我又举一例：

> 血府当归生地桃，
> 红花甘草壳赤芍，
> 柴胡芎桔牛膝等，
> 血化下行不作劳。

这是"血府逐瘀汤"的歌诀。这一类的文字，只有"记账"的价值，绝不能动人，绝没有"逼人"的力量，故也不能算文学。大多数的中国旧"文学"，如碑版文字，如平铺直叙的史传，都属于这一类。

> 我读齐鎛文，书阙乏左证。独取圣祉字，古谊藉以正。亲殁称考妣，从女疑非敬。《说文》有祉字，乃训祀司命。此文两皇祉，配祖义相应。幸得三代物，可与淡长浄。……（李慈铭齐子中姜鎛歌）

这一篇你（大学的国文教授）看了一定大略明白，但他决不能感动你，决不能使你有情感上的感动。

第三是"美"。我说，孤立的美，是没有的。美就是"懂得性"（明白）与"逼人性"（有力）二者加起来自然发生的结果。例如

"五月榴花照眼明"一句,何以"美"呢? 美在用的是"明"字。我们读这个"明"字不能不发生一树鲜明逼人的榴花的印象。这里面含有两个分子:(1) 明白清楚,(2) 明白之至,有逼人而来的"力"。

再看《老残游记》的一段:

> 那南面山上,一条白光,映着月色,分外好看。一层一层的山岭,却分辨不清;又有几片白云在里面,所以分不出是云是山。及至定睛看去,方才看出那是云那是山来。虽然云是白的,山也是白的,云有亮光,山也有亮光;只因为月在云上,云在月下,所以云的亮光从背后透过来。那山却不然的:山的亮光由月光照在山上,被那山上的雪反射过来,所以光是两样了。然只稍近的地方如此。那山望东去,越望越远,天也是白的,山也是白的,云也是白的,就分辨不出来。

这一段无论是何等顽固古文家都不能不承认是"美"。美在何处呢? 也只有两个分子:第一是明白清楚;第二是明白清楚之至,故有逼人而来的影像。除了这两个分子之外,还有什么孤立的"美"吗? 没有了。

你看我这个界说怎样? 我不承认什么"纯文"与"杂文"。无论什么文(纯文与杂文,韵文与非韵文)都可分作"文学的"与"非文学的"两项。

文学改良刍议①

　　今之谈文学改良者众矣，记者末学不文，何足以言此？然年来颇于此事再四研思，辅以友朋辩论，其结果所得，颇不无讨论之价值。因综括所怀见解，列为八事，分别言之，以与当世之留意文学改良者一研究之。

　　吾以为今日而言文学改良，须从八事入手。八事者何？

　　一曰，须言之有物。

　　二曰，不摹仿古人。

　　三曰，须讲求文法。

　　四曰，不作无病之呻吟。

　　五曰，务去烂调套语。

　　六曰，不用典。

　　七曰，不讲对仗。

　　八曰，不避俗字俗语。

---

　　① 此文原载《新青年》第 2 卷第 5 号，后收入亚东图书馆 1921 年出版的《胡适文存》第一集。

一曰须言之有物

吾国近世文学之大病，在于言之无物。今人徒知"言之无文，行之不远"；而不知言之无物，又何用文为乎？吾所谓"物"，非古人所谓"文以载道"之说也。吾所谓"物"，约有二事：

（一）情感　《诗序》曰："情动于中而形诸言。言之不足，故嗟叹之。嗟叹之不足，故咏歌之。咏歌之不足，不知手之舞之，足之蹈之也。"此吾所谓情感也。情感者，文学之灵魂。文学而无情感，如人之无魂，木偶而已，行尸走肉而已。（今人所谓"美感"者，亦情感之一也。）

（二）思想　吾所谓"思想"，盖兼见地、识力、理想，三者而言之。思想不必皆赖文学而传，而文学以有思想而益贵；思想亦以有文学的价值而益贵也；此庄周之文，渊明老杜之诗，稼轩之词，施耐庵之小说，所以复绝千古也。思想之在文学，犹脑筋之在人身。人不能思想，则虽面目姣好，虽能笑啼感觉，亦何足取哉？文学亦犹是耳。

文学无此二物，便如无灵魂无脑筋之美人，虽有秾丽富厚之外观，抑亦末矣。近世文人沾沾于声调字句之间，既无高远之思想，又无真挚之情感，文学之衰微，此其大因矣。此文胜之害，所谓言之无物者是也。欲救此弊，宜以质救之。质者何？情与思二者而已。

二曰不摹仿古人

文学者，随时代而变迁者也。一时代有一时代之文学：周秦有周秦之文学，汉魏有汉魏之文学，唐宋元明有唐宋元明之文学。此非吾一人之私言，乃文明进化之公理也。即以文论，有《尚书》之文，有先秦诸子之文，有司马迁班固之文，有韩柳欧苏之文，有语录之文,有施耐庵曹雪芹之文:此文之进化也。试更以韵文言之:击壤之歌,五子之歌,一时期也;三百篇之诗,一时期也;屈原荀卿之骚赋,又一时期也;苏李以下,至于魏晋,又一时期也;江左之诗流为排比,至唐而律诗大成,此又一时期也;老杜香山之"写实"体诸诗,(如杜之《石壕吏》,《羌村》,白之《新乐府》),又一时期也;诗至唐而极盛,自此以后,词曲代兴,唐五代及宋初之小令,此词之一时代也;苏柳(永)辛姜之词,又一时代也;至于元之杂剧传奇,则又一时代矣;凡此诸时代,各因时势风会而变,各有其特长,吾辈以历史进化之眼光观之,决不可谓古人之文学皆胜于今人也。左氏史公之文奇矣,然施耐庵之《水浒传》视《左传》《史记》,何多让焉?《三都》《两京》之赋富矣,然以视唐诗、宋词,则糟粕耳。此可见文学因时进化,不能自止。唐人不当作商周之诗,宋人不当作相如子云之赋,——即令作之,亦必不工。逆天背时,违进化之迹,故不能工也。

　　既明文学进化之理,然后可言吾所谓"不摹仿古人"之说。今日之中国,当造今日之文学,不必摹仿唐宋,亦不必摹仿周秦也。前见"国会开幕词",有云:"于铄国会,遵晦时休。"此在今日而欲为三代以上之文之一证也。更观今之"文学大家",文则下规姚曾,上师韩欧;更上则取法秦汉魏晋,以为六朝以下无文学可言,此皆百步与五十步之别而已,而皆为文学下乘。即令神似古人,亦不过为博物院中添几许"逼真赝鼎"而已,文学云呼哉!昨见陈伯严先生一诗云:

> 涛园钞杜句,半岁秃千毫。
>
> 所得都成泪,相过问奏刀。
>
> 万灵噤不下,此老仰弥高。
>
> 胸腹回滋味,徐看薄命骚。

此大足代表今日"第一流诗人"摹仿古人之心理也。其病根所在,在于以"半岁秃千毫"之工夫作古人的钞胥奴婢,故有"此老仰弥高"之叹。若能洒脱此种奴性,不作古人的诗,而惟作我自己的诗,则决不致如此失败矣。

吾每谓今日之文学,其足与世界"第一流"文学比较而无愧色者,独有白话小说(我佛山人、南亭亭长、洪都百炼生,三人而已)一项。此无他故,以此种小说皆不事摹仿古人,(三人皆得力于《儒林外史》《水浒》《石头记》。然非摹仿之作也。)而惟实写今日社会之情状,故能成真正文学。其他学这个,学那个之诗古文家,皆无文学之价值也。今之有志文学者,宜知所从事矣。

三曰须讲求文法

今之作文作诗者,每不讲求文法之结构。其例至繁,不便举之,尤以作骈文律诗者为尤甚。夫不讲文法,是谓"不通"。此理至明,无待详论。

四曰不作无病之呻吟

此殊未易言也。今之少年往往作悲观,其取别号则曰"寒灰""无生""死灰";其作为诗文,则对落日而思暮年,对秋风而思零落,春来则惟恐其速去,花发又惟惧其早谢:此亡国之哀音也。老年人为之犹不可,况少年乎?其流弊所至,遂养成一种暮气,不思奋发有为,服劳报国,但知发牢骚之音,感喟之文;作者将以促其寿年,读者将亦短其志气:此吾所谓无病之呻吟也。国之多患,吾岂不知之?然病国危时,岂痛哭流涕所能收效乎?吾惟愿今之文学家作费舒特(Fichte),作玛志尼(Mazzini),而不愿其为贾生、王粲、屈原、谢皋羽也。其不能为贾生、王粲、屈原、谢皋羽,而徒为妇人醇酒丧气失意之诗文者,尤卑卑不足道矣!

五曰务去烂调套语

今之学者,胸中记得几个文学的套语,便称诗人。其所为诗文处处是陈言烂调,"蹉跎""身世""寥落""飘零""虫沙""寒窗""斜阳""芳草""春闺""愁魂""归梦""鹃啼""孤影""雁字""玉楼""锦字""残更",……之类,累累不绝,最可憎厌。其流弊所至,遂令国中生出许多似是而非,貌似而实非之诗文。今试举吾友胡先骕先生一词以证之:

> 荧荧夜灯如豆,映幢幢孤影,凌乱无据。翡翠衾寒,鸳鸯瓦冷,禁得秋宵几度?幺弦漫语,早丁字帘前,繁霜飞舞。袅袅余音,片时犹绕柱。

此词骤观之,觉字字句句皆词也,其实仅一大堆陈套语耳。"翡翠衾""鸳鸯瓦",用之白香山《长恨歌》则可,以其所言乃帝王之衾之瓦也。"丁字帘""幺弦",皆套语也。此词在美国所作,其夜灯决不"荧荧如豆",其居室尤无"柱"可绕也。至于"繁霜飞舞",则更不成话矣。谁曾见繁霜之"飞舞"耶?

吾所谓务去烂调套语者,别无他法,惟在人人以其耳目所亲见亲闻所亲身阅历之事物,一一自己铸词以形容描写之;但求其不失真,但求能达其状物写意之目的,即是工夫。其用烂调套语者,皆懒惰不肯自己铸词状物者也。

六 曰 不 用 典

吾所主张八事之中,惟此一条最受朋友攻击,盖以此条最易误会也。吾友江亢虎君来书曰:

所谓典者,亦有广狭二义。饾饤獭祭,古人早悬为厉禁;若并成语故事而屏之,则非惟文字之品格全失,即文字之作用亦亡。……文字最妙之意味,在用字简而涵义多。此断非用典不为功。不用典不特不可作诗,并不可写信,且不可演说。来函满纸"旧雨""虚怀""治头治脚""舍本逐末""洪水猛兽""发聋振聩""负弩先驱""心悦诚服""词坛""退避三舍""滔天""利器""铁证",……皆典也。试尽抉而去之,代以俚语俚字,将成何说话?其用字之繁简,犹其细焉。恐一易他词,虽加倍蓰而涵义仍终不能如是恰到好处,奈何?……

此论甚中肯要。今依江君之言,分典为广狭二义,分论之如下:

(一)广义之典非吾所谓典也。广义之典约有五种:

(甲)古人所设譬喻,其取譬之事物,含有普通意义,不以时代而失其效用者,今人亦可用之。如古人言"以子之矛,攻子之盾",今人虽不读书者,亦知用"自相矛盾"之喻,然不可谓为用典也。上文所举例中之"治头治脚""洪水猛兽""发聋振聩",……皆此类也。盖设譬取喻,贵能切当;若能切当,固无古今之别也。若"负弩先驱""退避三舍"之类,在今日已非通行之事物,在文人相与之间,或可用之,然终以不用为上。如言"退避",千里亦可,百里亦可,不必定用"三舍"之典也。

(乙)成语 成语者,合字成辞,别为意义。其习见之句,通行已久,不妨用之。然今日若能另铸"成语",亦无不可也。"利器""虚怀""舍本逐末",……皆属此类。此非"典"也,乃日用之字耳。

(丙)引史事 引史事与今所论议之事相比较,不可谓为用典也。如老杜诗云,"未闻殷周衰,中自诛褒妲",此非用典也。近人诗云,"所以曹孟德,犹以汉相终",此亦非用典也。

(丁)引古人作比　此亦非用典也。杜诗云,"清新庾开府,俊逸鲍参军",此乃以古人比今人,非用典也。又云,"伯仲之间见伊吕,指挥若定失萧曹",此亦非用典也。

(戊)引古人之语　此亦非用典也。吾尝有句云,"我闻古人言,艰难惟一死。"又云,"尝试成功自古无,放翁此语未必是。"此乃引语,非用典也。

以上五种为广义之典,其实非吾所谓典也。若此者可用可不用。

(二)狭义之典,吾所主张不用者也。吾所谓用"典"者,谓文人词客不能自己铸词造句以写眼前之景,胸中之意,故借用或不全切,或全不切之故事陈言以代之,以图含混过去:是谓"用典"。上所述广义之典,除戊条外,皆为取譬比方之辞。但以彼喻此,而非以彼代此也。狭义之用典,则全为以典代言,自己不能直言之,故用典以言之耳。此吾所谓用典与非用典之别也。狭义之典亦有工拙之别,其工者偶一用之,未为不可,其拙者则当痛绝之。

(子)用典之工者　此江君所谓用字简而涵义多者也。客中无书不能多举其例,但杂举一二,以实吾言:

(1)东坡所藏"仇池石",王晋卿以诗借观,意在于夺。东坡不敢不借,先以诗寄之,有句云,"欲留嗟赵弱,宁许负秦曲。传观慎勿许,间道归应速。"此用蔺相如返璧之典,何其工切也!

(2)东坡又有"章质夫送酒六壶,书至而酒不达。"诗云,"岂意青州六从事,化为乌有一先生。"此虽工已近于纤巧矣。

(3)吾十年前尝有读《十字军英雄记》一诗云:"岂有酖人羊叔子?焉知微服赵主父?十字军真儿戏耳,独此两人可千古。"以两典包尽全书,当时颇沾沾自喜,其实此种诗,尽可不作也。

（4）江亢虎代华侨诔陈英士文有"未悬太白，先坏长城。世无钼麑，乃戕赵卿"四句，余极喜之。所用赵宣子一典，甚工切也。

（5）王国维咏史诗，有"虎狼在堂室，徒戒复何补？神州遂陆沉，百年委榛莽。寄语桓元子，莫罪王夷甫。"此亦可谓使事之工者矣。

上述诸例，皆以典代言，其妙处，终在不失设譬比方之原意；惟为文体所限，故譬喻变而为称代耳。用典之弊，在于使人失其所欲譬喻之原意。若反客为主，使读者迷于使事用典之繁，而转忘其所为设譬之事物，则为拙矣。古人虽作百韵长诗，其所用典不出一二事而已，（《北征》与白香山《悟真寺诗》皆不用一典。）今人作长律则非典不能下笔矣。尝见一诗八十四韵，而用典至百余事，宜其不能工也。

（丑）用典之拙者　用典之拙者，大抵皆懒惰之人，不知造词，故以此为躲懒藏拙之计。惟其不能造词，故亦不能用典也。总计拙典亦有数类：

（1）比例泛而不切，可作几种解释，无确定之根据。今取王渔洋《秋柳》一章证之：

　　　　娟娟凉露欲为霜，万缕千条拂玉塘。
　　　　浦里青荷中妇镜，江干黄竹女儿箱。
　　　　空怜板渚隋堤水，不见琅琊大道王。
　　　　若过洛阳风景地，含情重问永丰坊。

此诗中所用诸典无不可作几样说法者。

（2）僻典使人不解。夫文学所以达意抒情也。若必求人人能读五车之书，然后能通其文，则此种文可不作矣。

（3）刻削古典成语，不合文法。"指兄弟以孔怀，称在位以曾是"（章太炎语），是其例也。今人言"为人作嫁"亦不通。

（4）用典而失其原意。如某君写山高与天接之状，而曰"西接杞天倾"是也。

（5）古事之实有所指，不可移用者，今往乱用作普通事实。如古人灞桥折柳，以送行者，本是一种特别土风。阳关渭城亦皆实有所指。今之懒人不能状别离之情，于是虽身在滇越，亦言灞桥；虽不解阳关渭城为何物，亦皆言"阳关三叠""渭城离歌"。又如张翰因秋风起而思故乡之莼羹鲈脍，今则虽非吴人，不知莼鲈为何味者，亦皆自称有"莼鲈之思"。

此则不仅懒不可救，直是自欺欺人耳！

凡此种种，皆文人之下下工夫，一受其毒，便不可救。此吾所以有"不用典"之说也。

七曰不讲对仗

排偶乃人类言语之一种特性，故虽古代文字，如老子孔子之文，亦间有骈句。如"道可道，非常道；名可名，非常名。无名天地之始，有名万物之母。故常无，欲以观其妙；常有，欲以观其微。"此三排句也。"食无求饱，居无求安。""贫而无谄，富而无骄。""尔爱其羊，我爱其礼。"——此皆排句也。然此皆近于语言之自然，而无牵强刻削之迹；尤未有定其字之多寡，声之平仄，词之虚实者也。至于后世文学末流，言之无物，乃以文胜；文胜之极，而骈文律诗兴焉，而长律兴焉。骈文律诗之中非无佳作，然佳作终鲜。所以然者何？岂不以其束缚人之自由过甚之故耶？（长律之中，上下古今，无一首佳作可言也。）今日而言文学改良，当"先立乎其大者"，不当枉废有用之精力于微细纤巧之末：此吾所以有废骈废律之说也。即不能废此两者，亦但当视为文学末技而已，非讲求之急务也。

今人犹有鄙夷白话小说为文学小道者，不知施耐庵、曹雪芹、吴趼人皆文学正宗，而骈文律诗乃真小道耳。吾知必有闻此言而却走者矣。

八曰不避俗语俗字

吾惟以施耐庵、曹雪芹、吴趼人为文学正宗，故有"不避俗字俗语"之论也。（参看上文第二条下。）盖吾国言文之背驰久矣。自佛书之输入，译者以文言不足以达意，故以浅近之文译之，其体已近白话。其后佛氏讲义语录尤多用白话为之者，是为语录体之原始。及宋人讲学以白话为语录，此体遂成讲学正体。（明人因之。）当是时，白话已久入韵文，观唐宋人白话之诗词可见也。及至元时，中国北部已在异族之下，三百余年矣。（辽、金、元）此三百年中，中国乃发生一种通俗行远之文学。文则有《水浒》《西游》《三国》……之类，戏曲则尤不可胜计。（关汉卿诸人，人各著剧数十种之多。吾国文人著作之富，未有过于此时者也。）以今世眼光观之，则中国文学当以元代为最盛；可传世不朽之作，当以元代为最多：此可无疑也。当时是，中国之文学最近言文合一，白话几成文学的语言矣。使此趋势不受阻遏，则中国几有一"活文学出现"，而但丁、路得之伟业，（欧洲中古时，各国皆有俚语，而以拉丁文为文言，凡著作书籍皆用之，如吾国之以文言著书也。其后意大利有但丁（Dante）诸文豪，始以其国俚语著作。诸国踵兴，国语亦代起。路得（Luther）创新教始以德文译《旧约》《新约》，遂开德文学之先。英法诸国亦复如是。今世通用之英文《新旧约》乃一六一一年译本，距今才三百年耳。故今日欧洲诸国之文学，在当日皆为俚语。迨诸文豪兴，始以"活文学"代拉丁之死文学；有活文学而后有言文合一之国语也。）几发生于神州。不意此趋势骤为明代所阻，政府既以八股取士,而当时文人如何李七子之徒,又争以复古为高,于是此千年难遇言文合一之机会,遂中道夭折矣。然以今世历史进化的眼光观之,则白话文学之为中国文学之正宗,又为将来文学必用之利器,可断言也。(此"断言"乃自作者言之,赞成此说者今日未必甚多也。)以此之故,吾主张今日作文作诗,宜采用俗语俗字。与其用三千年前之死字(如"于铄国会,遵晦时休"之类),不如用二十世纪之活字;与其作不能行远不能普及之秦汉六朝文字,不如作家喻户晓之《水浒》《西游》文字也。

结　　论

上述八事,乃吾年来研思此一大问题之结果。远在异国,既无读书之暇晷,又不得就国中先生长者质疑问难,其所主张容有矫枉过正之处。然此八事皆文学上根本问题,一一有研究之价值。故草成此论,以为海内外留心此问题者作一草案。谓之刍议,犹云未定草也,伏惟国人同志有以匡纠是正之。

易卜生主义①

一

易卜生最后所作的《我们死人再生时》（When We Dead Awaken）一本戏里面有一段话，很可表出易卜生所作文学的根本方法。这本戏的主人翁是一个美术家，费了全副精神，雕成一副像，名为"复活日"。这位美术家自己说他这副雕像的历史道：

> 我那时年纪还轻，不懂得世事。我以为这"复活日"应该是一个极精致，极美的少女像，不带着一毫人世的经验，平空地醒来，自然光明庄严，没有什么过恶可除。……但是我后来那几年，懂得些世事了，才知道这"复活日"不是这样简单的，原来是很复杂的……我眼里所见的人情世故，都到我理想中来，我不能不把这些现状包括进去。我只好把这像的座子放大了，放宽了。
>
> 我在那座子上雕了一片曲折爆裂的地面。从那地的裂缝里，钻出来无数模糊不分明，人身兽面的男男女女。这都是我在世间亲自见过的男男女女。（二幕）

---

① 此文原载 1918 年 6 月 15 日《新青年》第 4 卷第 6 号，后收入《胡适文存》第一集卷四。

这是"易卜生主义"的根本方法。那不带一毫人世罪恶的少女像,是指那盲目的理想派文学。那无数模糊不分明,人身兽面的男男女女,是指写实派的文学。易卜生早年和晚年的著作虽不能全说是写实主义,但我们看他极盛时期的著作,尽可以说,易卜生的文学,易卜生的人生观,只是一个写实主义。一八八二年,他有一封信给一个朋友,信中说道:

> 我做书的目的,要使读者人人心中都觉得他所读的全是实事。(《尺牍》第一五九号)

人生的大病根在于不肯睁开眼睛来看世间的真实现状。明明是男盗女娼的社会,我们偏说是圣贤礼义之邦;明明是赃官污吏的政治,我们偏要歌功颂德;明明是不可救药的大病,我们偏说一点病都没有!却不知道,若要病好,须先认有病;若要政治好,须先认现今的政治实在不好;若要改良社会,须先知道现今的社会实在是男盗女娼的社会!易卜生的长处,只在他肯说老实话,只在他能把社会种种腐败龌龊的实在情形写出来叫大家仔细看。他并不是爱说社会的坏处,他只是不得不说。一八八○年,他对一个朋友说:

> 我无论作什么诗,编什么戏,我的目的只要我自己精神上的舒服清净。因为我们对于社会的罪恶,都脱不了干系的。(《尺牍》第一四八号)

因为我们对于社会的罪恶都脱不了干系,故不得不说老实话。

二

我们且看易卜生写近世的社会,说的是一些什么样的老实话。
第一,先说家庭。
易卜生所写的家庭,是极不堪的。家庭里面,有四种大恶德:

一是自私自利；二是倚赖性，奴隶性；三是假道德，装腔做戏；四是懦怯没有胆子。做丈夫的便是自私自利的代表。他要快乐，要安逸，还要体面，所以他要娶一个妻子，正如《娜拉》戏中的郝尔茂，他觉得同他妻子有爱情是很好玩的。他叫他妻子做"小宝贝""小鸟儿""小松鼠儿""我的最亲爱的"，等等肉麻名字。他给他妻子一点钱去买糖吃，买粉搽，买好衣服穿。他要他妻子穿得好看，打扮的标致。做妻子的完全是一个奴隶。她丈夫喜欢什么，她也该喜欢什么；她自己是不许有什么选择的。她的责任在于使丈夫欢喜。她自己不用有思想；她丈夫会替她思想。她自己不过是她丈夫的玩意儿，很像叫化子的猴子专替他变把戏引人开心的。（所以《娜拉》又名《玩物之家》）。丈夫要妻子守节，妻子却不能要丈夫守节，正如《群鬼》(Ghosts)戏里的阿尔文夫人受不过丈夫的气，跑到一个朋友家去；那位朋友是个牧师，很教训了她一顿，说她不守妇道。但是阿尔文夫人的丈夫专在外面偷妇人，甚至淫乱他妻子的婢女；人家都毫不介意，那位牧师朋友也觉得这是男人常有的事，不足为奇！妻子对丈夫，什么都可以牺牲；丈夫对妻子，是不犯着牺牲什么的。《娜拉》戏内的娜拉因为要救她丈夫的生命，所以冒她父亲的名字，签了借据去借钱。后来事体闹穿了，她丈夫不但不肯替娜拉分担冒名的干系，还要痛骂她带累他自己的名誉。后来和平了结了，没有危险了，她丈夫又装出大度的样子，说不追究她的错处了。他得意洋洋的说道："一个男人赦了他妻子的犯过是很畅快的事！"（《娜拉》三幕）

这种极不堪的情形，何以居然忍耐得住呢？第一，因为人都要顾面子，不得不装腔做戏，做假道德遮着面孔。第二，因为大多数的人都是没有胆子的懦夫。因为要顾面子，故不肯闹翻；因为没有胆子，故不敢闹翻。那《娜拉》戏里的娜拉忽然看破家庭是一座做猴子戏的戏台,她自己是台上的猴子。她有胆子,又不肯再装假面子,所以告别了掌班的,跳下了戏台,去干她自己的生活。那《群鬼》戏里的阿尔文夫人没有娜拉的胆子,又要顾面子,所以被她的牧师朋友一劝,就劝回头了,还是回家去尽她的"天职",守她的"妇道"。她丈夫仍旧做那种淫荡的行为。阿尔文夫人只好牺牲自己的人格,尽力把他羁縻在家。后来生下一个儿子,他母亲恐怕他在家学了他父亲的坏榜样,所以到了七岁便把他送到巴黎去。她一面要哄她丈夫的家,一面要在外边替她丈夫修名誉,一面要骗她儿子说他父亲是怎样一个正人君子。这种情形,过了十九个足年,她丈夫才死。死后,他妻子还要替他装面子,花了许多钱,造了一所孤儿院,作他亡夫的遗爱。孤儿院造成了,她把儿子唤回来参与孤儿院落成的庆典。谁知她儿子从胎里就得了他父亲的花柳病的遗毒,变成一种脑腐症,到家没几天,那孤儿院也被火烧了,她儿子的遗传病发作,脑子坏了,就成了疯人了。这是没有胆子,又要顾面子的结局。这就是腐败家庭的下场!

三

其次,且看易卜生的社会的三种大势力。那三种大势力:一是法律,二是宗教,三是道德。

第一,法律 法律的效能在于除暴去恶,禁民为非。但是法律有好处也有坏处。好处在于法律是无有偏私的;犯了什么法,就该得什么罪。坏处也在于此。法律是死板板的条文,不通人情世故;不知道一样的罪名却有几等几样的居心,有几等几样的境遇情形;同犯一罪的人却有几等几样的知识程度。法律只说某人犯了某法的某某篇某某章某某节,该得某某罪,全不管犯罪的人的知识不同,境遇不同,居心不同。《娜拉》戏里有两件冒名签字的事:一件是一个律师做的,一件是一个不懂法律的妇人做的。那律师犯这罪全由于自私自利,那妇人犯这罪全因为要救她丈夫的性命。但是法律全不问这些区别,请看这两个"罪人"讨论这个问题:

> (律师)郝夫人,你好像不知道你犯了什么罪,我老实对你说,我犯的那桩使我一生声名扫地的事,和你所做的事恰恰相同,一毫也不多,一毫也不少。
>
> (娜拉)你!难道你居然也敢冒险去救你妻子的命吗?
>
> (律师)法律不管人的居心如何。
>
> (娜拉)如此说来,这种法律是笨极了。
>
> (律师)不问他笨不笨,你总要受它的裁判。
>
> (娜拉)我不相信。难道法律不许做女儿的想个法子免得他临死的父亲烦恼吗?难道法律不许做妻子的救她丈夫的命吗?我不大懂得法律,但是我想总该有这种法律承认这些事的。你是一个律师,你难道不知道有这样的法律吗?柯先生,你真是一个不中用的律师了。(《娜拉》一幕)

最可怜的是世上真没有这种入情入理的法律!

第二,宗教　易卜生眼里的宗教久已失了那种可以感化人的能力;久已变成毫无生气的仪节信条,只配口头念得烂熟,却不配使人奋发鼓舞了。《娜拉》戏里说:

> (郝尔茂)你难道没有宗教吗?
>
> (娜拉)我不很懂得究竟宗教是什么东西。我只知道我进教时那位牧师告诉我的一些话。他对我说宗教是这个,是那个,是这样,是那样。(三幕)

如今人的宗教,都是如此,你问他信什么教,他就把他的牧师或是他的先生告诉他的话背给你听。他会背耶稣的祈祷文,他会念阿弥陀佛,他会背一部《圣谕广训》。这就是宗教了。

宗教的本意,是为人而作的,正如耶稣说的,"礼拜是为人造的,不是人为礼拜造的。"不料后世的宗教处处与人类的天性相反,处处反乎人情。如《群鬼》戏中的牧师,逼着阿尔文夫人回家去受那荡子丈夫的待遇,去受那十九年极不堪的惨痛。那牧师说,宗教不许人求快乐;求快乐便是受了恶魔的魔力了。他说,宗教不许做妻子的批评她丈夫的行为,他说,宗教教人无论如何总要守妇道,总须尽责任。那牧师口口声声所说是"是"的,阿尔文夫人心中总觉得都是"不是"的。后来阿尔文夫人仔细去研究那牧师的宗教,忽然大悟。原来那些教条都是假的,都是"机器造的!"(《群鬼》二幕)

但是这种机器造的宗教何以居然能这样兴旺呢? 原来现在的宗教虽没有精神上的价值,却极有物质上的用场。宗教是可以利用的,是可以使人发财得意的。那《群鬼》里的木匠,本是一个极下流的酒鬼,卖妻卖女都肯干的。但是他见了那位道学的牧师,立刻就装出宗教家的样子,说宗教家的话,做宗教家的唱歌祈祷,把这位蠢牧师哄得滴溜溜的转。(二幕)那《罗斯马庄》(Rosmersholm)戏里面的主人翁罗斯马本是一个牧师,后来他的思想改变了,遂不信教了。他那时想加入本地的自由党,不料党中的领袖却不许罗斯马宣告他脱离教会的事。为什么呢? 因为他们党里很少信教的人,故想借罗斯马的名誉来号召那些信教的人家。可见宗教的兴旺,并不是因为宗教真有兴旺的价值,不过是因为宗教有可以利用的好处罢了。

第三,道德 法律宗教既没有裁制社会的本领,我们且看"道德"可有这种本事。据易卜生看来,社会上所谓"道德"不过是许多陈腐的旧习惯。合于社会习惯的,便是道德;不合于社会习惯的,便是不道德。正如我们中国的老辈人看见少年男女实行自由结婚,便说是"不道德"。为什么呢? 因为这事不合于"父母之命,媒妁之言"的社会习惯,但是这班老辈人自己讨许多小老婆,却以为是很平常的事,没有什么不道德。为什么呢? 因为习惯如此。又如中国人死了父母,发出讣书。人人都说"泣血稽颡""苫块昏迷"。其实他们何尝泣血? 又何尝"寝苫枕块"? 这种自欺欺人的事,人人都以为是"道德",人人都不以为羞耻。为什么呢? 因为社会的习惯如此。所以不道德的也觉得道德了。

这种不道德的道德,在社会上,造出一种诈伪不自然的伪君子。面子上都是仁义道德,骨子里都是男盗女娼。易卜生最恨这种人。他有一本戏,叫做《社会的栋梁》(Pillars of Society)。戏中的主人名叫褒匿,是一个极坏的伪君子;他犯了一桩奸情,却让他兄弟受这恶名,还要诬赖他兄弟偷了钱跑脱了。不但如此,他还雇了一只烂脱底的船送他兄弟出海,指望把他兄弟和一船的人都沉死在海底,可以灭口。

这样一个大奸,面子上却做得十分道德,社会上都尊敬他,称他做"全市第一个公民""公民的模范""社会的栋梁"! 他谋害他兄弟的那一天,本城的公民,聚了几千人,排起队来,打着旗,奏着军乐,上他的门来表示社会的敬意,高声喊道,"褒匿万岁! 社会的栋梁褒匿万岁!"

这就是道德!

四

其次,我们且看易卜生写个人与社会的关系。

易卜生的戏剧中,有一条极显而易见的学说,是说社会与个人互相损害;社会最爱专制,往往用强力摧折个人的个性,压制个人自由独立的精神;等到个人的个性都消灭了,等到自由独立的精神都完了，社会自身也没有生气了，也不会进步了。社会里有许多陈腐的习惯，老朽的思想，极不堪的迷信，个人生在社会中，不能不受这些势力的影响。有时有一两个独立的少年，不甘心受这种陈腐规矩的束缚，于是东冲西突想与社会作对。上文所说的褒匿，当少年时，也曾想和社会反抗。但是社会的权力很大，网罗很密；个人的能力有限，如何是社会的敌手？社会对个人道："你们顺我者生，逆我者死；顺我者有赏，逆我者有罚。"那些和社会反对的少年，一个一个的都受家庭的责备，遭朋友的怨恨，受社会的侮辱驱逐，再看那些奉承社会意旨的人，一个个的都升官发财，安富尊荣了。当此境地，不是顶天立地的好汉，决不能坚持到底。所以像褒匿那般人，做了几时的维新志士，不久也渐渐的受社会同化，仍旧回到旧社会去做"社会的栋梁"了。社会如同一个大火炉，什么金银铜铁锡，进了炉子，都要熔化。易卜生有一本戏叫做《雁》（The Wild Duok），写一个人捉到一只雁，把它养在楼上半阁里，每天给它一桶水，让它在水里打滚游戏。那雁本是一个海阔天空逍遥自得的飞鸟，如今在半阁里关久了，也会生活，也会长得胖胖的，后来竟完全忘记了它从前那种海阔天空来去自由的乐处了！个人在社会里，就同这雁在人家半阁上一般，起初未必满意，久而久之，也就惯了，也渐渐的把黑暗世界当作安乐窝了。

社会对于那班服从社会命令，维持陈旧迷信，传播腐败思想的人，一个一个的都有重赏，有的发财了，有的升官了，有的享大名誉了。这些人有了钱，有了势，有了名誉，就像老虎长了翅膀，更可横行无忌了，更可借着"公益"的名义去骗人钱财，害人生命，做种种无法无天的行为，易卜生的《社会的栋梁》和《博克曼》（John Gabriel Borkman）两本戏的主人翁都是这种人物。他们钱赚得够了，然后掏出几个小钱来，开一个学堂，造一所孤儿院，立一个公共游戏场，"捐二十磅金去买面包给贫人吃"（用《社会的栋梁》二幕中语）。于是社会格外恭维他们，打着旗子，奏着军乐，上他们家来，大喊"社会的栋梁万岁！"

那些不懂事又不安本分的理想家，处处和社会的风俗习惯反对，是该受重罚的。执行这种重罚的机关，便是"舆论"。便是大多数的"公论"。世间有一种最通行的迷信，叫做"服从多数的迷信"。人都以为多数人的公论总是不错的。易卜生绝对的不承认这种迷信。他说"多数党总在错的一边，少数党总在不错的一边。"（《国民公敌》五幕）一切维新革命，都是少数人发起的，都是大多数人所极力反对的。大多数人总是守旧麻木不仁的，只有极少数人，有时只有一个人，不满意于社会的现状，要想维新，要想革命。这种理想家是社会所最忌的。大多数人都骂他是"捣乱分子"，都恨他"扰乱治安"，都说他"大逆不道"；所以他们用大多数的专制威权去压制那"捣乱"的理想志士，不许他开口，不许他行动自由；把他关在监牢里，把他赶出境去，把他杀了，把他钉在十字架上活活的钉死。把他捆在柴草上活活的烧死。过了几十年几百年，那少数人的主张渐渐的变成多数人的主张了，于是社会的多数人又把他们从前杀死钉死烧死的那些"捣乱分子"一个一个的重新推崇起来，替他们修墓，替他们作传，替他们立庙，替他们铸铜像。却不知道从前那种"新"思想，到了这时候，又早已成了"陈腐的"迷信！当他们替从前那些特立独行的人修墓铸铜像的时候，社会里早已发生了几个新派少数人，又要受他们杀死钉死烧死的刑罚了！所以说"多数党总是错的，少数党总是不错的。"

易卜生有一本戏叫做《国民公敌》，里面写的就是这个道理。这本戏的主人翁斯铎曼医生从前发现本地的水可以造成几处卫生浴池。本地的人听了他的话，觉得有利可图，便集了资本造了几处卫生浴池。后来四方人闻了这浴池之名，纷纷来这里避暑养病，来的人多了，本地的商业市面便渐渐发达兴旺。斯铎曼医生便做了浴池的官医。后来洗浴的人之中，忽然发生一种流行病症；经这位医生仔细考察，知道这病症是从浴池的水里来的，他便装了一瓶水寄与大学的化学师请他化验。化验出来，才知道浴池的水管安的太低了，上流的污秽，停积在浴池里，发生一种传染病的微生物，极有害于公众卫生。斯铎曼医生得了这种科学证据，便做了一篇切切实实的报告书，请浴池的董事会把浴池的水管重行改造，以免妨碍卫生。不料改造浴池须要花费许多钱，又要把浴池闭歇一两年；浴池一闭歇，本地的商务便要受许多损失。所以本地的人全体用死力反对斯铎曼医生的提议。他们宁可听那些来避暑养病的人受毒病死，却不情愿受这种金钱的损失。所以他们用大多数的专制威权压制这位说老实话的医生，不许他开口。他做了报告，本地的报馆都不肯登载。他要自己印刷，印刷局也不肯替他印。他要开会演说，全城的人都不把空屋借他做会场。后来好容易找到了一所会场，开了一个公民会议，会场上的人不但不听他的老实话，还把他赶下台去，由全体一致表决，宣告斯铎曼医生从此是国民的公敌。他逃出会场，把裤子都撕破了，还被众人赶到他家，用石头掷他，把窗户都打碎了。到了明天，本地政府革了他的官医；本地商民发了传单不许人请他看病；他的房东请他赶快搬出屋去；他的女儿在学堂教学，也被校长辞退了。这就是"特立独行"的好结果！这就是大多数惩罚少数"捣乱分子"的辣手段！

五

其次，我们且说易卜生的政治主义。易卜生的戏剧不大讨论政治问题，所以我们须要用他的《尺牍》(Letters, ed. by his son,

Sigurd Ibsen, English Trans.1905)做参考的材料。

易卜生起初完全是一个主张无政府主义的人。当普法之战（一八七〇至一八七一年）时，他的无政府主义最为激烈。一八七一年，他有信与一个朋友道：

> ……个人绝无做国民的需要。不但如此，国家简直是个人的大害。请看普鲁士的国力，不是牺牲了个人的个性去买来的吗？国民都成了酒馆里跑堂的了，自然个个是好兵了。再看犹太民族：岂不是最高贵的人类吗？无论受了何种野蛮的待遇，那犹太民族还能保存本来的面目。这都因为他们没有国家的原故。国家总得毁去。这种毁除国家的革命，我也情愿加入。毁去国家观念，单靠个人的情愿和精神上的团结做人类社会的基本，——若能做到这步田地，这可算得有价值的自由起点。那些国体的变迁，换来换去，都不过是弄把戏，——都不过是全无道理的胡闹。《尺牍》第七九页）

易卜生的纯粹无政府主义，后来渐渐的改变了。他亲自看见巴黎"市民政府"（Commune）的完全失败（一八七一），便把他主张无政府主义的热心减了许多《尺牍》第八一页）。到了一八八四年，他写信给他的朋友说，他在本国若有机会，定要把国中无权的人民联合成一个大政党，主张极力推广选举权，提高妇女的地位，改良国家教育，要使脱除一切中古陋习《尺牍》第一五八页）。这就不是无政府的口气了。但是他自己到底不曾加入政党。他以为加入政党是很下流的事《尺牍》第一五八页）。他最恨那班政客，他以为"那班政客所力争的，全是表面上的权利，全是胡闹。最要紧的是人心的大革命。"《尺牍》第七七页）

易卜生从来不主张狭义的国家主义，从来不是狭义的爱国者。

一八八八年,他写信给一个朋友说道:

> 知识思想略为发达的人,对于旧式的国家观念,总不满意。我们不能以为有了我们所属的政治团体便足够了。据我看来,国家观念不久就要消灭了,将来定有人种观念起来代他。即以我个人而论,我已经过这种变化。我起初觉得我是那威国人,后来变成斯堪丁纳维亚人(那威与瑞典总名斯堪丁纳维亚),我现在已成了条顿人了。(《尺牍》第二○六页)

这是一八八八年的话。我想易卜生晚年临死的时候(一九○六),一定已进到世界主义的地步了。

六

我开篇便说过易卜生的人生观只是一个写实主义。易卜生把家庭社会的实在情形都写了出来,叫人看了动心,叫人看了觉得我们的家庭社会原来是如此黑暗腐败,叫人看了晓得家庭社会真正不得不维新革命 ——这就是"易卜生主义"。表面上看去,像是破坏的,其实完全是建设的。譬如医生诊了病,开了一个脉案,把病状详细写出,这难道是消极的破坏的手续吗?但是易卜生虽开了许多脉案,却不肯轻易开药方。他知道人类社会是极复杂的组织,有种种绝不相同的境地,有种种绝不相同的情形。社会的病,种类纷繁,决不是什么"包医百病"的药方所能治得好的。因此他只好开了脉案,说出病情,让病人各人自己去寻医病的药方。

虽然如此,但是易卜生生平却也有一种完全积极的主张。他主张个人须要充分发达自己的天才性;须要充分发展自己的个性。他有一封信给他的朋友白兰戴说道:

> 我所最期望于你的是一种真益纯粹的为我主义。要使你

有时觉得天下只有关于我的事最要紧，其余的都算不得什么。……你要想有益于社会，最好的法子莫如把你自己这块材料铸造成器。……有的时候我真觉得全世界都像海上撞沉了船，最要紧的还是救出自己。（《尺牍》第八四页）

最可笑的是有些人明知世界"陆沉"，却要跟着"陆沉"，跟着堕落，不肯"救出自己！"却不知道社会是个人组成的，多救出一个人便是多备下一个再造新社会的分子。所以孟轲说"穷则独善其身"，这便是易卜生所说"救出自己"的意思。这种"为我主义"，其实是最有价值的利人主义。所以易卜生说，"你要想有益于社会，最妙的法子莫如把你自己这块材料铸造成器。"《娜拉》戏里，写娜拉抛了丈夫儿女飘然而去，也只为要"救出自己"。那戏中说：

（郝尔茂）……你就是这样抛弃你的最神圣的责任吗？

（娜拉）你以为我的最神圣的责任是什么？

（郝）还等我说吗？可不是你对于你的丈夫和你的儿女的责任吗？

（娜）我还有别的责任同这些一样的神圣。

（郝）没有的。你且说，那些责任是什么。

（娜）是我对于我自己的责任。

（郝）最要紧的，你是一个妻子，又是一个母亲。

（娜）这种话我现在不相信了。我相信第一我是一个人正同你一样。——无论如何，我务必努力做一个人。（三幕）

一八八二年，易卜生有信给朋友道：

这样生活，须使各人自己充分发展：——这是人类功业顶高的一层；这是我们大家都应该做的事。（《尺牍》第一六四页）

社会最大的罪恶莫过于摧折个人的个性，不使他自由发展。那本《雁》戏所写的只是一件摧残个人才性的惨剧。那戏写一个人少年时本极有高尚的志气，后来被一个恶人害得破家荡产，不能度日；那恶人又把他自己通奸有孕的下等女子配给他做妻子，从此家累日重一日，他的志气便日低一日。到了后来，他堕落深了，竟变成了一个懒人懦夫，天天受那下贱妇人和两个无赖的恭维，他洋洋得意的觉得这种生活很可以终身了。所以那本戏借一个雁做比喻：那雁在半阁上关得久了，他从前那种高飞远举的志气全消灭了。居然把人家的半阁做他的极乐国了！

发展个人的个性，须要有两个条件。第一，须使个人有自由意志。第二，须使个人担干系，负责任。《娜拉》戏中写郝尔茂的最大错处只在他把娜拉当作"玩意儿"看待，既不许她有自由意志，又不许她担负家庭的责任，所以娜拉竟没有发展她自己个性的机会。所以娜拉一旦觉悟时，恨极她的丈夫，决意弃家远去，也正为这个原故。易卜生又有一本戏，叫做《海上夫人》（The Lady from the Sea）里面写一个女子哀梨妲少年时嫁给人家做后母，她丈夫和前妻的两个女儿看她年纪轻，不让她管家务，只叫她过安闲日子。哀梨妲在家觉得做这种不自由的妻子，不负责任的后母，是极没趣的事。因此她天天想跟人到海外去过那海阔天空的生活。她丈夫越不许她自由，她偏越想自由。后来她丈夫知道留她不住，只得许她自由出去。她丈夫说道：

（丈夫）……我现在立刻和你毁约，现在你可以有完全自由拣定你自己的路子。……现在你可以自己决定，你有完全的自由，你自己担干系。

（哀梨妲）完全自由！还要自己担干系！还担干系咧！

有这么一来,样样事都不同了。

哀梨姐有了自由又自己负责任了,忽然大变了,也不想那海上的生活了;决意不跟人走了(《海上夫人》第五幕)。这是为什么呢？因为世间只有奴隶的生活是不能自由选择的,是不用担干系的。个人若没有自由权,又不负责任,便和做奴隶一样,所以无论怎样好玩,无论怎样高兴,到底没有真正乐趣,到底不能发展个人的人格。所以哀梨姐说,有了完全自由,还要自己担干系,有这么一来,样样事都不同了。

家庭是如此,社会国家也是如此。自治的社会,共和的国家,只是要个人有自由选择之权,还要个人对于自己所行所为都负责任。若不如此,决不能造出自己独立的人格。社会国家没有自由独立的人格,如同酒里少了酒曲,面包里少了酵,人身上少了脑筋:那种社会国家决没有改良进步的希望。

所以易卜生的一生目的只是要社会极力容忍,极力鼓励斯铎曼医生一流的人物(斯铎曼事见上文四节);要想社会上生出无数永不知足,永不满意,敢说老实话攻击社会腐败情形的"国民公敌",要想社会上有许多人都能像斯铎曼医生那样宣言道:"世上最强有力的人就是那个最孤立的人!"

社会国家是时刻变迁的,所以不能指定那一种方法是救世的良药:十年前用补药,十年后或者须用泄药了;十年前用凉药,十年后或者须用热药了。况且各地的社会国家都不相同,适用于日本的药,未必完全适用于中国;适用于德国的药,未必适用于美国。只有康有为那种"圣人",还想用他们的"戊戌政策"来救戊午的中国;只有辜鸿铭那班怪物,还想用二千年前的"尊王大义来施行于二十世纪的中国。"易卜生是聪明人,他知道世上没有"包医百病"

的仙方，也没有"施诸四海而皆准，推之百世而不悖"的真理。因此他对于社会的种种罪恶污秽，只开脉案，只说病状，却不肯下药。但他虽不肯下药，却到处告诉我们一个保卫社会健康的卫生良法。他仿佛说道："人的身体全靠血里面有无量数的白血轮时时刻刻与人身的病菌开战，把一切病菌扑灭干净，方才可使身体健全，精神充足。社会国家的健康也全靠社会中有许多永不知足，永不满意，时刻与罪恶分子龌龊分子宣战的白血轮，方才有改良进步的希望。我们若要保卫社会的健康，须要使社会里时时刻刻有斯铎曼医生一般的白血轮分子。但使社会常有这种白血轮精神，社会决没有不改良进步的道理。"一八八三年，易卜生写信给朋友道：

> 十年之后，社会的多数人大概也会到了斯铎曼医生开公民大会时的见地了。但是这十年之中，斯铎曼自己也刻刻向前进；所以到了十年之后，他的见地仍旧比社会的多数人还高十年。即以我个人而论，我觉得时时刻刻总有进境。我从前每作一本戏时的主张，如今都已渐渐变成了很多数人的主张。但是等到他们赶到那里时，我久已不在那里了。我又到别处去了。我希望我总是向前去了。（《尺牍》第一七二页）

五十年来中国之文学[①]

一

这五十年在中国文学史上可以算是一个很重要的时期。综括起来，这五十年的重要有几点：

（一）五十年前，《申报》出世的一年（一八七二），便是曾国藩死的一年，曾国藩是桐城派古文的中兴第一大将。但是他的中兴事业，虽然是很光荣灿烂的，可惜都没有稳固的基础，故都不能有长久的寿命。清朝的命运到了太平天国之乱，一切病状一切弱点都现出来了，曾国藩一班人居然能打平太平天国，平定各处匪乱，做到他们的中兴事业。但曾、左的中兴事业，虽然延长了五六十年的满清国运，究竟救不了满清帝国的腐败，究竟救不了满清帝室的灭亡。他的文学上的中兴事业，也是如此。古文到了道光、咸丰的时代，空疏的方、姚派，怪僻的龚自珍派，都出来了，曾国藩一班人居然能使桐城派的古文忽然得一支生力军，忽然做到中兴的地位。但"桐城—湘乡派"的中兴，也是暂时的，也不能持久的。曾国藩的魄力与经验确然可算是桐城派古文的中兴大将。但曾国藩一死之

---

① 此文原载 1923 年 2 月《申报》50 周年纪念专刊《最近之五十年》，1924 年 3 月由《申报》馆出版单行本，后收入《胡适文存》第二集。

后,古文的运命又渐渐衰微下去了。曾派的文人、郭嵩焘、薛福成、黎庶昌、俞樾、吴汝纶……都不能继续这个中兴事业。再下一代,更成了"强弩之末"了。这一度的古文中兴,只可算是痨病将死的人的"回光返照",仍旧救不了古文的衰亡。这一段古文末运史,是这五十年的一个很明显的趋势。

(二)古文学的末期,受了时势的逼迫,也不能不翻个新花样了。这五十年的下半便是古文学逐渐变化的历史。这段古文学的变化史又可分作几个小段落:

(1)严复、林纾的翻译的文章。

(2)谭嗣同、梁启超一派的议论的文章。

(3)章炳麟的述学的文章。

(4)章士钊一派的政论的文章。

这四个运动,在这二十多年的文学史上,都该占一个重要的地位。他们的渊源和主张虽然很多不相同的地方,但我们从历史上看起来,这四派都是应用的古文。当这个危急的过渡时期,种种的需要使语言文字不能不朝着"应用"的方向变去。故这四派都可以叫做"古文范围以内的革新运动"。但他们都不肯从根本上做一番改革的工夫,都不知道古文只配做一种奢侈品,只配做一种装饰品,却不配做应用的工具。故章炳麟的古文,在四派之中自然是最古雅的了,只落得个及身而绝,没有传人。严复、林纾的翻译文章,在当日虽然勉强供应了一时的要求,究竟不能支持下去。周作人兄弟的《域外小说集》便是这一派的最高作品,但在适用一方面他们都大失败了。失败之后,他们便成了白话文学运动的健将。谭嗣同、梁启超一派的文章,应用的程度要算很高了,在社会上的影响也要算很大了,但这一派的末流,不免有浮浅的铺张,无谓的堆砌,往往惹人生厌。章士钊一派是从严复、章炳麟两派变化出来的,他们注重论理,注重文法,既能谨严,又颇能委婉,颇可以补救梁派的缺点。甲寅派的政论文在民国初年几乎成一个重要文派。但这一派的文字,既不容易做,又不能通俗,在实用的方面,仍旧不能不归于失败。因此,这一派的健将,如高一涵、李大钊、李剑农等,后来也都成了白话散文的作者。

这一段古文学勉强求应用的历史,乃是新旧文学过渡时代不能免的一个阶段。古文学幸亏有这一个时期,勉强支持了二三十年的运命。

(三)在这五十年之中,势力最大、流行最广的文学,——说也奇怪——并不是梁启超的文章,也不是林纾的小说,乃是许多白话的小说。《七侠五义》《儿女英雄传》都是这个时代的作品。《七侠五义》之后,有《小五义》等等续编,都是三十多年来的作品。这一类的小说很可代表北方的平民文学。到了前清晚年,南方的文人也做了许多小说。刘鹗的《老残游记》,李伯元的《官场现形记》《文明小史》,吴沃尧的《二十年目睹之怪现状》《恨海》《九命奇冤》,……等等,都是有意的作品,意境与见解都和北方那些纯粹供人娱乐的民间作品大不相同。这些南北的白话小说,乃是这五十年中国文学的最高作品,最有文学价值的作品。这一段小说发达史,乃是中国"活文学"的一个自然趋势;他的重要远在前面两段古文史之上。

(四)这五十年的白话小说史仍旧与一千年来的白话文学有同样的一个大缺点:白话的采用,仍旧是无意的,随便的,并不是有意的。民国六年以来的"文学革命"便是一种有意的主张。无意的演进,是很慢的,是不经济的。譬如乾隆以来的各处匪乱,多少总带着一点"排满"的意味,但多是无意识的冲动,不能叫做有主张的革命,故容易失败了。太平天国的革命,排满的色彩稍明显一点,但终究算不得是有意识有计划的排满运动,故不能得中上阶级的同情,终归于失败。近二十年来的革命运动,因为是有意识的主张,有计划的革命,故能于短时期之中,收最后的胜利。文字上的改革,也是如此。一千年来,白话的文学,一线相传,始终没有断绝。但无论是唐诗,是宋词,是元曲,是明、清的小说,总不曾有一种有意的鼓吹,不曾明明白白的攻击古文学,不曾明明白白的主张白话的文学。

近五年的文学革命,便不同了。他们老老实实的宣告古文学是已死的文学,他们老老实实的宣言"死文学"不能产生"活文学",他们老老实实的主张现在和将来的文学都非白话不可。这个有意的主张,便是文学革命的特点,便是五年来这个运动所以能成功的最大原因。

以上四项,便是这五十年中国文学的变迁大势。以下的几章便是详细说明这几个趋势。

二

曾国藩死后的"桐城—湘乡派",实在没有什么精采动人的文章。王先谦辑的《续古文辞类纂》(光绪八年,一八八二,编成的)选有龙启瑞、鲁一同、吴敏树等人的文章,可以勉强代表这一派的老辈了。王先谦自序说:

> 惜抱(姚鼐)振兴绝学,海内靡然从风。其后诸子各诩师承,不无谬附。……梅氏(梅曾亮,一八五五死)浸淫于古,所造独为深远。……曾文正公(国藩)以雄直之气,宏通之识,发为文章,冠绝今古。……学者将欲杜歧趋,遵正轨,姚氏而外,取法梅、曾,足矣。

"姚氏而外，取法梅、曾，足矣"，这是曾国藩死后的古文家的传法捷径。我们不能多引他们的文章来占篇幅，现在引曾国藩的《欧阳生文集序》，因为这篇序写桐城文派的渊源传播，颇有文学史料的价值：

乾隆之末，桐城姚姬传先生（鼐）善为古文辞，慕效其乡先辈方望溪侍郎之所为，而受法于刘君大櫆，及其世父编修君范。三子既通儒硕望，姚先生治其术益精。历城周永年书昌为之语曰："天下之文章其在桐城乎？"由是学者多归向桐城，号桐城派，犹前世所称江西诗派者也。

姚先生晚而主钟山书院讲席。门下著籍者，上元有管同异之，梅曾亮伯言，桐城有方东树植之，姚莹石甫。四人者称为高第弟子，各以所得传授徒友，往往不绝。在桐城者有戴钧衡存庄，事植之久，尤精力过绝人，自以为守其邑先正之法，禅之后进，义无所让也。

其不列弟子籍，同时服膺，有新城鲁仕骥絜非，宜兴吴德旋仲伦。絜非之甥为陈用光硕士，硕士既师其舅，又亲受业姚先生之门，乡人化之，多好文章。硕士之群从有陈学受蓺叔，陈溥广敷；而南丰又有吴嘉宾子序，皆承絜非之风，私淑于姚先生。由是江西建昌有桐城之学。仲伦与永福吕璜月沧交友，月沧之乡人有临桂朱琦伯韩，龙启瑞翰臣，马平王拯定甫，皆步趋吴氏、吕氏，而益求广其术于梅伯言。由是桐城宗派流衍于广西矣。

昔者国藩尝怪姚先生典试湖南，而吾乡出其门者未闻相从以学文为事。既而得巴陵吴敏树南屏称述其术，笃好而不厌。而武陵杨彝珍性农，善化孙鼎臣芝房，湘阴郭嵩焘伯琛，溆浦舒焘伯鲁,亦以姚氏文家正轨,违此则又何求?最后得湘潭欧阳生(勋)……受法于巴陵吴君,湘阴郭君,亦师事新城二陈。其渐染者多,其志趣嗜好,举天下之美,无以易乎桐城姚氏者也!

……自洪、杨倡乱,东南荼毒;钟山、石城,昔时姚先生撰杖都讲之所,今为犬羊窟宅,深固而不可拔。桐城沦为异域,既克而复失。戴钧衡全家殉难,身亦呕血死矣。

余来建昌,闻新城南丰兵燹之余,百家荡尽,田荒不治,蓬蒿没人;一二文士转徙无所。而广西用兵九载,群盗犹汹汹,骤不可爬梳;龙君翰臣又物故。独吾乡少安,二三君子尚得优游文学,曲折以求合桐城之辙。而舒焘前卒,欧阳生亦以瘵死。老者牵于人事,或遭乱不得竟其学;少者或中道夭殂;四方多故,求如姚先生之聪明早达,太平寿考,从容以跻于古之作者,卒不可得。……

这一篇不但写桐城派的传播,又可以使我们知道这一派的最高目的是"曲折以求合桐城之辙"。"举天下之美,无以易乎桐城姚氏者也!"

曾国藩在当日隐隐的自命为桐城派的中兴功臣,人家也如此推崇他(王先谦自序可参看)。他作《圣哲画像记》,共选圣哲三十二人,而姚鼐为三十二人之一,这可以想见他的心理了。他的幕府里收罗了无数人才;我们读薛福成的《叙曾文正公幕府宾僚》(《庸庵文编》四)一篇,可以知道当日的学者如钱泰吉、刘毓崧、刘寿曾、李善兰(算学家)、华蘅芳(算学家)、孙衣言、俞樾、莫友芝、戴望、成蓉镜、李元度;文人如吴敏树、张裕钊、陈学受、方宗诚、吴汝纶、黎庶昌、汪士铎、王闿运——都在他的幕府之内。怪不得曾派的势力要影响中国几十年了。但这一班人在文学史上都没有什么重要的贡献。年寿最高、名誉最长久的，莫如俞樾、王闿运、吴汝纶三人。俞樾的诗与文都没有大价值。王闿运号称一代大师，但他的古文还比不上薛福成（诗另论）。吴汝纶思想稍新，他的影响也稍大，但他的贡献不在于他自己的文章，乃在他所造成的后进人才。严复、林纾都出于他的门下，他们的影响比他更大了。

平心而论，古文学之中，自然要算"古文"（自韩愈至曾国藩以下的古文）是最正当最有用的文体。骈文的弊病不消说了。那些瞧不起唐宋八家以下的古文的人，妄想回到周、秦、汉、魏，越做越不通，越古越没有用，只替文学界添了一些似通非通的假古董。唐宋八家的古文和桐城派的古文的长处只是他们甘心做通顺清淡的文章，不妄想做假古董。学桐城古文的人，大多数还可以做到一个"通"字；再进一步的，还可以做到应用的文学。故桐城派的中兴，虽然没有什么大贡献，却也没有什么大害处。他们有时自命为"卫道"的圣贤，如方东树的攻击汉学，如林纾的攻击新思潮，那就是中了"文以载道"的话的毒，未免不知分量。但桐城派的影响，使古文做通顺了，为后来二三十年勉强应用的预备，这一点功劳是不可埋没的。

三

太平天国之乱是明末流寇之乱以后的一个最惨的大劫，应该产生一点悲哀的或慷慨的好文学。当时贵州有一个大诗人郑珍（子尹，遵义人，生一八○六，死一八六四），在贵州受了局部的影响（咸丰四年，贵州的乱），已替他晚年的诗（《巢经巢诗钞》后集）增加无数悲哀的诗料。但郑珍死在五十八年前，已不在我这一篇小史的范围之内了。说也奇怪，东南各省受害最深，竟不曾有伟大深厚的文学产生出来。王闿运为一代诗人，生当这个时代，他的《湘绮楼诗集》卷一至卷六正当太平天国大乱的时代（一八四九——一八六四）；我们从头读到尾，只看见无数《拟鲍明远》《拟傅玄麻》《拟王元长》《拟曹子建》……一类的假古董；偶然发见一两首"岁月犹多难，干戈罢远游"一类不痛不痒的诗；但竟寻不出一些真正可以纪念这个惨痛时代的诗。这是什么缘故呢？我想这都是因为这些诗人大都是只会做模仿诗的，他们住的世界还是鲍明远、曹子建的世界，并不是洪秀全、杨秀清的世界；况且鲍明远、曹子建的诗体，若不经一番大解放，决不能用来描写洪秀全、杨秀清时代的惨劫。王闿运集中有一八七二年作的《独行谣》三十章（卷九），追写二十年的时事，内中颇有大胆的讥评，但文章多不通，叙述多不明白，只可算是三十篇笨拙的时事歌括，不能算作诗！我不得已，勉强选了他的《铜官行寄章寿麟题感旧图》一篇代表这一位大名鼎鼎的诗人：

铜官行 寄章寿麟，题感旧图

（适按：此诗无注，多不可通。章字价人。曾氏靖港之败，赖章救他出来。后来曾氏成功受封，章独不得报酬，人多为他抱不平。章晚年作《感旧图》。并作记，记此事。参看郑孝胥《海藏楼诗》卷三，页三。）

桂平盗起东南卷，唯有长沙能累卵。三年坐井仰恃天，城堞微风动矛矟。凶徒无赖往复来，潘张迁去骆受灾；闭门待死谥忠节，未死从容居宪台。曾家岭枷偏在颈，三家村儒怒生瘿。劝捐截饷百计生，欲倚江吴效驰骋。庐黄军败如覆铛，盗舟一夜满洞庭。抚标大将缒楼走，徐公绕室趾不停。省兵无人无守御，却付曾家一瓦注。空船坐守木关防，直置当锋寻死处。军谋兵机不暇讲,盗屯湘潭下靖港;两头张手探釜鱼,十日淘河得枯蚌。刘郭苍黄各顾家,左生狂笑骂猪耶。彭陈李生岂愿死?四围密密张罗罝。此时鼫鼠求上计,陈谋李断相符契;彭公建策攻下游,捣坚禽王在肯綮。弱冠齐年我与君,君如李广欲无言。日中定计夜中变,我归君去难相闻。平明丁叟蹙门入,报败方知一军泣。督师只拟从湘累,主簿匆匆救杜袭。十营并发事全虚,从此舍舟山上居。七门昼闭春欲尽,独教陈李删遗疏。版桥漂破帅旗折,铜官渚畔灵明灭。岂料湘潭大捷来,千里盗屯汤沃雪!一胜申威百胜从,塔罗如虎彭杨龙。时人攀附三十载,争道当年赞画功!骆相成名徐陶死,曾弟重歌脊令起。惟余湘岸柳千条,犹恨当时呜咽水。信陵客散十年多(适按:此时作于曾国藩死后约十年),旧逻频迎节镇过;时平始觉军功贱,官冗间从资格磨。凭君莫话艰难事,侥得侥失皆天意。渔浦萧萧废垒秋,游人且觅从事记。

这种诗还不能完全当得一个"通"字,但在《湘绮楼集》里那许多假古董之中,这种诗自然不能不算是上品了。

但是这个时代有一个诗人,确可以算是代表时代的诗人。这个诗人就是上元的金和,字亚匏,生于一八一八,死于一八八五,著有《秋蟪吟馆诗钞》七卷。当一八五三年南京城破时,金和被陷在城中,与长发军中人往来,渐渐的结合了许多人,要想作官兵的内应。那时向荣的大本营即在城外,金和偷出城来,把内应的计划告知官兵;向荣初不信,他就自请把身体押在大营,作为保证。城内的同党与官兵约定期日攻城,到期官兵不到;再约,官兵又不到。城内的同党被杀的很多。金和亲自经过围城中的生活,又痛恨当日官军的腐败无能,故他的纪事诗不但很感动人,还有历史的价

值。他的《痛定篇》(卷二,页十二至二十)用日记体作诗,写破城及城中事,我们举他一首作例:

> 二月二十三,传闻大兵至。贼魁似皇皇,终日警三四。南民私相庆,始有再生意。桓桓向将军,仰若天神贵。一闻贼吹角,即候将军骑。香欲将军迎,酒欲将军馈。食念将军食,睡说将军睡。……七岁儿何知,门外偶嬉戏。公然对路人,说出将军字。阿姊面死灰,挞之大怒詈。从此望将军,十日九憔悴。更有健者徒,夜半誓忠义。愿遥应将军,画策万全利。分隶贼麾下,使贼不猜忌。寻常行坐处,短刃缚在臂。但期兵入城,各各猝举燧。得见将军面,命即将军赐。谁料将军忙,未及理此事?

他的《六月初二日纪事一百韵》,前面写向荣刻日出兵,写先期大飨士卒,将军行酒誓师,写明日之晨准备出战,共九十几句,到篇末只说:

> ……一时惊喜遍尨倪,譬积阴雨看红霓,……夜不敢寐朝阳跻,……日中才听怒马嘶,但见泛泛如凫鹥,兵不血刃身不泥,全军而退归来兮!

这已是骂的很刻毒了。但下面的一首《初五日纪事》更妙,我们可以把他全抄在这里:

> 前日之战未见贼,将军欲赦赦不得。或语将军难尽诛,姑使再战当何如?昨日黄昏忽传令,谓"不汝诛贷汝命。今夜攻下东北城,城不可下无从生"。三军拜谢呼刀去,又到前回酣睡处。空中乌乌狂风来,沈沈云阴轰轰雷。将谓士曰雨且至,士谓将曰此可避。回鞭十里夜复晴,急见将军天未明。将军

已知夜色晦,"此非汝罪汝其退"。我闻在楚因天寒,龟手而战难乎难。近来烈日恶作夏,故兵之出必以夜。此后又非进兵时,月明如昼贼易知。乃于片刻星云变,可以一战亦不战。吁嗟乎,将军作计必万全,非不灭贼皆由天。安得青天不寒亦不暑,日月不出不风雨!

这种嘲讽的诙谐,乃是金和的特别长处。他是全椒吴家的外孙,与《儒林外史》的著者和《儒林外史》的几个重要人物都有点关系,他是表彰《儒林外史》的一个人,故他的诗也很像是得力于《儒林外史》的嘲讽的本领。有心人的嘲讽,不是笑骂,乃是痛哭;不是轻薄,乃是恨极无可如何,不得已而为之。他的《十六日至秣陵关遇赴东坝兵有感》一篇云:

> 初七日未午,我发钟山下。蜀兵千余人,向北驰怒马。传闻东坝急,兵力守恐寡。来乞将军援,故以一队假。我遂从此辞,仆仆走四野。三宿湖熟桥,两宿龙溪社。四宿方山来,尘汗搔满把。僧舍偶乘凉,有声叱震瓦。微睨似相识,长身面甚赭。稍前劝勿瞋,幸不老拳惹。婉词问何之,乃赴东坝者。九日行至此,将五十里也!

这种技术确能于杜甫、白居易的"问题诗"之外,别开一个生面。他有《军前新乐府》四篇,我们选他的第四篇,篇名《半边眉》:

> 半边眉,汝何来?太守门下请钱回。太守门,何处所?钟山之旁近大府。大府初闻难民苦,公家遍括闲田租,旁郡金檄上户输。一心要贷难民命,聘贤太守专其政。太守计曰"费恐滥,百二十钱一人赡"。太守计曰"难民多,一人数请当奈何?我闻古有察眉律"。呼仆持刀对人立,一刀留下半边眉,再来

除是眉长时。——防蠹术果奇,作蠹术斯巧。岂但无眉人不来,有眉人亦来都少。惟有一二市井奸,赂太守仆二十钱,奏刀不猛眉犹全,半边眉可三刀焉。否则病夫真饿杀,痴心尚恋一朝活,拚与半边眉尽割。吁嗟乎,……太守何不计之毒?千钱刲人耳与目,万钱截人手与足,终古无人请钱至,太守,岂非大快事?

此外尚有许多可选的诗,我们不能多举例了。金和的诗很带有革新的精神,他自己题他的《椒雨集》云:

> 是卷半同日记,不足言诗。如以诗论之,则军中诸作,语宗痛快,已失古人敦厚之风,尤非近贤排调之旨。其在今日诸公有是韬钤,斯吾辈有此翰墨,尘秽略相等,殆亦气数使然耶?

他又有诗(卷七,页八)云:

> 所作虽不纯乎纯,要之语语皆天真。时人不能为,乃谓非古人。

这虽是吊朋友的诗,也很可代表他自己的主张。他在别处又说(卷一,页三):

> 尽数写六书,只此数万字。中所不熟习,十复间三四。循环堆垛之,文章毕能事。苟可联贯者,古人肯唾弃。而以遗后人,使得逞妍秘?操觚及今日,谈亦何容易?乃有真壮夫,于此独攘臂;万卷读破后,一一勘同异;更从古人前,混沌辟新意;甘使心血枯,百战不退避。一家言既成,试质琅嬛地。必有天上语,古人所未至。……彼抱窃疾者,出声令人睡。何不指"六经",而曰公家器!

正因为他深恨那些"抱窃疾者",正因为他要"更从古人前,混沌辟新意",故他能在这五十年的诗界里占一个很高的地位。

这五十年的诗,都中了梦窗(吴文英)派的毒,很少有价值的。故我们不讨论了。

四

自从一八四〇年鸦片之战以来,中间经过一八六〇年英法联军破天津入北京火烧圆明园的战事,中兴的战争又很得了西洋人的帮助,中国明白事理的人渐渐承认西洋各国的重要。一八六一年,清廷设总理各国事务衙门;一八六七年,设同文馆。后来又有派学生留学外国的政策。当时的顽固社会还极力反对这种政策,故同文馆收不到好学生,派出洋的更不得人。但十九世纪的末年,翻译的事业渐渐发达。传教士之中,如李提摩太等,得着中国文士的帮助,译了不少的书。太平天国的文人王韬,在这种事业上,要算一个重要的先锋了。

但当时的译书事业的范围并不甚广。第一类是宗教的书,最重要的是《新旧约全书》的各种译本。第二类为科学和应用科学的书,当时称为"格致"的书。第三类为历史政治法制的书,如《泰西新史揽要》《万国公法》等书。这是很自然的。宗教书是传教士自动的事业。格致是当日认为枪炮兵船的基础的。历史法制的书是要使中国人士了解西洋国情的。此外的书籍,如文学的书,如哲学的书,在当时还没有人注意。这也是很自然的。当日的中国学者总想西洋的枪炮固然利害,但文艺哲理自然远不如我们这五千年的文明古国了。

严复与林纾的大功劳在于补救这两个大缺陷。严复是介绍西洋近世思想的第一人,林纾是介绍西洋近世文学的第一人。

严复译赫胥黎的《天演论》在光绪丙申(一八九六),在中、日战争之后，戊戌变法之前。他自序说：

> ……风气渐通，士知弇陋为耻；西学之事，问涂日多。然亦有一二巨子訑然谓彼之所精不外象数形下之末，彼之所务不越功利之间；逞臆为谈，不咨其实。讨论国闻，审敌自镜之道，又断断乎不如是也。……

这是他的卓识。自从《天演论》出版（一八九八）以后，中国学者方才渐渐知道西洋除了枪炮兵船之外，还有精到的哲学思想可以供我们的采用。但这是思想史上的事，我们可以不谈。

我们在这里应该讨论的是严复译书的文体。《天演论》有"例言"几条，中有云：

> 译事三难：信，达，雅。求其信已大难矣。顾信矣，不达，虽译犹不译也。则达尚焉。……今是书所言本五十年西人新得之学，又为作者晚出之书，译文取明深义，故词句之间时有所颠倒附益，不斤斤于字比句次，而意义则不倍本文。题曰达旨，不云笔译；取便发挥，实非正法。……凡此经营，皆以为达；为达即所以为信也。……信达而外，求其尔雅。此不仅期以行远已耳，实则精理微言，用汉以前字法句法则为达易，用近世利俗文字则求达难，往往抑义就词，毫厘千里。审择于斯二者之间，夫固有所不得已也。……

这些话都是当日的实情。当时自然不便用白话；若用白话，便没有人读了。八股式的文章更不适用。所以严复译书的文体，是当日不得已的办法。我们看吴汝纶的《天演论序》，更可以明白这种情形：

> ……今西书虽多新学，顾吾之士以其时文公牍说部之词

> 译而传之,有识者方鄙夷而不知顾,民智之瀹何由? 此无他,
> 文不足焉故也。文如几道,可与言译书矣。……今赫胥黎之
> 道,……严子一文之,而其书乃骎骎与晚周诸子相上下。然则
> 文顾不重耶? ……

严复用古文译书,正如前清官僚戴着红顶子演说,很能抬高译书的身价,故能使当日的古文大家认为"骎骎与晚周诸子相上下"。

严复自己说他的译书方法道:"什法师有云,'学我者病'。来者方多,幸勿以是书为口实也。"(《天演论·例言》)这话也不错。严复的英文与古中文的程度都很高,他又很用心,不肯苟且,故虽用一种死文字,还能勉强做到一个"达"字。他对于译书的用心与郑重,真可佩服,真可做我们的模范。他曾举"导言"一个名词作例,他先译"卮言",夏曾佑改为"悬谈",吴汝纶又不赞成;最后他自己又改为"导言"。他说:"一名之立,旬月踟蹰;我罪我知,是存明哲。"严译的书,所以能成功,大部分是靠着这"一名之立,旬月踟蹰"的精神。有了这种精神,无论用古文白话,都可以成功。后人既无他的工力,又无他的精神;用半通不通的古文,译他一知半解的西书,自然要失败了。

严复译的书,有几种——《天演论》《群己权界论》《群学肄言》——在原文本有文学的价值,他的译本在古文学史也应该占一个很高的地位。我们且引一节做例:

> 望舒东睇,一碧无烟。独立湖塘,延赏水月;见自彼月之下,至于目前,一道光芒,溟漾闪烁。谛而察之,皆细浪沦漪,受月光映发而为此也。徘徊数武,是光景者乃若随人。颇有明理士夫,谓此光景为实有物,故能相随,且亦有时以此自诩;不悟是光景者从人而有;使无见者,则亦无光,更无光景与人

相逐。盖全湖水面受月映发，一切平等；特人目与水对待不同，明暗遂别，——不得以所未见，遂指为无——是故虽所见者为一道光芒，他所不尔，又人目易位，前之暗者，乃今更明，然此种种，无非妄见。以言其实，则由人目与月作二线入水，成角等者，皆当见光；其不等者，则全成暗。（成角等与不等，稍有可议，原文亦不如此说。）惟人之察群事也，亦然：往往以见所及者为有，以所不及者为无。执见否以定有无，则其思之所不赅者众矣。（《群学肄言》三版，页七二至七三。原书页八三）

这种文字，以文章论，自然是古文的好作品；以内容论，又远胜那无数"言之无物"的古文：怪不得严译的书风行二十年了。

林纾译小仲马的《茶花女》，用古文叙事写情，也可以算是一种尝试。自有古文以来，从不曾有这样长篇的叙事写情的文章。《茶花女》的成绩，遂替古文开辟一个新殖民地。林纾早年译的小说，如《茶花女》《黑奴吁天录》《滑铁卢及利俾瑟战血余腥记》，……恰不在手头，不能引来作例。我且随便引几个例。《拊掌录》（页一九以下）写村中先生有一个学唱歌的女学生，名凯脱里纳，为村中大户之孤生女：

其肥如竹鸡，双颊之红鲜如其父圃中之桃实。貌既丰腴，产尤饶沃。……先生每对女郎辄心醉，今见绝色丽姝，安能不加颠倒？且经行其家，目其巨产矣。女郎之父曰包而忒司，……屋居黑逞河次，依山傍树而构，青绿照眼。屋项出大树，荫满其堂室，阳光所不能烁，树根有山泉潏然仰出，尽日弗穷，老农引水赴沟渠中，渠广而柳树四合，竟似伏流，汩汩出树而逝。去室咫尺，即其仓庚，粮积臃肿，几欲溃窗而出。老农所积如是，而打稻之声尚不断于耳。屋簷群燕飞鸣；尚有白鸽无数，——有侧目视空者，亦有纳首于翼，企单足而立者，或上下其颈呼雌者，——咸仰阳集于屋顶。而肥腯之猪，伸足笠中，作喘声，似自鸣其足食；而笠中忽逐队出小豵，仰鼻于天，承取空气。池中白鹅，横亘如水师大队之战舰排樯而进，而群鸭游弋，则猎舰也。火鸡亦作联队，杂他鸡鸣于稻畦中，如饶舌之村姬长日詈人者。仓庾之前，数雄鸡高冠长纬，鼓翼而前，颈羽皆竖，以斗其侣；有时以爪爬沙得小虫，则抗声引其所据有之母鸡啄食，己则侧目旁视；他雄稍前，则立拒之。先生触目见其丰饶，涎出诸吻。见猪奔窜，则先生目中已现一炙脔；闻稻香，则心中亦畜一布丁；见鸽子，则思切而苞为蒸饼之馅；见乳鸭与鹅游流水中，先生馋吻则思荡之以沸油。又观田中大小二麦及珍珠米，园中已熟之果，红实垂垂，尤极动人。先生观状，益延盼于女郎，以为得女郎者，则万物俱奁中有矣。……

《滑稽外史》第四十一章写尼古拉司在白老地家中和白老地夫妇畅谈时，司圭尔先生和他的女儿番尼，儿子瓦克福，忽然闯进来。白老地的妻子与番尼口角不休：

> 方二女争时，小瓦克福见案上陈食物无数，馋不可忍，徐徐近案前，引指染盘上腥腻，入指口中，力吮之；更折面包之角，窃蘸牛油嚼之；复取小方糖纳之囊中，则引首仰屋，如有所思，而手已就糖盂累取可数方矣。及见无人顾视，则胆力立壮，引刀切肉食之。

> 此状司圭尔先生均历历见之，然见他人无觉，则亦伪为未见，窃以其子能自图食，亦复佳事。此时番尼语止，司圭尔知其子所为将为人见，则伪为大怒状，力抵其颊，曰，"汝乃甘食

仇人之食！彼将投毒鸩尔矣。尔私产之儿，何无耻耶！"约翰（白老地）曰："无伤，恣彼食之。但愿先生高徒能合众食我之食令饱，我即罄囊，亦非所惜。"……（页百十一）

能读原书的自然总觉得这种译法不很满意。但平心而论，林译的小说往往有他自己的风味；他对于原书的诙谐风趣，往往有一种深刻的领会，故他对于这种地方，往往更用气力，更见精彩。他的大缺陷在于不能读原文；但他究竟是一个有点文学天才的人，故他若有了好助手，他了解原书的文学趣味往往比现在许多粗能读原文的人高的多。现在有许多人对于原书，既不能完全了解；他们运用白话的能力又远不如林纾运用古文的能力，他们也要批评林译的书，那就未免太冤枉他了。

平心而论，林纾用古文做翻译小说的试验，总算是很有成绩的了。古文不曾做过长篇的小说，林纾居然用古文译了一百多种长篇小说，还使许多学他的人也用古文译了许多长篇小说，古文里很少滑稽的风味，林纾居然用古文译了欧文与狄更司的作品。古文不长于写情，林纾居然用古文译了《茶花女》与《迦茵小传》等书。古文的应用，自司马迁以来，从没有这种大的成绩。

但这种成绩终归于失败！这实在不是林纾一般人的错处，乃是古文本身的毛病。古文是可以译小说的，我是用古文译过小说的人，故敢说这话。但古文究竟是已死的文字，无论你怎样做得好，究竟只够供少数人的赏玩，不能行远，不能普及。我且举一个最明显的例。十几年前，周作人同他的哥哥也曾用古文来译小说。他们的古文工夫既是很高的，又都能直接了解西文，故他们译的《域外小说集》比林译的小说确是高的多。我且引《安乐王子》的一部分作例：

一夜，有小燕翻飞入城。四十日前，其伴已往埃及，彼爱一苇，独留不去。一日春时，方逐黄色巨蛾，飞经水次，与苇邂逅，爱其纤腰，止与问讯，便曰："吾爱君可乎？"苇无语，惟一折腰。燕随绕苇而飞，以翼击水，涟起作银色，以相温存，尽此长夏。

　　他燕啁哳相语曰："是良可笑。女绝无资，且亲属众也。"燕言殊当，川中固皆苇也。

　　未几秋至，众各飞去。燕失伴，渐觉孤寂，且倦于爱，曰："女不能言，且吾惧彼佻巧，恒与风酬对也。"是诚然，每当风起，苇辄宛转顶礼。燕又曰："女或宜家，第吾喜行旅，则吾妻亦必喜此，乃可耳。"遂问之曰："若能偕吾行乎？"苇摇首，殊爱其故园也。燕曰："若负我矣。今吾行趣埃及古塔，别矣！"遂飞而去。

这种文字，以译书论，以文章论，都可算是好作品。但周氏兄弟辛辛苦苦译的这部书，十年之中，只销了二十一册！这一件故事应该使我们觉悟了。用古文译小说，固然也可以做到"信，达，雅"三个字，——如周氏兄弟的小说，——但所得终不偿所失，究竟免不了最后的失败。

五

　　中日之战以后，明白时势的人都知道中国有改革的必要。这种觉悟产生了一种文学，可叫做"时务的文章"。那时代先后出的几种"危言"，——如邵作舟的，如汤寿潜的，——文章与内容都很可以代表这个时代的趋势。到一八九七年，德国强占了胶州，人心更激昂了；那时清光绪帝也被时局感动了，于是有"戊戌变法"

（一八九八）的运动。这个变法运动在当日的势力颇大，中央政府和各省都有赞助的人。但顽固的反动力终究战胜了，于是有戊戌的"政变"。变法党的领袖是康有为、谭嗣同、梁启超等。谭嗣同与同志五人死于政变，但他的著述，在他死后仍旧发生不少的影响。康有为是"今文家"的一个重要代表，他的《新学伪经考》与《孔子改制考》等书，在这五十年的思想史上，自有他们的相当位置。他的文章虽不如他的诗，但当他"公车上书"以至他亡命海外的时代，他的文章也颇有一点势力，不过他的势力远不如梁启超的势力的远大了。梁启超当他办《时务报》的时代已是一个很有力的政论家；后来他办《新民丛报》，影响更大。二十年来的读书人差不多没有不受他的文章的影响的。

严复、林纾是桐城的嫡派，谭嗣同、康有为、梁启超都是桐城的变种。谭嗣同的《三十自纪》（《文集》中）说：

> 嗣同少颇为桐城所震，刻意规之数年，久自以为似矣；出示人，亦以为似。诵书偶多，广识当世淹通姝壹之士，稍稍自惭，即又无以自达。或授以魏、晋间文，乃大喜，时时籀绎，益笃嗜之。由是上溯秦、汉，下循六朝，始悟心好沈博绝丽之文，子云所以独辽辽焉。旧所为，遗弃殆尽。……昔侯方域少喜骈文，壮而悔之，以名其堂。嗣同亦既壮，所悔乃在此不在彼。……所谓骈文，非四六排偶之谓，体例气息之谓也，则存乎深观者。

梁启超自述也说：

> 启超夙不喜桐城派古文；幼年为文，学晚汉、魏、晋，颇尚矜炼。至是（指办《新民丛报》时）自解放，务为平易畅达，时杂以俚语，韵语，及外国语法；纵笔所至不检束。学者竞效之，号

新文体。老辈则痛恨,诋为野狐。然其文条理明晰,笔锋常带情感,对于读者,别有一种魔力焉。(《清代学术概论》,页一四二)

这是梁氏四十八岁的自述,没有他三十自述说的详细:

> 八岁学为文,九岁能缀千言。十二岁应试学院,补博士弟子员。日治帖括,虽心不慊之,然不知天地间于帖括外更有所谓学也,辄埋头研钻。顾颇喜词章,王父父母时授以唐人诗,嗜之过于八股。家贫无书可读,惟有《史记》一,《纲鉴易知录》一,王父父日以课之;故至今《史记》之文能成诵者八九。父执有爱其慧者,赠以《汉书》一,姚氏《古文辞类纂》一,则大喜,读之卒业焉。……十三岁始知有段、王训诂之学,大好之,渐有弃帖括之志。十五岁,……肄业于学海堂,……乃决舍帖括以从事于训诂词章。……

此一段可补前一段"夙不喜桐城派古文"的话。谭嗣同与梁启超都经过一个桐城时代,但他们后来都不满意于桐城的古文。他们又都曾经过一个复古的时代,都曾回到秦、汉、六朝;但他们从秦、汉、六朝得来的,虽不是四六排偶的形式,却是骈文的"体例气息"。所谓体例,即是谭嗣同说的"沈博绝丽之文";所谓气息,即是梁启超说的"笔锋常带情感"。

谭嗣同的《仁学》,在思想方面固然可算是一种大胆的作品,在文学方面也有代表时代的价值。我们引一节作例:

> 不生不灭有征乎?曰,弥望皆是也。如向所言化学诸理,穷其学之所至,不过析数原质而使之分,与并数原质而使之合;用其已然而固然者,时其好恶,剂其盈虚。而以号曰某物某物,如是而已。岂能竟消磨一原质与别创造一原质

哉？……本为不生不灭，乌从生之灭之？譬如水加热则渐涸，非水灭也，化为轻气养气也。使收其轻气养气，重与原水等。且热去而仍化为水，无少减也。譬如烛久蒸则尽跋，非烛灭也，化为气质流质定质也。使收其所合之炭气，所然之蜡泪，所余之蜡煤，重与原烛等。且诸质散而滋育他物，无少弃也。譬如陶埴，失手而碎之；其为器也毁矣。然陶埴，土所为也。方其为陶埴也，在陶埴曰成，在土则毁；及其碎也，还归乎土，在陶埴曰毁，在土又以成。但有回环，都无成毁。譬如饼饵，入胃而化之，其为食也亡矣。然饼饵，谷所为也。方其为饼饵也，在饼饵曰存，在谷曰亡；及其化也，选粪乎谷，在饼饵曰亡，在谷又以存。但有变易，复何存亡？……（删去一排两个譬喻）……譬于陵谷沧桑之变易：地球之生不知经几千万变矣；洲渚之壅淤，知崖岸之将有倾颓；草木金石之质日出于地，知空穴之将就沦陷；赤道以旋速而隆起，即南北极之所翕敛也；火期之炎，冰期之冱，即一气之舒卷也。故地球体积之重率必无轩轾于昔时；有之，则畸重而去日远，畸轻而去日近，其轨道且岁不同矣。譬如流星陨石之变：恒星有古无而今有，有古有而今无；彗孛有循椭圆线而往可复返，有循抛物线而一往不返。往返者，远近也，非生灭也；有无者，聚散也，非生灭也。木星本统四月，近忽多一月，知近度之所吸取。火、木之间，依比例当更有一星，今惟小行星武女等百余，知女星之所剖裂，即此。地球亦终有陨散之时，然地球之所陨散，他星又将用其质点以成新星矣。王船山之说《易》，谓一卦有十二爻，半隐半见；故大易不言有无，隐见而已。孔子之论礼，谓殷因于夏；周因于殷；故礼有不得，与民变革损益而已。凡此诸体，虽一一佛有阿僧祇身，一一身有阿僧祇口，说亦不能尽。（《仁学》上，页

十三）

这一节不但材料可以代表当时的科学知识,他的体例也可以代表当时与二十年来的"新文体"。谭嗣同自己说的骈文的体例与气息,在这里也可以看得出来。但我们拿文学史的眼光来观察,不能不承认这种文体虽说是得力于骈文,其实也得力于八股文。古代的骈文没有这样奔放的体例,只有八股文里的好"长比"有这种气息(上例中,水与烛一比及陶埴与饼饵一比,最可玩味)。故严格说来,这一种文体很可以说是八股文经过一种大解放,变化出来的。

说这种文体是受了八股文的影响的,这句话也许有人不愿意听。其实这句话不全是贬辞。清代的大文家章学诚作古文往往不避骈偶的长排;他曾说:

> 嗟夫,知文亦岂易易? 通人如段若膺,见余《通义》有精深者,亦与叹绝;而文句有长排作比偶者,则曰"惜杂时文句调"!夫文求其是耳,岂有古与时哉? 即曰诗文体多排比,排比又岂作时文者所创为哉? 使彼得见韩非《储说》,淮南《说山》《说林》,傅毅《连珠》诸篇,则又当为秦、汉人惜有时文之句调矣。论文岂可如是? 此由彼心目中有一执而不化之古文,怪人不似之耳。(《与史余村简》)

此说最有理。文中杂用骈偶的句子,未必即是毛病。当日人人做八股,受了一种影响,也是很自然的事。其实这一派的长处就在他们能够打破那"执而不化"的狭义古文观,就在他们能够运用古文时文儒书佛书的句调来做文章。这个趋势,到了梁启超,更完备了。

梁启超最能运用各种字句语调来做应用的文章。他不避排偶,不避长比,不避佛书的名词,不避诗词的典故,不避日本输入的新名词。因此,他的文章最不合"古文义法",但他的应用的魔力也最大。

梁启超的文章很多,举例也很难。我且举他的《新民说》第十一篇《论进步》的一节:

> 然则救危亡求进步之道将奈何?曰,必取数千年横暴混浊之政体,破碎而斋粉之,使数千万如虎如狼如蝗如蝻如蛾如蛆之官吏失其社鼠城狐之凭借,然后能涤肠荡胃以上于进步之途也!必取数千年腐败柔媚之学说,廓清而辞辟之,使数百万如蠹鱼如鹦鹉如水母如畜犬之学子毋得弄舌摇笔舞文嚼字为民贼之后援,然后能一新耳目以行进步之实也!而其所以达此目的之方法有二:一曰无血之破坏,二曰有血之破坏。无血之破坏者,如日本之类是也。有血之破坏者,如法国之类是也。中国如能为无血之破坏乎?吾馨香而祝之!中国如不得不为有血之破坏乎?吾衰经而哀之!虽然,哀则哀矣,然欲使吾于此二者之外,而别求一可以救国之途,吾苦无以对也。呜呼,吾中国而果能行第一义也,则今日其行之矣。而竟不能!则吾所谓第二义者,遂终不可免。呜呼,吾又安忍言哉?呜呼,吾又安忍言哉?

我再举一个例:

> 罗兰夫人何人也?彼生于自由,死于自由。罗兰夫人何人也?自由由彼而生,彼由自由而死。罗兰夫人何人也?彼拿破仑之母也,彼梅特涅之母也,彼玛志尼、噶苏士、俾士麦、加富尔之母也。质而言之,则十九世纪欧洲大陆一切之人物,不可不母罗兰夫人;十九世纪欧洲大陆一切之文明,不可不母

罗兰夫人。何以故？法国大革命为欧洲十九世纪之母故。罗兰夫人为法国大革命之母故。

这两个例很可以表示梁启超自己说的"笔锋常带情感"的文体。前一例可以表示这种文字的好的方面；后一例可以表示这种文字的坏的方面。更恶劣的如：

虽然，天不许罗兰夫人享家庭之幸福以终天年也！法兰西历史世界历史必要求罗兰夫人之名以增其光焰也！于是风渐起，云渐乱，电渐进，水渐涌，嘻嘻出出，法国革命！嗟嗟咄咄，法国遂不免于大革命！

但这种文字在当日确有很大的魔力。这种魔力的原因约有几种：（1）文体的解放，打破一切"义法""家法"，打破一切"古文""时文""散文""骈文"的界限；（2）条理的分明，梁启超的长篇文章都长于条理，最容易看下去；（3）辞句的浅显，既容易懂得，又容易模仿；（4）富于刺激性，"笔锋常带情感"。

梁启超中年的文章，《国风报》《庸言报》时代的文章，把早年文章的毛病渐渐的减少了；渐渐的回到清淡明显的文章。但学他的文章的人，往往学了他的堆砌，他的排比。在记叙的文章内，这种恶劣之处更容易呈显出来。前七八年流行一时的《玉梨魂》一类的小说，便是这种文体用来叙事的结果了。

六

康、梁的一班朋友之中，也很有许多人抱着改革文学的志愿。他们在散文方面的成绩只是把古文变浅近了，把应用的范围也更推广了。在韵文的方面，他们也曾有"诗界革命"的志愿。梁启超《饮冰室诗话》说：

当时所谓"新诗"者,颇喜捃扯新名词以自表异。丙申丁酉间(一八九六——一八九七)吾党数子皆好作此体。提倡之者为夏穗卿(曾佑)。而复生(谭嗣同)亦慕嗜之。……其《金陵听说法》云:"纲伦惨以喀私德(Caste),法会盛于巴力门(Parliament)。"……穗卿赠余诗云:"帝杀黑龙才士隐,书飞赤鸟太平迟。"又云,"有人雄起琉璃海,兽魄蛙魂龙所徒。"……当时吾辈方沈醉于宗教,……故《新约》字面络绎笔端焉。

这种革命的失败,自不消说。但当时他们的朋友之中确有几个人在诗界上放一点新光彩。黄遵宪与康有为两个人的成绩最大。但这两人之中,黄遵宪是一个有意作新诗的,故我们单举他来代表这一个时期。

黄遵宪字公度,嘉应州人,生于一八四八,死于一九〇五,著有《人境庐诗草》十一卷。他做过三十年的外交官,到过日本,英国,美国,南洋等处。他曾著《日本国志》《日本杂事诗》。当戊戌的变法,他也是这运动中的一个人物。他对于诗界革命的动机,似乎起的很早。他二十多岁时作的诗之中,有《杂感》五篇,其二云:

大块凿混沌,浑浑旋大圜。隶首不能算,知有几万年? 义轩造书契,今始岁五千。以我视后人,若居三代先。俗儒好尊古,日日故纸研;六经字所无,不敢入诗篇。古人弃糟粕,见之口流涎。沿习甘剽盗,妄造丛罪愆。黄土同抟人,今古何愚贤? 即今忽已古,断自何代前? 明窗敞流离,高炉熱香烟;左陈端溪砚,右列薛涛笺;我手写我口,古岂能拘牵? 即今流俗语,我若登简编。五千年后人,惊为古烂斑。

这种话很可以算是诗界革命的一种宣言。末六句竟是主张用俗话

作诗了。他那个时代作的诗,还有《山歌》九首,全是白话的。内中如:

> 买梨莫买蜂咬梨,心中有病没人知。因为分梨更亲切,谁知亲切转伤离?

> 催人出门鸡乱啼,送人离别水东西。挽水西流想无法,从今不养五更鸡。

> 一家女儿做新娘,十家女儿看镜光。街头铜鼓声声打,打着中心只说"郎"。

都是民歌的上品。他自序云:

> 土俗好为歌,男女赠答,颇有《子夜》《读曲》遗意。采其能笔于书者,得数首。

我常想黄遵宪当那么早的时代何以能有那种大胆的"我手写我口"的主张?我读了他的《山歌》的自序,又读了他五十岁时的《己亥杂诗》中叙述嘉应州民族生俗的诗和诗注,我便推想他少年时代必定受了他本乡的平民文学的影响。《己亥杂诗》中有一首云:

> 一声声道妹相思,夜月哀猿和竹枝。欢是团圆悲是别,总应肠断妃呼豨。

他自注云:

> 土人旧有山歌,多男女相思之辞,当系獠蛋遗俗。今松口、松源各乡尚相沿不改。每一辞毕,辄间以无辞之声,正如妃呼豨,甚哀厉而长。

他对于这种民间文学的兴趣,可以使我们推想他受他们的影响定必不少。故他在日本时,看见西京民间风俗"七月十五夜至晦日,每夜亘索街上,悬灯数百,儿女艳妆靓服为队,舞蹈达旦,名曰都踊,所唱皆男女猥亵之词,有歌以为之节者,谓之音头",他就能赏识这种平民文学,说"其风俗犹之唐人《合生歌》,其音节则汉之《董逃行》也"。他因此作成一篇《都踊歌》:

长袖飘飘兮,髻峨峨,荷荷;

裙紧束兮,带斜拖,荷荷;

分行逐队兮,舞傞傞,荷荷;

往复还兮,如掷梭,荷荷;

回黄转绿兮,采莎,荷荷

中有人兮,通微波,荷荷,

贻我钗鸾兮,馈我翠螺,荷荷;

呼我娃娃兮,我哥哥,荷荷。

柳梢月兮,镜新磨,荷荷,

鸡眠猫睡兮,犬不呵,荷荷,

来不来兮,欢奈何,荷荷?

一绳隔兮,阻银河,荷荷,

双灯照兮,晕红涡,荷荷。

千人万人兮,妾心无他,荷荷;

君不知兮,弃则那,荷荷!

今日夫妇兮,他日公婆,荷荷。

百千万亿化身菩萨兮,受此花,荷荷!

三千三百三十二座大神兮,听我歌,荷荷!

天长地久兮,无差讹,荷荷!(原刻此诗不分行。分行更好。)

这固是为西京的风俗作的,但他对于这种民间白话文学的赏识力,大概还是他本乡的山歌的影响。《都踊歌》每一句的尾声"荷荷",

正和嘉应州山歌"每一辞毕,辄间以无辞之声,甚哀厉而长",是相像的。我们可以说,他早年受了本乡山歌的感化力,故能赏识民间白话文学的好处;因为他能赏识民间的白话文学,故他能说"即今流俗语,我若登简编,五千年后人,惊为古烂斑"!

他自己曾说(此据他的兄弟遵楷跋中引语):

> 各人有面目,正不必与古人相同。吾欲以古文家抑扬变化之法作古诗,取《骚》《选》乐府歌行之神理入近体诗。其取材以群经三史诸子百家及许、郑诸注为词赋家不常用者;其述事以官书会典方言俗谚及古人未有之物未辟之境,举吾耳目所亲历者,皆笔而书之。要不失为以我之手写我之口。

这几句话说他的诗,都很确当。但他在"以古文家抑扬变化之法作古诗"的方面,成绩最大。我们且举《赤穗四十七义士歌》(有长序,当参读)的末节:

> ……臣等事毕无所求,愿从先君地下游。……明年赐剑如杜邮,四十七士性命同日休。一时惊欢争歌讴。观者,拜者,吊者,贺者,万花绕冢,每日香烟浮! 一裙,一屐,一甲,一胄,一刀,一矛,一杖,一笠,一歌,一画,手泽珍宝如天球! 自从天孙开国首重天琼铧,和魂一传千千秋。况复五百年来武门尚武国多贲侜! 到今赤穗义士某某某某四十七人一一名字留! 内足光辉大八州,外亦声明五大洲。

此外如他的《降将军歌》《度辽将军歌》《聂将军歌》《逐客篇》《番客篇》,……都是用做文章的法子来做的。这种诗的长处在于条理清楚,叙述分明。做诗与做文都应该从这一点下手:先做到一个"通"字,然后可希望做到一个"好"字。古来的大家,没有一个不是这样的；古来决没有一首不通的好诗，也没有一首看不懂的好诗。金和与黄遵宪的诗的好处就在他们都是先求"通"，先求达意，先求懂得。

黄遵宪颇想用新思想和新材料——所谓"古人未有之物，未辟之境"——来做当日所谓新诗。他的《今别离》四篇，便是这一类。我且引他的《以莲菊桃杂供一瓶作歌》的末段来作例：

> ……即今种花术益工，移枝接叶争天功。安知莲不变桃桃不变为菊？回黄转绿谁能穷？化工造物先选质，控搏众质亦多术，安知夺胎换骨无金丹，不使此莲此菊此桃万亿身合为一？……六十四质亦么么，我身离合无不可。质有时坏神永存，安知我不变花花不变为我？千秋万岁魂有知，此花此我相追随！待到汝花将我供瓶时，还愿对花一读今我诗！

这种"新诗"，用旧风格写极浅近的新意思，可以代表当日的一个趋向；但平心说来，这种诗并不算得好诗。《今别离》在当时受大家的恭维；现在看来，实在平常的很，浅薄的很。

《人境庐诗草》中最好的诗，自然还要算《拜曾祖母李太夫人墓》一篇。此诗能实行他的"我手写我口，古岂能拘牵"的主张。内中一段云：

> ……春秋多佳日，亲戚尽团聚。双手擎掌珠，百口百称誉。我家七十人，诸子爱渠祖，诸妇爱渠娘，诸孙爱诸父。因裙便惜带，将缣难比素。老人性偏爱，不顾人笑侮。邻里向我笑；老人爱不差。果然好相貌，艳艳如莲花。诸母背我骂，健犊行破车，上树不停脚，偷芋信手爬；昨日探鹊巢，一跌败两牙，噀血喷满壁，盘礴画龙蛇。兄妹昵我言，向婆乞金钱，直倾紫荷囊，滚地金铃圆。爷娘附我耳，劝婆要加餐；金盘脍鲤鱼，

果为儿下咽。伯叔牵我手,心知不相干,故故摩儿顶,要图老人欢。

儿年九岁时,阿爷报登科。见儿大父旁,一语三摩姿:"此儿生属猴,聪明较猴多。雏鸡比老鸡,异时知如何?我病又老耄,情知不坚牢。风吹儿不长,那见儿扶摇?待儿胜冠时,看儿能夺标;他年上我墓,相携着官袍。前行张罗伞,后行鸣鼓箫;猪鸡与花果,一一分肩挑;爆竹响墓背,墓前纸钱飘。手捧紫泥封,云是夫人诰;子孙共罗拜,焚香向神告:'儿今幸胜贵,颇如母所料。'世言鬼无知,我定开口笑。"……

这个时代之中,我只举了金和、黄遵宪两个诗人,因为这两个人都有点特别的个性,故与那一班模仿的诗人,雕琢的诗人,大不相同。这个时代之中,大多数的诗人都属于"宋诗运动"。宋诗的特别性质,不在用典,不在做拗句,乃在做诗如说话。北宋的大诗人还不能完全脱离杨亿一派的恶习气;黄庭坚一派虽然也有好诗,但他们喜欢掉书袋,往往有极恶劣的古典诗(如云"司马寒如灰,礼乐卯金刀")。南宋的大家——杨、陆、范,——方才完全脱离这种恶习气,方才贯彻这个"做诗如说话"的趋势。但后来所谓"江西诗派",不肯承接这个正当的趋势(范、陆、杨、尤都从江西诗派的曾几出来),却去模仿那变化未完成的黄庭坚,所以走错了路,跑不出来了。近代学宋诗的人,也都犯这个毛病。陈三立是近代宋诗的代表作者,但他的《散原精舍诗》里实在很少可以独立的诗。近代的作家之中,郑孝胥虽然也不脱模仿性,但他的魄力大些,故还不全是模仿。他曾有诗赠陈三立,中有"安能抹青红,搔头而弄姿"之句。其实他自己有时还近这种境界,陈三立却做不到这个地步。郑孝胥作陈三立的诗集的序,曾说:

往有巨公与余谈诗，务以清切为主。于当世诗流，每有张茂先我所不解之喻。其说甚正。然余窃疑诗之为道，殆有未能以清切限之者。世事万变，纷扰于外；心绪百态，腾沸于内；官商不调而不能已于声，吐属不巧而不能已于辞；若是者，吾固知其有乖于清也。思之来也无端，则断如复断，乱如复乱者，恶能使之尽合？兴之发也匪定，则倏忽无见，惝恍无闻者，恶能责以有说？若是者，吾固知其不期于切也。

他这篇序虽然表面上是替江西诗派辩护，其实是指出江西诗派的短处。他自己的诗并不实行这个"不清不切"的主张，故还可以读。他后来有答樊增祥的诗，自己取消这种议论：

尝序伯严(陈三立)诗，持论辟清切。自嫌误后生，流浪或失实。君诗妙易解，经史气四溢。诗中见其人，风趣乃隽绝。浅语莫非深，天壤在毫末。何须填难字，苦作酸生活？会心可意言，即此意已达。

樊增祥的诗，比较的最聪明，最清切，可惜没有内容，也算不得大家。此外还有许多人，努力模仿古人，努力作诗匠。但他们志在"作古"，我们也不敢把他们委屈在这五十年之内了。

七

这五十年是中国古文学的结束时期。做这个大结束的人物，很不容易得。恰好有一个章炳麟，真可算是古文学很光荣的结局了。

章炳麟是清代学术史的押阵大将，但他又是一个文学家。他的《国故论衡》《检论》，都是古文学的上等作品。这五十年中著书的人没有一个像他那样精心结构的；不但这五十年，其实我们可以说这两千年中只有七八部精心结构，可以称做"著作"的书，——如《文心雕龙》《史通》《文史通义》等，——其余的只是结集，只是语录，只是稿本，但不是著作。章炳麟的《国故论衡》要算是这七八部之中的一部了。他的古文学工夫很深，他又是很富于思想与组织力的，故他的著作在内容与形式两方面都能"成一家言"。

章氏论文，很多精到的话。他的《文学总略》（《国故论衡》中）推翻古来一切狭陋的"文"论，说"文者，包络一切著于竹帛者而为言"。他承认文是起于应用的，是一种代言的工具；一切无句读的表谱簿录，和一切有句读的文辞，并无根本的区别。至于"有韵为文，无韵为笔"，和"学说以启人思；文辞以增人感"的区别，更不能成立了。这种见解，初看去似不重要，其实很有关系。有许多人只为打不破这种种因袭的区别，故有"应用文"与"美文"的分别；有些人竟说"美文"可以不注重内容，有的人竟说"美文"自成一种高尚不可捉摸，不必求人解的东西，不受常识与论理的裁制！章炳麟说：

> 文字本以代言，其用则有独至。凡无句读文，皆文字所专属者也，以是为主，故论文学者不得以兴会神旨为上。……知文辞始于表谱簿录，则修辞立诚，其首也。

又说：

> 不得以感人者为文辞，不感者为学说。……学说者，非一往不可感人。凡感于文言者，在其得我心。是故饮食移味，居处缊愉者，闻劳人之歌，心犹怛然。大愚不灵，无所愤悱者，睹妙论则以为恒言也。身有疾痛，闻幼眇之音，则感慨随之矣。心有疑滞，睹辨析之论，则悦怿随之矣。

他是能实行不分文辞与学说的人，故他讲学说理的文章都很有文

学的价值。他并不反对桐城派的古文,他的《菿汉微言》有一段说:

> 问桐城义法何其隘邪? 答曰,此在今日,亦为有用。何
> 者? 明末猥杂佻佹之文雾塞一世,方氏起而廓清之。自是以
> 后,异喙已息,可以不言流派矣。乃至今日而明末之风复作,
> 报章小说,人奉为宗。幸其流派未亡,相存纲纪,学者守此,不
> 至堕入下流,故可取也。若谛言之,文足达意,远于鄙倍,可
> 也。有物有则,雅驯近古,是亦足矣。派别安足论? (页六八)

但他自己论文,却主张回到魏、晋。他说:

> 魏晋之文,大体皆卑于汉,独持论仿佛晚周。气体虽异,
> 要其守已有度,伐人有序,和理在中,孚尹旁达,可以为百世师
> 矣。(《国故论衡》中,《论式》,页九四)

为什么呢? 因为:

> 老庄形名之学,逮魏复作,故其言不牵章句:单篇持论,亦
> 优汉世。(页九二)

故他以为:

> 持诵《文选》,不如取《三国志》《晋书》《宋书》《弘明集》《通
> 典》观之。纵不能上窥九流,犹胜于滑泽者。(页九三)

他又说:

> 夫雅而不核,近于诵数,汉人之短也。廉而不节,近于强
> 钳;肆而不制,近于流荡;清而不根,近于草野;唐、宋之过也。
> 有其利而无其病者,莫若魏、晋。(页九五)

又说:

效唐、宋之持论者,利其齿牙。效汉之持论者,多其记诵。斯已给矣。效魏、晋之持论者,上不徒守文,下不可御人以口,必先豫之以学。(同页)

"必先豫之以学"六个字,谈何容易?章炳麟的文章,所以能自成一家,也并非因为他模仿魏、晋,只是因为他有学问做底子,有论理做骨格。《国故论衡》里文章,如《原儒》《原名》《明见》《原道》《明解故上》《语言缘起说》,……皆有文学的意味,是古文学里上品的文章。《检论》里也有许多好文章;如《清儒》篇,真是近代难得的文章。

但他究竟是一个复古的文家。他的复古主义虽能"言之成理",究竟是一种反背时势的运动。他论文辞,知道文辞始于表谱簿录,是应用的;但他的文章应用的成绩比较最少。他对于同时的文人都有点薄鄙的意思(看《文录》二,《与邓实书》及《与人论文书》)。他自命"将取千年朽蠹之余,反之正则"。他于近代文人中,只承认"王闿运能尽雅"。有人问他如何能做到古雅的文章,他曾把王闿运做文章的法子来教人。什么法子呢?原来是先把意思写成平常的文章,然后把虚字尽量删去,自然古雅了!他又喜欢用古字来代替通行的字;他自己说:

——六书本义,废置已凤;经籍仍用,通借为多。舍借用真,兹为复始。(《检论》五,《正名杂义》,页二八)

他不知道荀卿"约定俗成谓之宜"的话乃是正名的要旨,故他这种"复始"的工夫虽然增加了古气古色,同时便减少了应用的程度。他自己著书,本来有句读,还可以帮助一般读者的了解。后来他的门人校刻他的全书,以为圈读不古,删去句读,就更难读了。他知道文辞以"存质"为本,他曾说:"文益离质则表象益多,而病亦益

笃";他痛恨那班

> 庸妄宾偢，谬施涂塈，案一事也，不云"纤悉毕呈"，而云
> "水落石出"；排一难也，不云"祸胎可绝"，而云"釜底抽薪"。
> 表象既多，鄙倍斯甚！(《正名杂义》，页一四)

但他那篇《订文》(《正名杂义》乃《订文》的附录)中有句云："后之林烝，知
孟晋者，必修述文字"，用"孟晋"代求进步，还说得过去；"林烝"二
字，比他举出的"水落石出""釜底抽薪"，更不通了。

总而言之，章炳麟的古文学是五十年来的第一作家，这是无可
疑的。但他的成绩只够替古文学做一个很光荣的下场，仍旧不能
救古文学的必死之症，仍旧不能做到那"取千年朽蠹之余，反之正
则"的盛业。他的弟子也不少，但他的文章却没有传人。有一个黄
侃学得他的一点形式，但没有他那"先豫之以学"的内容，故终究只
成了一种假古董。章炳麟的文学，我们不能不说他及身而绝了。

章炳麟论韵文，也是一个极端的复古派。他说古今韵文的变
迁，颇有历史的眼光。他说：

> 吟咏情性，古今所同，而声律调度异焉。魏文侯听今乐则
> 不知倦，古乐则卧。故知数极而迁，虽才士弗能以为美。(《国
> 故论衡》中，《辨诗》，页九九)

这是很不错的历史见解。根据于这个"数极而迁"的观念，他指出
"三百篇"为四言诗的极盛时期；到了汉以下，"四言之势尽矣"，故
束皙等的四言诗都做不好；到了唐朝，"五言之势又尽，杜甫以下辟
旋以入七言"；到了"宋世，诗势已尽，故其吟咏情性，多在燕乐
(词)"。他论近代的诗，也很不错：

> 今词又失其声律，而诗尨奇愈甚。考征之士，睹一器，说

一事,则纪之五言,陈数首尾,比于马医歌括。及曾国藩自以为功,诵法江西诸家,矜其奇诡。天下鹜逐,古诗多诘屈不可诵,近体乃与杯玟谶辞相等。江湖之士艳而称之,以为至美。盖自《商颂》以来,歌诗失纪,未有如今日者也。

这种议论的自然结果应该是一种很激烈的文学革命了。谁知他下文一转便道:

> 物极则变,今宜取近体一切断之(自注:唐以后诗但以参考史事,存之可也。其语则不足诵),古诗断自简文以上,唐有陈(子昂)、张(九龄)、李(白)、杜(甫)之徒,稍稍删取其要,足以继风雅,尽正变矣。

这种极端的复古论,和他的文学史观,实在是互相矛盾的。如果四言诗之势已尽于汉末而五言诗之势已尽于唐初,如果诗之势已尽于宋世,那就如他自己说的"虽才士弗能以为美"了,难道它们还能复兴于今日吗?那"数极而迁"的文学,难道还可以恢复吗?

但他不愿这个矛盾,还想恢复那"数极而迁,虽才士弗能以为美"的诗体。他的韵文(《文录》二,页八六以下)全是复古的文学。内中也有几首可读的,如《东夷诗》的第三四首:

> 客从海西来,上堂结罗袜。长跪箸席上,对语忘时日。仰见玉衡移,握手言离别。下堂寻革鞮,革鞮忽已失。回头问主人,主人甫惊绝。乞君一两靴,便向笼间掇。笼间何所有?四顾吐长舌。

> 甲第夫如何?绳蔑相钩带。虎落穿方空,空小门不大。按项出门去,恣情逐岩濑。三步复五步,京市亦迢遰。时复得町畦,云中闻犬吠。策杖寻其声,耆献方高会。"陛下千万岁!

世世从台隶!"

这种诗的剪裁力确是比黄遵宪的《番客篇》等诗高的多,又加上一种刻画的嘲讽意味,故创造的部分还可以勉强抵销那模仿的部分。此外如《艾如张》,如《董逃歌》,若没有那篇长序,便真是"与杯珓谶辞相等"了。最恶劣的假古董莫如他的《丹橘》与《上留田》诸篇。《丹橘》凡"七章,二章章四句,五章章八句",我猜想了五年,近来方才敢猜这诗大概是为刘师培作的。我引第五六章作例:

> 天道无远,谗夫既丧。何以漱浣?其瘰其壮。越睕望之,度畦乡之。不见广陵,蓬莱障之。
>
> 权之枭矣,不宿乾鹊。民之罣矣,如狙如攫。知我之好,匪伊朝夕。尔虽我刬,我心则怿。

这种诗使我们联想到《易林》,《易林》是汉朝的一种"杯珓谶辞"。其实一千几百年前的"杯珓谶辞"未必就远胜一千几百年后的"杯珓谶辞"。

章炳麟在文学上的成绩与失败,都给我们一个教训。他的成绩使我们知道古文学须有学问与论理做底子,他的失败使我们知道中国文学的改革须向前进,不可回头去;他的失败使我们知道文学"数极而迁,虽才士弗能以为美",使我们知道那"取千年朽蠹之余,反之正则"的盛业是永永不可能的了!

八

当日、俄战争(一九〇四——一九〇五)以后,中国革命的运动一天一天的增加势力。同时的君主立宪运动也渐渐的成为一种正式的运动。这两党的主张时常发生冲突。《新民丛报》那时已变成君主立宪的机关了,故时时同革命的《民报》做很激烈的笔战。这种笔战在中国的政论文学史上很有一点良好的影响，因为从此以后，梁启超早年提倡出来的那种"情感"的文章，永永不适用了。帖括式的条理不能不让位给法律家的论理了。笔锋的情感不能不让位给纸背的学理了。梁启超自己的文章也不能不变了；《国风》与《庸言》里的梁启超已不是《新民丛报》第一二年的梁启超了。自一九〇五年到一九一五年（民国四年），这十年是政论文章的发达时期。这一个时代的代表作家是章士钊。章士钊曾著有一部中国文法书，又曾研究论理学；他的文章的长处在于文法谨严，论理完足。他从桐城派出来，又受了严复的影响不少；他又很崇拜他家太炎，大概也逃不了他的影响。他的文章有章炳麟的谨严与修饰，而没有他的古僻；条理可比梁启超，而没有他的堆砌。他的文章与严复最接近；但他自己能译西洋政论家法理学家的书，故不须模仿严复。严复还是用古文译书，章士钊就有点倾向"欧化"的古文了，但他的欧化，只在把古文变精密了，变繁复了；使古文能勉强直接译西洋书而不消用原意来重做古文；使古文能曲折达繁复的思想而不必用生吞活剥的外国文法。

　　章士钊的文章，散见各报；但他办《甲寅》时（一九一四——一九一五）的文章，更有精采了，故我们只引这个时代的文章来做例。他先著《学理上之联邦论》，中有云：

> 　　理有物理，有政理。物理者，绝对者也。而政理只为相对。物理者，通之古今而不惑，放之四海而皆准者也。政理则因时因地容有变迁。二者为境迥殊，不易并论。例如十乌于此，吾见九乌皆黑；余一乌也，而亦黑之，谓非黑则于物理有远，可也。若十国于此，吾见九国立君；余一国也，而亦君之，谓非立君则于政理有违，未可也。何也？立君之制，纵宜于九

国,而示必即宜于此一国也。或曰,"自培根以来,学者无不采经验论"。此其所指似在物理,而持以侵入政理之域,愚殊未敢苟同。……科学之验,在夫发见真理之通象;政学之验,在夫改良政制之进程;故前者可以定当然于已然之中,后者甚且排已然而别创当然之例。不然,当十五六世纪时,君主专制之威披靡一世,政例所存,罔不然焉;苟如论者所言,是十七世纪后之立宪政治不当萌芽矣。有是理乎?(《甲寅》,一,五)

他的意思要说"联邦之理,果其充满,初不恃例以为护符"。后来有人驳他,说他的方法是极端的演绎法。章士钊作论答他(《联邦论答潘君力山》),中有一段云:

物理之称为绝对,究其极而言之,非能真绝对也。何也?无论何物,人盖不能举其全体现在方来之量之数,一一试验以尽,始定其理之无讹也。必待如是,不特其本身归纳之业直无时而可成,而外籀演绎之事,亦终古无从说起。……是故范为定理,不得不有赖于"希卜梯西"(Hypothesis)焉。希卜梯西者,犹言假定也。凡物之已经试验,历人既多,为时亦久,而可信其理为如是如是者,皆得设为假定。用此假定之理以为演绎,历人既多,为时亦久,而无例焉与之相反,则可谥以绝对之称矣。故"绝对"云者,亦假定之未破者而已,非有他也。(《甲寅》,一,七)

第二次答复(《甲寅》一,一九)又说:

若曰,"吾国无联邦之事例,联邦之法理即为无根",则吾所应谈之法理,而无其事例者,到处皆是矣;若一切不谈,政治又以何道运行耶?况事例吾国无之,而他国固有。以他国所有者,推知吾国之亦可行,此科学之所以重比较,而法律亦莫逃其例者也。安得以本国之有无自限耶？大凡事例之成，苟其当焉，其法理必已前立；特其法理或位乎逻辑之境而人不即觉，事后始为之说明耳。今吾饱观政例，熟察利害，他人事后始有机会立为法理者，而吾得于事前穷其逻辑之境，尽量出之，恣吾览睹，方自幸之不暇，而又何疑焉？

罗家伦在他的《近代中国文学思想之变迁》一篇（《新潮》，二，五）里，曾说章士钊的文章"可谓集'逻辑文学'的大成了"。他又说："政论的文章，到那个时候，趋于最完备的境界。即以文体而论，则其论调既无'华夷文学'的自大心，又无'策士文学'的浮泛气；而且文字的组织上又无形中受了西洋文法的影响，所以格外觉得精密。"（页八七三）这个论断是很不错的。我上文引的几段，很可以说明这种"逻辑文学"的性质。

　　章士钊同时的政论家——黄远庸、张东荪、李大钊、李剑农、高一涵等，——都朝着这个趋向做去，大家不知不觉的造成一种修饰的，谨严的，逻辑的，有时不免掉书袋的政论文学。但是这种文章，在当日实在没有多大的效果。做的人非常卖气力；读的人也须十分用气力，方才读得懂。因此，这种文章的读者仍旧只限于极少数的人。当他们引戴雪、引白芝浩、引哈蒲浩、引蒲徕士，来讨论中国的政治法律的问题的时候，梁士诒、杨度、孙毓筠们早已把宪法踏在脚底下，把人民玩在手心里，把中华民国的国体完全变换过了！洪宪的帝制虽不长久，洪宪的余毒至今还在，而当日的许多政论机关都烟消云散了。民国五年（一九一六）以后，国中几乎没有一个政论机关，也没有一个政论家；连那些日报上的时评也都退到纸角上去了，或者竟完全取消了。这种政论文学的忽然消灭，我至今还说不出一个所以然来。但《甲寅》最后一期里有黄远庸写给章士钊

的两封信,至少可以代表一个政论大家的最后忏悔。他说:

> 远本无术学,滥厕士流,虽自问生平并无表见,然即其奔随士夫之后,雷同而附和,所作种种政谈,今无一不为忏悔之材料。盖由见事未明,修省未到,轻谈大事,自命不凡;亡国罪人,亦不能不自居一分也。此后当努力求学,专求自立为人之道,如足下所谓存其在我者,即得为末等人,亦胜于今之一等角色矣。

> 愚见以为居今论政,实不知从何处说起。《洪范》九畴亦只能明夷待访。……至根本救济,远意当从提倡新文学入手,综之,当使吾辈思潮如何能与现代思潮相接触,而促其猛省。而其要义须与一般之人,生出交涉。法须以浅近文艺普遍四周。史家以文艺复兴为中世改革之根本,足下当能语其消息盈虚之理也。……《甲寅》一,十)

这封信,前半为忏悔,后半为觉悟。当日的政论家苦心苦口,确有很可佩服的地方。但他们的大缺点只在不能"与一般之人生出交涉"。这一句话不但可以批评他们的"白芝浩——戴雪——哈蒲浩——蒲徕士"的内容,也可以批评他们的精心结构的政论古文。黄远庸的聪明先已见到这一点了,所以他悬想将来的根本救济当从提倡新文学下手,要用浅近文艺普遍四周,要与一般的人生出交涉来。章士钊答书还不赞成这种话,他说"必其国政治差良,其度不在水平线下,而后有社会之事可言,文艺其一端也"。黄远庸那年到了美国,不幸被人暗杀了,他的志愿毫无成就,但他这封信究竟可算是中国文学革命的预言。他若在时,他一定是新文学运动的一个同志,正如他同时的许多政论家之中的几个已做了新文学运动的同志了。

九

以上七节说的是这五十年的中国古文学。古文学的共同缺点就是不能与一般的人生出交涉。大凡文学有两个主要分子：一是"要有我"，二是"要有人"。有我就是要表现著作人的性情见解，有人就是要与一般的人发生交涉。那无数的模仿派的古文学，既没有我，又没有人，故不值得提起。我们在这七节里提起的一些古文学代表，虽没有人，却还有点我，故还能在文学史上占一个地位。但他们究竟因为不能与一般的人生出交涉来，故仍旧是少数人的贵族文学，仍旧免不了"死文学"或"半死文学"的评判。

现在我们要谈这五十年的"活文学"了。活文学自然要在白话作品里去找。这五十年的白话作品，差不多全是小说。直到近五年内，方才有他类的白话作品出现。我们先说五十年内白话小说，然后讨论近年的新文学。

这五十年内的白话小说出的真不在少数！为讨论的便利起见，我们可以把他们分作南北两组：北方的评话小说，南方的讽刺小说。北方的评话小说可以算是民间的文学，他的性质偏向为人的方面，能使无数平民听了不肯放下，看了不肯放下；但著书的人多半没有什么深刻的见解，也没有什么浓挚的经验。他们有口才，有技术，但没有学问。他们的小说，确能与一般的人生出交涉了，可惜没有我，所以只能成一种平民的消闲文学。《儿女英雄传》《七侠五义》《小五义》《续小五义》……等书，属于这一类。南方的讽刺小说便不同了。他们的著者都是文人，往往是有思想有经验的文人。他们的小说，在语言的方面，往往不如北方小说那样漂亮活动；这大概是因为南方人学用北部语言做书的困难。但思想见解的方面，南方的几部重要小说都含有讽刺的作用，都可以算是"社会问题的小说"。他们既能为人，又能有我。《官场现形记》《老残游记》《二十年目睹之怪现状》《恨海》《广陵潮》……都属于这一类(南方也有消闲的小说，如《九尾龟》等)。

　　我们先说北方的评话小说。评话小说自宋以来，七八百年，没有断绝。有时民间的一种评话遇着了一个文学大家，加上了剪裁修饰，便一跳升做第一流的小说了(如《水浒传》)。但大多数的评话——如《杨家将》《薛家将》之类，——始终不曾脱离很幼稚的时代。明、清两朝是小说最发达的时期，内中确有好几部第一流的文学。有了这些好小说做教师，做模范本，所以民间的评话也渐渐的成个样子了，渐渐的可读了。因此，这五十年的评话小说，可以代表评话小说进步最高的时期。当同治末年光绪初年之间，出了一部《儿女英雄传评话》。此书前有雍正十二年和乾隆五十九年的序，都是假托的。雍正年的序内提起《红楼梦》，不知《红楼梦》乃是乾隆中年的作品！故我们据光绪戊寅(一八七八)马从善的序，定为清宰相勒保之孙文康(字铁仙)做的。文康晚年穷困无聊，作此书消遣。序中说"昨来都门，知先生已归道山"，可知文康死于同治、光绪之际，故我们定此书为近五十年前的作品。《七侠五义》初名《三侠五义》，又名《忠烈侠义传》，今本有俞樾的序，说曾听见潘祖荫称赞此书，"虽近时新出而颇可观"。俞序作于光绪十五年(一八八九)，故定为五十年中的作品。此书原著者为石玉昆，但今本已是俞樾改动的本子，原本已不可见了。石玉昆的事迹不可考，大概是当日的一个评话大家。又有《小五义》一部，刻于光绪十六年(一八九○)；《续小五义》一部，刻于同年的冬间。此二书据说也都是石玉昆的原稿，从他的门徒处得来的。《续小五义》初刻本，尚有潘祖荫的小序，说他捐俸余三十金帮助刻板。这也可见当日的一种风气来了。《续小五义》之后，近年来又出了无数的续集，此外还有许多"公案"派的评话，但价值更低，我们不谈了。

《儿女英雄传》的著者虽是一个八旗世家，做过道台，放过驻藏大臣，但他究竟是一个迂陋的学究，没有见解，没有学问。这部书可以代表那"儒教化了的"八旗世家的心理。儒家的礼教本是古代贵族的礼教，不配给平民试行的。满洲人入关以后，处处模仿中国文化，故宗室八旗的贵族居然承受了许多繁缛的礼节。我们读《红楼梦》，便可以看见贾府虽是淫乱腐败，但表面上的家庭礼仪却是非常严厉。一个贾政便是儒教的绝好产儿。《儿女英雄传》更迂腐了。书里的安氏父子，何玉凤，张金凤，都是迂气的结晶。何玉凤在能仁寺杀人救人的时节，忽然想起"男女授受不亲"的圣训来了！安老爷在家中捉到强盗的时候，忽然想起"伤人乎？不问马"的圣训来了！至于书中最得意的部分——安老爷劝何玉凤嫁人一段——更是迂不可当的纲常大义。我们可以说，《儿女英雄传》的思想见解是没有价值的。他的价值全在语言的漂亮俏皮，诙谐有味。旗人最会说话；前有《红楼梦》，后有此书，都是绝好的记录。《儿女英雄传》有意模仿评话的口气，插入许多"说书人打岔"的话，有时颇讨厌，但有时很多诙谐的意味。例如能仁寺的凶僧举刀要杀安公子时，忽然一个弹子飞来，他把身一蹲：

> 谁想他的身子蹲得快，那白光来得更快，噗的一声，一个铁弹子正着在左眼上。那东西进了眼睛，敢是不住要站，一直的奔了后脑杓子的脑瓜骨，咯噔的一声，这才站住了……肉人的眼珠子上要着上这等一件东西，大概比揉进一个沙子去利害。只疼得他哎哟一声，往后便倒。当啷啷，手里的刀子也扔了。

> 那时三儿在旁边，正呆呆的望着公子的胸脯子，要看这回

刀尖出彩;只听咕咚一声,他师傅跌倒了。吓了一跳,说,"你老人家怎么了? 这准是使猛了劲,岔了气了;等我腾出手来扶起你老人家来啵?"才一转身,毛着腰,要把那铜镟子放在地下,好去搀他师傅,这个当儿,又是照前噗的一声,一个弹子从他左耳朵眼儿里打进去,打了个过膛儿,从右耳朵眼儿里钻出来,一直打到东边那个厅柱上,吧挞的一声,打了一寸来深,进去嵌在木头里边。那三儿只叫得一声"我的妈呀!"——镗——把个铜镟子扔了,——咕叽——也窝在那里了。那铜镟子里的水泼了一台阶子。那镟子唏嘟花嘟一阵乱响,便滚下台阶去了。(第六回)

这种描写法,虽然不合事实,却很有诙谐趣味,这种诙谐趣味乃是北方评话小说的一处特别风味。

《七侠五义》也没有什么思想见地。他是学《水浒》的;但《水浒》对于强盗,对于官吏,都有一种大胆的见解;《七侠五义》也恨贪官,也恨强盗,——这是北方中国人的自然感想,——但只希望有清官出来用"御铡三刀"和"杏花雨"的苛刑来除掉那些赃官污吏;只希望有侠义的英雄出来,个个投在清官门下做四品护卫或五品护卫,帮着国家除暴安良。这是这些侠义小说和公案小说的公同见解。但《七侠五义》描写人物的技术却是不坏;虽比不上《水浒传》,却也很有点个性的描写。他写白玉堂的气小,蒋平的聪明,欧阳春的镇静,智化的精细,艾虎的活泼,都很有个性的区别。第三十二回至第三十四回写白玉堂结交颜眘敏一节,又痛快,又滑稽,是书中很精采的文字。书中有时也有很感慨的话,如第八十回写智化假装逃荒的,混入皇城作工的第一天:

按名点进,到了御河,大家按挡儿做活。智爷拿了一把铁锹撮的比人多,撷的比人远,而且又快。傍边做活的道:"王第二的,你这活计不是这么做。"智爷道:"怎么?"旁边人道:"俗语说的,'皇上家的工,慢慢儿的蹭。'你要这么做,还能吃的长吗?"智爷道:"做的慢了,他们给饭吃吗?"旁边人道:"都是一样慢了,他能不给谁吃呢?"智爷道:"既是这样,俺就慢慢的。"

这种好文章,可惜不多见;不然,《七侠五义》真成了第一流的小说了。

《小五义》与《续小五义》有许多不通的回目,中间又有许多不通的诗,大不如《七侠五义》。究竟这种幼稚的本子是石玉昆的原本呢? 或者,那干净的《七侠五义》大体代表石玉昆的原本而《小五义》以下是假托的呢? 那就不容易决定了。《小五义》以下精采甚少,只有一个徐良,写的还有趣。我们不举例了。

南方的讽刺小说都是学《儒林外史》的。《儒林外史》初刻于乾隆时,后来虽有翻刻本,但太平天国乱后,这部书的传本渐渐少了。乱平以后,苏州有活字本;《申报》的初年有铅字摆本,附有金和的跋语,及天目山樵评语。自此以后,《儒林外史》的通行遂多了。但这部书是一种讽刺小说,颇带一点写实主义的技术,既没有神怪的话,又很少英雄儿女的话;况且书里的人物又都是"儒林"中人,谈什么"举业""选政",都不是普通一般人能了解的,因此,第一流小说之中,《儒林外史》的流行最不广,但这部书在文人社会里的魔力可真不少! 一来呢,这是一种创体,可以作批评社会的一种绝好工具。二来呢,《儒林外史》用的语言是长江流域的官话,最普通,最适用。三来呢,《儒林外史》没有布局,全是一段一段的短篇小品连缀起来的;拆开来,每段自成一篇;门拢来,可长至无穷。这个体裁最容易学,又最方便。因此,这种一段一段没有总结构的小说体就成了近代讽刺小说的普通法式。

我们先说李伯元(常州人，事迹未详)的《官场现形记》。这部书先后共出了六十卷，全是无数不连贯的短篇纪事连缀起来的。全书的体例与方法，最近《儒林外史》。《儒林外史》骂的是儒生，《官场现形记》骂的是官场，《儒林外史》里还有几个好人，《官场现形记》里简直没有一个好官。著者自己说，他那部书是一部做官教科书：

> 前半部是专门指摘他们做官的坏外，好叫他们读了知过必改。后半部方是教导他们做官的法子。如今把这后半部烧了，只剩得前半部；光有这前半部，不像本教科书，倒像部《封神榜》《西游记》，妖魔鬼怪一齐都有。(卷六十)

其实当时官场的腐败已到了极点，这种材料遍地皆是，不过等到李伯元方才有这一部穷形尽相的大清官国活动写真出现，替中国制度史留下无数绝好的材料。这部书的初集有光绪癸卯年(一九〇三)茂苑惜秋生的序，痛论官的制度：

> ……选举之法兴则登进之途杂，士废其读，农废其耕，工废其技，商废其业，皆注意于官之一字。盖官者有士农工商之利而无士农工商之劳者也。天下爱之至深者，谋之必善；慕之至切者，求之必工。于是乎有脂韦滑稽者，有夤缘奔竞者，而官之流品已极紊乱。

> 限资之例，始于汉代。……开捐纳之先路，导输助之滥觞。所谓衣食足而知荣辱者，直是欺人之谈！……乃至行博弈之道，掷为孤注，操贩鬻之行，居为奇货。其情可想，其理可推矣。沿至于今，变本加厉；凶年饥馑，旱干水溢，皆得援救助之例，邀奖励之恩。而所谓官者乃日出而未有穷，不至充塞宇宙不止！……

> 官者，辅天子则不足，压百姓则有余。……有语其后者，刑罚出之；有诮其旁者，拘系随之。……于是官之气愈张，官之焰愈烈。羊狠狼贪之技，他人所不忍出者，而官出之；蝇营狗苟之行，他人所不屑为者，而官为之。……国衰而官强，国贫而官富；孝弟忠信之旧，败于官之身；礼义廉耻之遗，坏于官之手。而官之所以为人诟病，为人轻亵者，盖非一时一夕之故，其所由来者渐矣！……

《官场现形记》的主意只是要人人感觉官是世间最可恶又最下贱的东西。如卷四写黄道台的门房戴升鼻子里哼的冷笑一声，说：

> 等着罢，我是早把铺盖卷好等着的了。想想做官的人也真是作孽。你瞧他升了官，一个样子；今儿参掉官，又是一个样子。不比我们当家人的，辞了东家，还有西家，一样吃他妈的饭。做官的可只有一个皇帝，逃不到那里去的！

又如卷八陶子尧对着堂子里的娘姨说他的官运，他说：

> 我们做官的人，说不定今天在这里，明天就在那里，自己是不能作主的。

新嫂嫂说：

> 难末大人做官格身体，搭子"讨人身体"差勿多哉……堂子里格小姐……卖拨勒人家，或者是押帐，有仔管头，自家做勿动主，才叫做"讨人身体"格。耐笃做官人，自家做勿动主，阿是一样格？

陶子尧道：

> 你这人真是瞎来来！我们的官是拿银子捐来的，又不是

卖身，同你们堂子里一个买进一个卖出，真正天悬地隔。

不过这个区别实在很微细。卷十四写江山船上的一个妓女龙珠对周老爷说：

> 我十五岁上跟着我娘到过上海一荡，人家都叫我清倌人，我肚里好笑。我想我们的清倌人也同你们老爷们一样。……
>
> 去年八月里江山县钱太老爷在江头雇了我们的船，同了太太去上任。听说这钱太老爷在杭州等缺，等了二十几年，穷的了不得，连什么都当了。好容易才熬到去上任。他一共一个太太，两个少爷，九个小姐。大少爷已经三十多岁，还没有娶媳妇。从杭州动身的时候，一家门的行李不上五担，箱子都很轻的。到了今年八月里，预先写信叫我们的船上来接他回杭州。等到上船那一天，红皮衣箱一多就多了五十几只，别的还不算。上任的时候，太太戴的是镀金的簪子；等到走，连那小少爷的奶妈，一个个都是金耳坠子了！钱太老爷走的那一天，还有人送了他好几把万民伞。大家一齐说老爷是清官，不要钱，所以人家才肯送他这些东西。我肚皮里好笑，老爷不要钱，这些箱子是那里来的呢？……瞒得过我吗？做官的人，得了钱，自己还要说是清官，同我们吃了这碗饭一定要说是清倌人，岂不是一样的吗？

周老爷听了他的话，气的一句话也说不出，倒反朝着他笑；歇了半天，才说得一句"你比方的不错"。

李伯元除了《官场现形记》之外，还有一部《文明小史》，也是"《儒林外史》式"的讽刺小说。

吴沃尧，字趼人，是广东南海的佛山人，故自称"我佛山人"。当梁启超在日本创办《新小说》时，吴沃尧的《二十年目睹之怪现状》(以下省称"怪现状")的第一部分就在《新小说》上发表。那个时候,——光绪癸卯甲辰(一九〇三——一九〇四)——大家已渐渐的承认小说的重要,故梁启超办了《新小说》杂志,商务印书馆也办了一个《绣像小说》杂志,不久又有《小说林》出现。文人创作小说也渐渐的多了。《怪现状》《文明小史》《老残游记》《孽海花》……都是这个时代出来的。《怪现状》也是一部讽刺小说,内容也是批评家庭社会的黑幕。但吴沃尧曾经受过西洋小说的影响,故不甘心做那没有结构的杂凑小说。他的小说都有点布局,都有点组织。这是他胜过同时一班作家之处。《怪现状》的体例还是散漫的,还含有无数短篇故事;但全书有个"我"做主人,用这个"我"的事迹做布局纲领,一切短篇故事都变成了"我"二十年中看见或听见的怪现状。即此一端,便与《官场现形记》《文明小史》不同了。

但《怪现状》还是《儒林外史》的产儿;有许多故事还是勉强穿插进去的。后来吴沃尧做小说的技术进步了,他的《恨海》与《九命奇冤》便都成了有结构有布局的新体小说。《恨海》写的是婚姻问题。一个广东的京官陈戟临有两个儿子:大的伯和,聘定同居张家的女儿棣华;小的仲蔼,聘定同居王家的女儿娟娟。后来拳匪之乱陈戟临一家被杀;伯和因护送张氏母女出京,中途冲散;仲蔼逃难出京。伯和在路上发了一笔横财,就狂嫖阔赌,吃上了鸦片烟,后来沦落做了叫化子。张家把他访着,领回家养活;伯和不肯戒烟,负气出门,仍病死在一个小烟馆里。棣华为他守了多少年,落得这个下场;伯和死后,棣华就出家做尼姑去了。仲蔼到南方,访寻王家,竟不知下落;他立志不娶,等候娟娟;后来在席上遇见娟娟,原来他已做了妓女了。这两层悲剧的下场,在中国小说里颇不易得。但此书叙事颇简单,描写也不很用气力,也不能算是全德的小说。

《九命奇冤》可算是中国近代的一部全德的小说。他用百余年前广东一件大命案做布局,始终写此一案,很有精采。书中也写迷信,也写官吏贪污,也写人情险诈;但这些东西都成了全书的有机部分,全不是勉强拉进来借题骂人的。讽刺小说的短处在于太露,太浅薄;专采骂人材料,不加组织,使人看多了觉得可厌。《九命奇冤》便完全脱去了恶套;他把讽刺的动机压下去,做了附属的材料;然而那些附属的讽刺的材料在那个大情节之中,能使看的人觉得格外真实,格外动人。例如《官场现形记》卷四卷五写藩台的兄弟三荷包代哥哥卖缺,写的何尝不好? 但是看书的人看过了只像看了报纸的一段新闻一样,觉得好笑,并不觉得动人。《九命奇冤》第二十回写黄知县的太太和舅老爷收梁家的贿赂一节,一样是滑稽的写法,但在那八条人命大案里,这种得贿买放的事便觉得格外动人,格外可恶。

　　《九命奇冤》受了西洋小说的影响,这是无可疑的。开卷第一回便写凌家强盗攻打梁家,放火杀人。这一段事本应该在第十六回里,著者却从第十六回直提到第一回去,使我们先看了这件烧杀八命的大案,然后从头叙述案子的前因后果。这种倒装的叙述,一定是西洋小说的影响。但这还是小节;最大的影响是在布局的谨严与统一。中国的小说是从"演义"出来的。演义往往用史事做间架,这一朝代的事"演"完了,他的平话也收场了。《三国》《东周》一类的书是最严格的演义。后来作法进步了,不肯受史事的严格限制,故有杜撰的演义出现。《水浒》便是一例。但这一类的小说,也还是没有布局的;可以插入一段打大名府,也可以插入一段打青州;可以添一段破界牌关,也可以添一段破诛仙阵;可以添一段捉花蝴蝶,也可以再添一段捉白菊花,……割去了,仍可成书;拉长了,可至无穷。这是演义体的结构上的缺乏。《儒林外史》虽开一种新体，但仍是没有结构的；从山东汶上县说到南京，从夏总甲说到丁言志；说到杜慎卿，已忘了娄公子；说到凤四老爹，已忘了张铁臂。后来这一派的小说，也没有一部有结构布置的。所以这一千年的小说里，差不多都是没有布局的。内中比较出色的，如《金瓶梅》，如《红楼梦》，虽然拿一家的历史做布局，不致十分散漫。但结构仍旧是很松的；今年偷一个潘五儿，明年偷一个王六儿；这里开一个菊花诗社，那里开一个秋海棠诗社；今回老太太做生日，下回薛姑娘做生日，……翻来覆去，实在有点讨厌。《怪现状》想用《红楼梦》的间架来支配《官场现形记》的材料，故那个主人"我"跑来跑去，到南京就见着听着南京的许多故事，到上海便见着听着上海的许多故事，到广东便见着听着广东的许多故事。其实这都是很松的组织，很勉强的支配，很不自然的布局。《九命奇冤》便不同了。他用中国讽刺小说的技术来写家庭与官场，用中国北方强盗小说的技术来写强盗与强盗的军师，但他又用西洋侦探小说的布局来做一个总结构。繁文一概削尽，枝叶一齐扫光，只剩这一个大命案的起落因果做一个中心题目。有了这个统一的结构，又没有勉强的穿插，故看的人的兴趣自然能自始至终不致厌倦。故《九命奇冤》在技术一方面要算最完备的一部小说了。

和吴沃尧、李伯元同时的，还有一个刘鹗，字铁云，丹徒人，也是一个小说好手。刘鹗精通算学，研究治河的方法，曾任光绪戊子（一八八八）郑州的河工，又曾在山东巡抚张曜的幕府里，作了治河七策。后来山东巡抚福润保荐他"奇才"，以知府用。他住北京两年，上书请筑津镇铁路，不成；又为山西巡抚与英国人订约开采山西的矿。当时人都叫他做"汉奸"，因为他同外国人往来，能得他们的信用。后来拳匪之乱（一九〇〇）联军占据北京，京城居民缺乏粮食，很多饿死的；他就带了钱进京，想设法赈济；那俄国兵占住太仓,太仓多米而欧洲人不吃米;他同俄国人商量;用贱价把太仓的米都粜出来,用贱价粜给北京的居民,救了无数的人。后数年,有大臣参他"私售仓粟",把他充军到新疆,后来他就死在新疆。二十多年前,河南彰德府附近发见了许多有古文字的龟甲兽骨,刘鹗是研究这种文字最早的一个人,曾印有《铁云藏龟》一书(以上记刘鹗的事迹,全根据罗振玉的《五十日梦痕录》。我因为外间知道他的人很不多,故摘抄大概于此)。

刘鹗著的《老残游记》,与李伯元的《文明小史》同时在《绣像小说》上发表。这部书的主人老残,姓铁,名英,是他自己的托名。书中写的风景经历,也都带着自传的性质。书中的庄抚台即是张曜,玉贤即是毓贤;论治河的一段也与罗振玉作的传相符。书中写申子平在山中遇着黄龙子、玙姑一段,荒诞可笑,钱玄同说他是"老新党头脑不甚清晰的见解"真是不错。书末把贾家冤死的十三人都从棺材里救活回来,也是无谓之至。但除了这两点之外,这部书确是一部很好的小说。他写的玉贤的虐政,写刚弼的刚愎自用,都是很深刻的;大概他的官场经验深,故与李伯元、吴沃尧等全是靠传闻的,自然大不相同了。他写娼妓的问题,能指出这是一个生计的问题,不是一个道德的问题,这种眼光也就很可佩服了。他写史观察(上海施善昌)治河的结果,用极具体的写法,使人知道误信古书的大害(第十三回至十四回)。这是他生平一件最关心的事,故他写的这样真切。

但《老残游记》的最大长处在于描写的技术。第二回写白妞说大鼓书的一大段,读的人大概没有不爱的。我们引一小段作例:

> 王小玉……唱了几句书儿,声音初不甚响;……唱了十数
> 句之后,渐渐的越唱越高;忽然拔了一个尖儿,像一线钢丝抛

入天际，听的人不禁暗暗叫绝。那知他于那极高的地方，尚能回环转折；几转之后，又高一层；接连有三四叠，节节高起。恍如由傲来峰西面攀登泰山的景象；初看傲来峰削壁千仞，以为上与天齐；及至翻到傲来峰，才见扇子崖更在傲来峰上；及至翻到扇子崖，又见南天门更在扇子崖上。愈翻愈险，愈险愈奇。那王小玉唱到极高的三四叠后，陡然一落，又极力骋其千回百折的精神，如一条飞蛇在黄山三十六峰半中腰里盘旋穿插，顷刻之间，周匝数遍。……

这一段虽是很好，但还用了许多譬喻，算不得最高的描写工夫。第十二回写老残在齐河县看黄河里打冰一大段，写的更为出色。最好的是看打冰那天的晚上，老残到堤上闲步：

抬起头来，看那南面山上一条白光，映着月色，分外好看。一层一层的山岭，却分辨不清；又有几片白云在那里面，所以分不出是云是山。及至定睛看去，方才看出那是云那是山来。虽然云是白的，山也是白的，云有亮光，山也有亮光；只为月在云上，云在月下，所以云的亮光从背后透过来；那山却不然，山的亮光由月光照到山上，被那山上的雪反射过来，所以光是两样了。然只稍近的地方如此。那山望东去，越望越远，天也是白的，山也是白的，云也是白的，就分辨不出来了。

只有白话的文学里能产生这种绝妙的"白描"美文来。

以上略述这五十年的白话小说。民国成立时，南方的几位小说家都已死了，小说界忽然又寂寞起来。这时代的小说只有李涵秋的《广陵潮》还可读；但他的体裁仍旧是那没有结构的"《儒林外史》式"。至于民国五年出的"黑幕"小说，乃是这一类没有结构的讽刺小说的最下作品，更不值得讨论了。北方平话小说近年来也没有好作品比得《儿女英雄传》或《七侠五义》的。

十

现在我们要说这五六年的文学革命运动了。

中国的古文在二千年前已经成了一种死文字。所以汉武帝时丞相公孙弘奏称"诏书律令下者，……文章尔雅，训辞深厚，恩施甚美；小吏浅闻，不能究宣，无以明布谕下"。那时代的小吏已不能了解那文章尔雅的诏书律令了。但因为政治上的需要，政府不能不提倡这种已死的古文；所以他们想出一个法子来鼓励民间研究古文：凡能"通一艺以上"的，都有官做，"先用诵多者"。这个法子起于汉朝，后来逐渐修改，变成"科举"的制度。这个科举的制度延长了那已死的古文足足二千年的寿命。

但民间的白话文学是压不住的。这二千年之中，贵族的文学尽管得势，平民的文学也在那里不声不响的继续发展。汉、魏、六朝的"乐府"代表第一时期的白话文学。乐府的真美是遮不住的，所以唐代的诗也很多白话的，大概是受了乐府的影响。中唐的元稹、白居易更是白话诗人了。晚唐的诗人差不多全是白话或近于白话的了。中唐、晚唐的禅宗大师用白话讲学说法，白话散文因此成立。唐代的白话诗和禅宗的白话散文代表第二时期的白话文学。但诗句的长短有定，那一律五字或一律七字的句子究竟不适宜于白话；所以诗一变而为词。词句长短不齐，更近说话的自然了。五代的白话词，北宋柳永、欧阳修、黄庭坚的白话词，南宋辛弃疾一派的白话词，代表第三时期的白话文学。诗到唐末，有李商隐一派的妖孽诗出现，北宋杨亿等接着，造为"西昆体"。北宋的大诗人极力倾向解放的方面，但终不能完全脱离这种恶影响。所以江西诗派，一方面有很近白话的诗，一方面又有很坏的古典诗。直到南宋杨万里、陆游、范成大三家出来，白话诗方才又兴盛起来。这些白话诗人也属于这第三时期的白话文学。南宋晚年，诗有严羽的复古派，词有吴文英的古典派，都是背时的反动。然而北方受了契丹、女真、蒙古三大征服的影响，古文学的权威减少了，民间的文学渐渐起来。金元时代的白话小曲——如《阳春白雪》和《太平乐府》两集选载的——和白话杂剧，代表这第四时期的白话文学。明朝的文学又是复古派战胜了；八股之外，诗词的散文都带着复古的色彩，戏剧也变成又长又酸的传奇了。但是白话小说可进步了。白话小说起于宋代，传至元代，还不曾脱离幼稚的时期。到了明朝，小说方才到了成人时期；《水浒传》《金瓶梅》《西游记》都出在这个时代。明末的金人瑞竟公然宣言"天下之文章无出《水浒传》右者"，清初的《水浒后传》，乾隆一代的《儒林外史》与《红楼梦》，都是很好的作品。直到这五十年中，小说的发展始终没有间断。明、清五百多年的白话小说，代表第五时期的白话文学。

这五个时期的白话文学之中，最重要的是这五百年中的白话小说，这五百年之中，流行最广，势力最大，影响最深的书，并不是"四书""五经"，也不是性理的语录，乃是那几部"言之无文行之最远"的《水浒》《三国》《西游》《红楼》。这些小说的流行便是白话的传播；多卖得一部小说，便添得一个白话教员。所以这几百年来，白话的知识与技术都传播的很远，超出平常所谓"官话疆域"之外。试看清朝末年南方作白话小说的人，如李伯元是常州人，吴沃尧是广东人，便可以想见白话传播之远了。但丁（Dante）、鲍高嘉（Boccacio）的文学，规定了意大利的国语；嘉叟（Chaucer）、卫克烈夫（Wycliff）的文学，规定了英吉利的国语；十四五世纪的法兰西文学，规定了法兰西的国语。中国国语的写定与传播两方面的大功臣，我们不能不公推这几部伟大的白话小说了。

中国的国语早已写定了，又早已传播的很远了，又早已产生了许多第一流的活文学了，——然而国语还不曾得全国的公认，国语的文学也还不曾得大家的公认：这是因为什么缘故呢？这里面有两个大原因：一是科举没有废止，一是没有一种有意的国语主张。

科举一日不废，古文的尊严一日不倒。在科举制度之下，居然能有那无数的白话作品出现，功名富贵的引诱居然买不动施耐庵、曹雪芹、吴敬梓，政府的权威居然压不住《水浒》《西游》《红楼》的产生与流传：这已经是中国文学史上最侥幸又最光荣的事了。但科举的制度究竟能使一般文人钻在那墨卷古文堆里过日子，永远不知道时文古文之外还有什么活的文学。倘使科举制度至今还存在，白话文学的运动决不会有这样容易的胜利。

一九〇四年以后，科举废止了。但是还没有人出来明明白白的主张白话文学，二十多年以来，有提倡白话报的，有提倡白话书的，有提倡官话字母的，有提倡简字字母的：这些人难道不能称为"有意的主张"吗？这些人可以说是"有意的主张白话"，但不可以说是"有意的主张白话文学"。他们的最大缺点是把社会分作两部分：一边是"他们"，一边是"我们"。一边是应该用白话的"他们"，一边是应该做古文古诗的"我们"。我们不妨仍旧吃肉，但他们下等社会不配吃肉，只好抛块骨头给他们吃去吧。这种态度是不行的。

一九一六年以来的文学革命运动，方才是有意的主张白话文学，这个运动有两个要点与那些白话报或字母的运动绝不相同。第一，这个运动没有"他们""我们"的区别。白话并不单是"开通民智"的工具，白话乃是创造中国文学的唯一工具。白话不是只配抛给狗吃的一块骨头，乃是我们全国人都该赏识的一件好宝贝。第二，这个运动老老实实的攻击古文的权威，认他做"死文学"。从前那些白话报的运动和字母的运动,虽然承认古文难懂,但他们总觉得"我们上等社会的人是不怕难的:吃得苦中苦,方为人上人"。这些"人上人"大发慈悲心,哀念小百姓无知无识,故降格做点通俗文章给他们看。但这些"人上人"自己仍旧应该努力模仿汉、魏、唐、宋的文章。这个文学革命便不同了;他们说,古文死了二千年了,他的不孝子孙瞒住大家,不肯替他发丧举哀;现在我们来替他正式发讣文,报告天下"古文死了! 死了两千年了! 你们爱举哀的,请举哀吧! 爱庆祝的,也请庆祝吧!"

这个"古文死了两千年"的讣文出去之后,起初大家还不相信;不久,就有人纷纷议论了;不久,就有人号啕痛哭了。那号啕痛哭的人,有些哭过一两场,也就止哀了;有些一头哭,一头痛骂那些发讣文的人,怪他们不应该做这种"大伤孝子之心"的恶事;有些从外国奔丧回来,虽然素同死者没有多大交情,但他们听见哭声,也忍不住跟着哭一场,听见骂声,也忍不住跟着骂一场。所以这种哭声骂声至今还不曾完全停止。但是这个死信是不能再瞒的了,倒不如爽爽快快说穿了,叫大家痛痛快快哭几天,不久他们就会"节哀尽礼"的;即使有几个"终身孺慕"的孝子,那究竟是极少数人,也顾不得了。

文学革命的主张,起初只是几个私人的讨论,到民国六年(一九一七)一月方才正式在杂志上发表。第一篇胡适的《文学改良刍议》还是很和平的讨论。胡适对于文学的态度,始终只是一个历史进化的态度。故他这一篇的要点是:

> 文学者,随时代而变迁者也。一时代有一时代之文学,⋯⋯因时进化,不能自止。唐人不当作商、周之诗,宋人不当作相如、子云之赋,——即令作之,亦必不工。逆天背时,违

进化之迹,故不能工也……

　　以今世历史进化的眼光观之,则白话文学之为中国文学之正宗,又为将来文学必用之利器,可断言也。……

后来他的《历史的文学观念论》说的更详细:

　　居今日而言文学改良,当注重"历史的文学观念"。一言以蔽之曰:一时代有一时代之文学。此时代与彼时代之间,虽皆有承前启后之关系,而决不容完全抄袭;其完全抄袭者,决不成为真文学。愚惟深信此理,故以为古人已造古人之文学,今人当造今人之文学。……纵观古今文学变迁之趋势,……白话之文学,自宋以来,虽见屏于古文家,而终一线相承,至今不绝。……岂不以此为吾国文学趋势自然如此,故不可禁遏而日以昌大耶?……吾辈之攻古文家,正以其不明文学之趋势,而强欲作一千年二千年以上之文。此说不破,则白话之文学无有列为文学正宗之一日,而世之文人将犹鄙薄之,以为小道邪径而不肯以全力经营造作之。……夫不以全副精神造文学而望文学之发生,此犹不耕而求获,不食而求饱也,亦终不可得矣。施耐庵、曹雪芹诸人所以能有成者,正赖其有特别毅力,能以全力为之耳。……

胡适自己常说他的历史癖太深,故不配作革命的事业。文学革命的进行,最重要的急先锋是他的朋友陈独秀。陈独秀接着《文学改良刍议》之后,发表了一篇《文学革命论》(六年二月),正式举起"文学革命"的旗子。他说:

　　余甘冒全国学究之敌,高张"文学革命军"大旗,以为吾友之声援。旗上大书吾革命军三大主义:

曰推倒雕琢的，阿谀的贵族文学；建设平易的，抒情的国民文学。

　　曰推倒陈腐的，铺张的古典文学；建设新鲜的，立诚的写实文学。

　　曰推倒迂晦的，艰涩的山林文学；建设明了的，通俗的社会文学。

陈独秀的特别性质是他的一往直前的定力。那时胡适还在美洲，曾有信给独秀说：

　　此事之是非，非一朝一夕所能定，亦非一二人所能定。甚愿国中人士能平心静气与吾辈同力研究此问题。讨论既熟，是非自明。吾辈已张革命之旗，虽不容退缩，然亦不敢以吾辈所主张为必是而不容他人之匡正也。（六年四月九日）

可见胡适当时承认文学革命还在讨论的时期。他那时正在用白话作诗词，想用实地试验来证明白话可以作韵文的利器，故自取集名为《尝试集》。他这种态度太和平了。若照他这个态度做去，文学革命至少还须经过十年的讨论与尝试。但陈独秀的勇气恰好补救这个太持重的缺点。独秀答书说：

　　鄙意容纳异议，自由讨论，固为学术发达之原则；独至改良中国文学当以白话为文学正宗之说，其是非甚明，必不容反对者有讨论之余地；必以吾辈所主张者为绝对之是而不容他人之匡正也。

这种态度，在当日颇引起一般人的反对。但当日若没有陈独秀"必不容反对者有讨论之余地"的精神，文学革命的运动决不能引起那样大的注意。反对即是注意的表示。

民国六年的《新青年》里有许多讨论文学的通信，内中钱玄同的讨论很多可以补正胡适的主张。民国七年一月，《新青年》重新出版，归北京大学教授陈独秀、钱玄同、沈尹默、李大钊、刘复、胡适六人轮流编辑。这一年的《新青年》（四卷、五卷）完全用白话做文章。七年四月有胡适的《建设的文学革命论》，大旨说：

> 我的"建设新文学论"的唯一宗旨只有十个大字："国语的文学，文学的国语。"我们所提倡的文学革命只是要替中国创造一种国语的文学。有了国语的文学，方才可以有文学的国语。有了文学的国语，我们的国语方才算得真正国语。

这篇文章名为"建设的"，其实还是破坏的方面最有力。他说：

> 这二千年的文人所做的文学，都是死的，都是用已经死了的语言文字做的，死文字决不能产出活文学。……简单说来，自从《三百篇》到于今，中国的文学凡是有一些儿价值有一些儿生命的，都是白话的，或是近于白话的。……中国若想有活文学，必须用白话，必须用国语，必须做国语的文学。

这就是上文说的替古文发丧举哀了。在"建设的"方面，这篇文章也有一点贡献。他说：

> 若要造国语，先须造国语的文学，有了国语的文学，自然有国语。……真正有功效有势力的国语教科书便是国语的文学，便是国语的小说诗文戏本。国语的小说诗文戏本通行之日，便是中国国语成立之时。……中国将来的新文学用的白话，就是将来中国的标准国语。造将来白话文学的人，就是制定标准国语文学的人。

这篇文章把从前胡适、陈独秀的种种主张都归纳到十个字，其实又只有"国语的文学"五个字。旗帜更明白了,进行也就更顺利了。

这一年的文学革命,在建设的方面,有两件事可记,第一,是白话诗的试验。胡适在美洲做的白话诗还不过是刷洗过的文言诗;这是因为他还不能抛弃那五言七言的格式,故不能尽量表现白话的长处。钱玄同指出这种缺点来,胡适方才放手去做那长短无定的白话诗。同时沈尹默、周作人、刘复等也加入白话诗的试验。这一年的作品虽不很好,但技术上的训练是很重要的。第二,是欧洲新文学的提倡。北欧的 Ibsen、Strindberg、Anderson;东欧的 Dostojevski、Kuprin、Tolstol;新希腊的 Ephtaliotis;波兰的 Seinkiewicz:这一年之中,介绍了这些人的文学进来。在这一方面,周作人的成绩最好。他用的是直译的方法,严格的尽量保全原文的文法与口气。这种译法,近年来很有人仿效,是国语的欧化的一个起点。

民国七年冬天,陈独秀等又办了一个《每周评论》,也是白话的。同时北京大学的学生傅斯年、罗家伦、汪敬熙等出了一个白话的月刊,叫做《新潮》,英文名字叫做 The Renaissance,本义即是欧洲史上的"文艺复兴时代"。这时候,文学革命的运动已经鼓动了一部分少年人的想像力,故大学学生有这样的响应。《新潮》初出时,精采充足,确是一支有力的生力军。民国八年开幕时,除了《新青年》《新潮》《每周评论》之外,北京的《国民公报》也有好几篇响应的白话文章。从此以后,响应的渐渐的更多了。

但响应的多了,反对的也更猛烈了。大学内部的反对分子也出了一个《国故》,一个《国民》,都是拥护古文学的。校外的反对党竟想利用安福部的武人政客来压制这种新运动。八年二、三月间,外间谣言四起,有的说教育部出来干涉了,有的说陈、胡、钱等已被驱逐出京了。这种谣言虽大半不确,但很可以代表反对党心理上的愿望。当时古文家林纾在《新申报》上做好几篇小说痛骂北京大学的人。内中有一篇《妖梦》,用元绪影北大校长蔡元培,陈恒影陈独秀,胡亥影胡适;那篇小说太龌龊了,我们不愿意引他。还有一篇《荆生》,写田必美(陈)、金心异(钱)、狄莫(胡)三人聚谈于陶然亭,田生大骂孔子,狄生主张白话;忽然隔壁一个"伟丈夫":

> 趑足超过破壁,指三人曰:"汝适何言?……尔乃敢以禽兽之言,乱吾清听!"田生尚欲抗辩,伟丈夫骈二指按其首,脑痛如被锥刺;更以足践狄莫,狄腰痛欲断。金生短视,丈夫取其眼镜掷之,则怕死如蜩,泥首不已。丈夫笑曰:"尔之发狂似李贽,直人间之怪物。今日吾当以香水沐吾手足,不应触尔背天反常禽兽之躯干。尔可鼠窜下山,勿污吾简。……留尔以俟鬼诛。"……

这种话很可以把当时的卫道先生们的心理和盘托出。这篇小说的末尾有林纾的附论,说:

> 如此混浊世界,亦但有田生、狄生足以自豪耳! 安有荆生?

这话说的很可怜。当日古文家很盼望有人出来作荆生,但荆生究竟不可多得。他们又想运动安福部的国会出来弹劾教育总长和北京大学校长,后来也失败了。

八年三月间,林纾作书给蔡元培,攻击新文学的运动;蔡元培也作长书答他。这两书很可以代表当日"新旧之争"的两方面,故我们摘抄几节。林书说:

> ……大学为全国师表,五常之所系属。近者谣诼纷集,我公必有所闻。……弟年垂七十;富贵功名,前三十年视若死灰;今笃老,尚抱守残缺,至死不易其操。前年梁任公倡马、班

革命之说，弟闻之失笑。任公非劣，何为作此媚世之言？马、班之书，读者几人？将不革而自革，何劳任公费此神力？

若云死文字有碍生学术，则科学不用古文，古文亦无碍科学。英之迭更累斥希腊、拉丁、罗马之文为死物，而至今仍存者，迭更虽躬负盛名，固不能用私心以蔑古。矧吾国人尚有何人如迭更者耶？……

且天下惟有真学术，真道德，始足独树一帜，使人景从。若尽废古书，行用土语为文字，则都下引车卖浆之徒所操之语，按之皆有文法，……则凡京、津之稗贩皆可用为教授矣。若《水浒》《红楼》皆白话之圣，并足为教科之书，不知《水浒》中辞吻多采岳珂之《金陀萃编》，《红楼》亦不止为一人手笔，作者均博极群书之人。总之，非读破万卷，不能为古文，亦并不能为白话，若化古子之言为白话演说，亦未尝不是。按《说文》"演，长流也"，亦有延之广之之义，法当以短演长，不能以古子之长演为白话之短。……(以下论"新道德"一节，从略)

今全国父老以子弟托公，愿公留意，以守常为是。……此书上后，可不必示覆；唯静盼好音，为国民端其趋向。……林纾顿首。

蔡元培答书对于"尽废古书，行用土语为文字"一点，提出三个答案。但蔡书的最重要之点并不在驳论，——因为原书本不值得一驳，——乃在末段的宣言。他说：

至于弟在大学，则有两种主张：

（一）对于学说，仿世界各大学通例，循思想自由原则，取兼容并包主义。……无论有何种学派，苟其言之成理，持之有故，尚不达自然淘汰之运命者，虽彼此相反，悉听其自由发展。

（二）对于教员，以学诣为主；……其在校外之言动，悉听自由，本校从不过问，亦不能代负责任。……

蔡元培自己也主张白话，他曾说：

> 我们中国文言同拉丁文一样，所以我们不能不改用白话。……虽现在白话的组织不完全，可是我们决不可错了这个趋势。（在北京高等师范国文部演说）

他又说：

> 我敢断定白话派一定占优胜。……将来应用文一定全用白话；但美术文或者有一部分仍用文言。（在北京女子高等师范演说）

林、蔡的辩论是八年三月中间的事。过了一个多月，巴黎和会的消息传来，中国的外交完全失败了。于是有"五四"的学生运动，有"六三"的事件，全国的大响应居然逼迫政府罢免了曹汝霖、陆宗舆、章宗祥三人。这时代，各地的学生团体里忽然发生了无数小报纸，形式略仿《每周评论》，内容全用白话。此外又出了许多白话新杂志。有人估计，这一年（一九一九）之中，至少出了四百种白话报。内中如上海的《星期评论》，如《建设》，如《解放与改造》（现名《改造》），如《少年中国》，都有很好的贡献。一年以后，日报也渐渐的改了样子了。从前日报的附张往往记载戏子妓女的新闻，现在多改登白话的论文译著小说新诗了。北京的《晨报》副刊，上海《民国日报》的《觉悟》，《时事新报》的《学灯》，在这三年之中，可算是三个最重要的白话文的机关。时势所趋，就使那些政客军人办的报也不能不寻几个学生来包办一个白话的附张了。民国九年以后，国内几个持重的大杂志，如《东方杂志》《小说月报》，……也都渐渐的白话化了。

民国八年的学生运动与新文学运动虽是两件事，但学生运动的影响能使白话的传播遍于全国，这是一大关系；况且"五四"运动以后，国内明白的人渐渐觉悟"思想革新"的重要，所以他们对于新潮流，或采取欢迎的态度，或采取研究态度，或采取容忍的态度，渐渐的把从前那种仇视的态度减少了，文学革命的运动因此得自由发展，这也是一大关系。因此，民国八年以后，白话文的传播真有"一日千里"之势。白话诗的作者也渐渐的多起来了。民国九年，教育部颁布了一个部令，要国民学校一二年的国文，从九年秋季起，一律改用国语。又令：

> 凡照旧制编辑之国民学校国文教科书，其供第一第二两学年用者，一律作废；第三学年用书，准用至民国十年为止；第四学年用书，准用至民国十一年为止。

依这个次序，须到今年（一九二二），方才把国民学校的国文完全改成国语。但教育制度是上下连接的；牵动一发，便可摇动全身。第一二年改了国语，初级师范就不能不改了，高等小学也多跟着改了。初级师范改了，高等师范也就不能不改动了。中学校也有许多自愿采用国语文的。教育部这一次的举动虽是根据于民国八年全国教育会的决议，但内中很靠着国语研究会会员的力量。国语研究会是民国五年成立的，内中出力的会员多半是和教育部有关系的。国语文学的运动成熟以后，国语教科书的主张也没有多大阻力了，故国语研究会能于傅岳芬做教育次长代理部务的时代，使教育部做到这样重要的改革。

还有一件事，虽然与文学革命的运动没有多大的关系，却也是应该提及的。民国元年，教育部召集了一个读音统一会，讨论读音统一的问题。读音统一会议定了三十九个"注音字母"。这一副字母，本来不过用来注音，"以代反切之用"的。当初的宗旨，全在统一汉文的读音，并不曾想到白话上去，也不曾有多大的奢望。七年十一月，教育部把这副字母正式颁布了。八年四月，教育部重新颁布注音字母的新次序（吴敬恒定的）。八年九月，《国音字典》出版。这个时候，国语的运动已快成熟了，国语教育的需要已是公认的了；所以当日"代反切之用"的注音字母，到这时候就不知不觉的变成国语运动的一部分了，就变成中华民国的国语字母了。

民国九年十年（一九二〇——一九二一），白话公然叫做国语了。反对的声浪虽然不曾完全消灭，但始终没有一种"持之有故，言之成理"的反对论。今年（一九二二）南京出了一种《学衡》杂志，登出几个留学生的反对论。也只能谩骂一场，说不出什么理由来。如梅光迪说的：

> 彼等非思想家，乃诡辩家也。……夫古文与八股何涉？而必并为一谈。吾国文学，汉、魏、六朝则骈体盛行，至唐、宋则古文大昌，宋、元以来又有白话体之小说戏曲。彼等乃谓文学随时代而变迁。以为今人当兴文学革命，废文言而用白话。夫革命者，以新代旧，以此易彼之谓。若古文之递兴，乃文学体裁之增加，实非完全变迁，尤非革命也。诚如彼等所云，则古文之后，当无骈体；白话之后，当无古文。而何以唐、宋以来文学正宗与专门名家皆为作古文或骈体之人？此吾国文学史上事实，岂可否认以圆其私说者乎？……

这种议论真是无的放矢。正为古文之后还有那背时的骈文，白话已兴之后还有那背时的骈文古文，所以有革命的必要。若"古文之后无骈体，白话之后无古文"，那就用不着谁来提倡有意的革命了。

又如胡先骕说的：

> 胡君(胡适)……以过去之文字为死文字，现在白话中所用之字为活文字；……而以希腊、拉丁文以比中国古文，以英、德、法文以比中国白话(比字上两个以字，皆依原文)。……以不相类之事，相提并论，以图眩世欺人而自圆其说，予诚无法以谅胡君之过矣。希腊、拉丁文之于英、德、法，外国文也。苟非国家完全为人所克服，人民完全与他人所同化(与字所字皆依原文)，自无不用本国文字以作文学之理。至意大利之用塔斯干方言为(原作之)国语之故，亦由于罗马分崩已久，政治中心已有转移，而塔斯干方言已占重要之位置，而有立为国语之必要也。希腊、拉丁文之于英、德、法文，恰如汉文与日本文之关系。今日人提倡以日本文作文学，其谁能指其非？胡君可谓废弃古文而用白话文，等于日人之废弃汉文而用日本文乎？吾知其不然也。……

其实胡适的答案应该是"正是如此"。中国人用古文作文学，与四百年前欧洲人用拉丁文著书作文，与日本人做汉文，同是一样的错误，同是活人用死文字作文学。至于外国文与非外国文之说，并不成问题。瑞士人，比利时人，美国人，都可以说是用外国文字作本国的文学；但他们用的是活文字，故与用拉丁文不同，与日本人用汉文也不同。

《学衡》的议论，大概是反对文学革命的尾声了。我可以大胆说，文学革命已过了讨论的时期，反对党已破产了。从此以后，完全是新文学的创造时期。

至于这五年以来白话文学的成绩，因为时间过近，我们还不便一一的下评判。但是我们从大势上看来，也可以指出几个要点：第一，白话诗可以算是上了成功的路了。诗体初解放时，工具还不伏手，技术还不精熟，故还免不了过渡时代的缺点。但最近两年的新诗，无论是有韵诗，是无韵诗，或是新兴的"短诗"，都很有许多成熟的作品。我可以预料十年之内的中国诗界定有大放光明的一个时期。第二，短篇小说也渐渐的成立了。这一年多（一九二一以后）的《小说月报》已成了一个提倡"创作"的小说的重要机关，内中也曾有几篇很好的创作。但成绩最大的却是一位托名"鲁迅"的。他的短篇小说，从四年前的《狂人日记》到最近的《阿Q正传》，虽然不多，差不多没有不好的。第三，白话散文很进步了，长篇议论文的进步，那是显而易见的，可以不论。这几年来，散文方面最可注意的发展乃是周作人等提倡的"小品散文"。这一类的小品，用平淡的谈话，包藏着深刻的意味；有时很像笨拙，其实却是滑稽。这一类的作品的成功，就可彻底打破那"美文不能用白话"的迷信了。第四，戏剧与长篇小说的成绩最坏。戏剧还有人试做；长篇小说不但没有做，几乎连译本都没有了！这也是很自然的现象。现在试作新文学的人，或是等着稿费买米下锅，或是天天和粉笔黑板做朋友；他们的时间只够做几件零碎的小作品，如诗，如短篇小说。他们的时间不许他们做长篇的创作。这是一个原因。况且我们近来觉悟从前那种没有结构没有组织的小说体——或是《儒林外史》式，或是《水浒》式，——已不能使人满意了，所以不知不觉的格外慎重起来。这个慎重的现象，是暂时的，也许是很好的。平心而论，与其多出几集无穷无尽的《官场现形记》一类的小说，倒不如现在这样完全缺货的好了。

以上略述文学革命的历史和新文学的大概。至于详细的举例和详细的评判，我们只好等到《申报》六十周年纪念时再补吧。

一九二二年三月三日

日本译《中国五十年来之文学》序

这部书是为上海《申报》五十周年纪念册作的。我的目的只是要记载这五十年新旧文学过渡时期的短历史，以备一个时代的掌故，算不得什么著作。桥川先生竟把他译成日本文了，实在使我很惭愧。我只好借这个机会，指出一两处应补充之点。

第一，这五十年的词，虽然没有很高明的作品，然而王鹏运（临桂人）、朱祖谋（湖州人）一班人提倡词学，翻刻宋、元词集，却是很有功的。王氏的四印斋所刻词、朱氏的彊村所刻词、吴氏的《双照楼词》，都是极可宝贵的材料。从前清初词人所渴想而不易得见的词集，现在都成了通行本了。

第二，近人对于元人的曲子和戏曲，明、清人的杂剧传奇，也都有相当的赏鉴与提倡。最大的成绩自然是王国维的《宋元戏曲史》和《曲录》等书。此外，如商务印书馆影印的《元曲选》，如日本京都大学文科印行的元椠杂剧三十种，如刘世珩的《暖红室汇刻传奇》，如董康刻的《盛明杂剧》，都可算是这几十年中的重要贡献。

第三，小说向来受文士的蔑视，但这几十年中也渐渐得着了相当的承认。古小说的发现，尤为这个时期的特色。《宣和遗事》的翻印，《五代史平话》残本的刻行，《唐三藏取经诗话》的来自日本，南宋《京本通俗小说》的印行，都可给文学史家许多材料。近年我们提倡用新式标点符号翻印古小说，如《水浒传》《红楼梦》之类，加上历史的考证，文学的批评，这也可算是这个时期一种小贡献。

以上不过是补充原本的遗漏，略表我对于译者的谢意和对于读者的歉意。

一九二三年三月七日，胡适序于北京

《红楼梦》考证①

（改定稿）

一

　　《红楼梦》的考证是不容易做的，一来因为材料太少，二来因为向来研究这部书的人都走错了道路。他们怎样走错了道路呢？他们不会搜求那些可以考定《红楼梦》的著者、时代、版本等等的材料，却去收罗许多不相干的零碎史事来附会《红楼梦》里的情节。他们并不会做《红楼梦》的考证，其实只做了许多《红楼梦》的附会！这种附会的"红学"又可分作几派：

　　第一派说《红楼梦》"全为清世祖与董鄂妃而作，兼及当时的诸名王奇女"。他们说董鄂妃即是秦淮名妓董小宛，本是当时名士冒辟疆的妾，后来被清兵夺去，送到北京，得了清世祖的宠爱，封为贵妃。后来董妃夭死，清世祖哀痛的很，遂跑到五台山去做和尚去了。依这一派的话，冒辟疆与他的朋友们说的董小宛之死，都是假的；清史上说的清世祖在位十八年而死，也是假的。这一派说《红楼梦》里的贾宝玉即是清世祖，林黛玉即是董妃。"世祖临宇十八

---

　　①　此文原载 1921 年 12 月亚东图书馆初版《胡适文存》第一集卷三，后又收入 1942 年实业印书馆版《中国章回小说考证》。

年,宝玉便十九岁出家;世祖自肇祖以来为第七代,宝玉便言'一子成佛,七祖升天',又恰中第七名举人;世祖谥'章',宝玉便谥'文妙',文章两字可暗射。""小宛名白,故黛玉名黛,粉白黛绿之意也。小宛是苏州人,黛玉也是苏州人;小宛在如皋,黛玉亦在扬州。小宛来自盐官,黛玉来自巡盐御史之署。小宛入宫,年已二十有七;黛玉入京,年只十三余,恰是小宛之半。……小宛游金山时,人以为江妃踏波而上,故黛玉号'潇湘妃子',实从'江妃'二字得来。"(以上引的话均见王梦阮先生的《红楼梦索隐》的《提要》。)

这一派的代表是王梦阮先生的《红楼梦索隐》。这一派的根本错误已被孟莼荪先生的《董小宛考》(附在蔡子民先生的《石头记索隐》之后,页一三一以下)用精密的方法一一证明了。孟先生在这篇《董小宛考》里证明董小宛生于明天启四年甲子,故清世祖生时,小宛已十五岁了;顺治元年,世祖方七岁,小宛已二十一岁了;顺治八年正月二日,小宛死,年二十八岁,而清世祖那时还是一个十四岁的小孩子。小宛比清世祖年长一倍,断无入宫邀宠之理。孟先生引据了许多书,按年分别,证据非常完备,方法也很细密。那种无稽的附会,如何当得起孟先生的摧破呢? 例如《红楼梦索隐》说:

> 渔洋山人《题冒辟疆妾圆玉、女罗画》三首之二末句云:"洛川淼淼神人隔,空费陈王八斗才",亦为小琬而作。圆玉者,琬也;玉旁加以宛转之义,故曰圆玉。女罗,罗敷女也,均有深意。神人之隔,又与死别不同矣。(《提要》页一二。)

孟先生在《董小宛考》里引了清初的许多诗人的诗来证明冒辟疆的妾并不止小宛一人;女罗姓蔡,名含,很能画苍松墨凤;圆玉当是金晓珠,名玥,昆山人,能画人物。晓珠最爱画洛神(汪舟次有《晓珠手临洛神图卷跋》,吴蕙次有《乞晓珠画洛神启》。),故渔洋山人诗有"洛川淼淼神人隔"的话。我们若懂得孟先生与王梦阮先生两人用的方法的区别，便知道考证与附会的绝对不相同了。

《红楼梦索隐》一书，有了《董小宛考》的辨证，我本可以不再批评他了。但这书中还有许多绝无道理的附会，孟先生都不及指摘出来。如他说："曹雪芹为世家子，其成书当在乾嘉时代。书中明言南巡四次，是指高宗时事，在嘉庆时所作可知。……意者此书但经雪芹修改，当初创造另自有人。……揣其成书亦当在康熙中叶。……至乾隆朝，事多忌讳，档案类多修改。《红楼》一书，内廷索阅，将为禁本。雪芹先生势不得已，乃为一再修订，俾愈隐而愈不失其真。"（《提要》页五至六。）但他在第十六回凤姐提起南巡接驾一段话的下面，又注道："此作者自言也。圣祖二次南巡，即驻跸雪芹之父贾寅监署中，雪芹以童年召封，故有此笔。"下面赵妈妈说甄家接驾四次一段的下面，又注道："圣祖南巡四次，此言接驾四次，特明为乾隆时事。"我们看这三段"索隐"，可以看出许多错误。（一）第十六回明说二三十年前"太祖皇帝"南巡时的几次接驾；赵嬷嬷年长，故"亲眼看见"。我们如何能指定前者为康熙时的南巡而后者为乾隆时的南巡呢？（二）康熙帝二次南巡在二十八年（西历一六八九），到四十二年曹寅才做两淮巡盐御史。《索隐》说康熙帝二次南巡驻跸曹寅盐院署，是错的。（三）《索隐》说康熙帝二次南巡时，"曹雪芹以童年召封"；又说雪芹成书在嘉庆时。嘉庆元年（西历一七九六），上距康熙二十八年，已隔百零七年了。曹雪芹成书时，他可不是一百二三十岁了吗？（四）《索隐》说《红楼梦》成书在乾嘉时代，又说是在嘉庆时所作：这一说最谬。《红楼梦》在乾隆时已风行，有当时版本可证。（详考见后文。）况且袁枚在《随园诗话》里曾提起曹雪芹的《红楼梦》，袁枚死于嘉庆二年，《诗话》之作更早的多，如何能提到嘉庆时所作的《红楼梦》呢？

第二派说《红楼梦》是清康熙朝的政治小说。这一派可用蔡子民先生的《石头记索隐》作代表。蔡先生说：

> 《石头记》……作者持民族主义甚挚。书中本事在吊明之亡，揭清之失，而尤于汉族名士仕清者寓痛惜之意。当时既虑触文网，又欲别开生面，特于本事之上，加以数层障幕，使读者有"横看成岭侧成峰"之状况（《石头记索隐》页一〇）。书中"红"字多隐"朱"字。朱者，明也，汉也。宝玉有"爱红"之癖，言以满人而爱汉族文化也；好吃人口上胭脂，言拾汉人唾余也。……当时清帝虽躬修文学，且创开博学鸿词科，实专以笼络汉人，初不愿满人渐染汉俗，其后雍、乾诸朝亦时时申诫之。故第十九回袭人劝宝玉道："再不许吃人嘴上擦的胭脂了，与那爱红的毛病儿。"又黛玉见宝玉腮上血渍，询知为淘澄胭脂膏子所溅，谓为"带出幌子，吹到舅舅耳里，又大家不干净惹气"，皆此意。宝玉在大观园中所居曰怡红院，即爱红之义。所谓曹雪芹于悼红轩中增删本书，则吊明之义也。……（页三至四。）

> 书中女子多指汉人，男子多指满人。不但"女子是水作的骨肉，男人是泥作的骨肉"与"汉"字"满"字有关系也，我国古代哲学以阴阳二字说明一切对待之事物，《易》坤卦《象传》曰，"地道也，妻道也，臣道也"，是以夫妻君臣分配于阴阳也。《石头记》即用其义。第三十一回，……翠缕说："知道了！姑娘（史湘云）是阳，我就是阴。……人家说主子为阳，奴才为阴。我连这个大道理也不懂得！"……清制，对于君主，满人自称奴才，汉人自称臣。臣与奴才，并无二义。以民族之对待言之，征服者为主，被征服者为奴。本书以男女影满汉，以此。（页九至十。）

这些是蔡先生的根本主张。之后便是"阐证本事"了。依他的见解，下面这些人是可考的：

（一）贾宝玉，伪朝之帝系也；宝玉者，传国玺之义也，即指胤礽（康熙帝的太子，后被废）。（页十至二二。）

（二）《石头记》叙巧姐事，似亦指胤礽，巧字与礽字形相形也。……（页二三至二五。）

（三）林黛玉影朱竹垞（朱彝尊）也。绛珠，影其氏也。居潇湘馆，影其竹垞之号也。……（页二五至二七。）

（四）薛宝钗，高江村（高士奇）也。薛者，雪也。林和靖诗："雪满山中高士卧，月明林下美人来。"用薛字以影江村之姓名（高士奇）也。……（页二八至四二。）

（五）探春影徐健庵也。健庵名乾学，乾卦作"☰"，故曰三姑娘。健庵以进士第三人及第，通称探花，故名探春。……（页四二至四七。）

（六）王熙凤影余国柱也。王即柱字偏旁之省，國字俗写作"国"，故熙凤之夫曰琏，言二王字相连也。……（页四七至六一。）

（七）史湘云，陈其年也。其年又号迦陵。史湘云佩金麒麟，当是"其"字"陵"字之借音。氏以史者，其年尝以翰林院检讨纂修《明史》也。……（页六一至七一。）

（八）妙玉，姜西溟（姜宸英）也。姜为少女，以妙代之。《诗》曰，"美如玉""美如英"。玉字所以代英字也。（从徐柳泉说）。……（页七二至八七。）

（九）惜春，严荪友也。……（页八七至九一。）

（十）宝琴，冒辟疆也。……（页九一至九五。）

（十一）刘姥姥，汤潜庵（汤斌）也。……（页九五至百十。）

蔡先生这部书的方法是：每举一人，必先举他的事实，然后引

《红楼梦》中情节来配合。我这篇文里，篇幅有限，不能表示他的引书之多和用心之勤：这是我很抱歉的。但我总觉得蔡先生这么多的心力都是白白的浪费了，因为我总觉得他这部书到底还只是一种很牵强的附会。我记得从前有个灯谜，用杜诗"无边落木萧萧下"来打一个"日"字。这个谜，除了做谜的人自己，是没有人猜得中的。因为做谜的人先想着南北朝的齐和梁两朝都是姓萧的；其次，把"萧萧下"的"萧萧"解作两个姓萧的朝代；其次，二萧的下面是那姓陈的陳朝。想着了"陳"字，然后把偏旁去掉（无边）；再把"東"字里的"木"字去掉（落木）。剩下的"日"字，才是谜底！你若不能绕这许多弯子，休想猜谜！假使做《红楼梦》的人当日真个用王熙凤来影余国柱，真个想着"王即柱字偏旁之首，國字俗写作国，故熙凤之夫曰璉，言二王字相连也"，——假使他真如此思想，他岂不真成了一个大笨伯了吗？他费了那么大气力，到底只做了"国"字和"柱"字的一小部分；还有这两个字的其余部分和那最重要的"余"字，都不曾做到"谜面"里去！这样做的谜，可不是笨谜吗？用麒麟来影"其年"的其，"迦陵"的陵；用三姑娘来影"乾学"的乾：假使真有这种影射法，都是同样的笨谜！假使一部《红楼梦》真是一串这么样的笨谜，那就真不值得猜了！

我且再举一条例来说明这种"索隐"（猜谜）法的无益。蔡先生引蒯若木先生的话，说刘姥姥即是汤潜庵：

> 潜庵受业于孙夏峰（孙奇逢，清初的理学家），凡十年。夏峰之学本以象山（陆九渊）、阳明（王守仁）为宗。《石头记》："刘姥姥之女婿曰王狗儿，狗儿之父曰王成。其祖上曾与凤姐之祖，王夫人之父认识；因贪王家势利，便连了宗。"似指此。

其实《红楼梦》里的王家既不是专指王阳明的学派，此处似不应该忽然用王家代表王学。况且从汤斌想到孙奇逢,从孙奇逢想到王阳明学派,再从阳明学派想到王夫人一家,又从王家想到王狗儿的祖上,又从王狗儿转到他的丈母刘姥姥,——这个谜可不是比那"无边落木萧萧下"的谜还更难猜吗?蔡先生又说《石头记》第三十九回刘姥姥说的"抽柴"一段故事是影汤斌毁五通祠的事;刘姥姥的外孙板儿影的是汤斌买的一部《廿一史》;他的外孙女青儿影的是汤斌每天吃的韭菜。这种附会已是很滑稽的了。最妙的是第六回凤姐给刘姥姥二十两银子,蔡先生说这是影汤斌死后徐乾学赙送的二十金;又第四十二回凤姐又送姥姥八两银子,蔡先生说这是影汤斌死后惟遗俸银八两。这八两有了下落了,那二十两也有了下落了;但第四十二回王夫人还送了刘姥姥两包银子,每包五十两,共是一百两;这一百两可就没有下落了!因为汤斌一生的事实没有一件可恰合这一百两银子的,所以这一百两虽然比那二十八两更重要,到底没有"索隐"的价值!这种完全任意的去取,实在没有道理,故我说蔡先生的《石头记索隐》也还是一种很牵强的附会。

第三派的《红楼梦》附会家,虽然略有小小的不同:大致都主张《红楼梦》记的是纳兰成德的事。成德后改名性德,字容若,是康熙朝宰相明珠的儿子。陈康祺的《郎潜纪闻二笔》(即《燕下乡脞录》)卷五说:

> 先师徐柳泉先生云:"小说《红楼梦》一书即故相明珠家事;金钗十二,皆纳兰侍卫(成德官侍卫)所奉为上客者也。宝钗影高澹人,妙玉即影西溟(姜宸英)。……"徐先生言之甚详,惜余不尽记忆。

又俞樾的《小浮梅闲话》(《曲园杂纂》三十八)说:

> 《红楼梦》一书,世传为明珠之子而作。……明珠子名成

德，字容若。《通志堂经解》每一种有纳兰成德容若序，即其人也。恭读乾隆五十一年二月二十九日上谕："成德于康熙十一年壬子科中式举人，十二年癸丑科中式进士，年甫十六岁。"（适按此谕不见于《东华录》，但载于《通志堂经解》之首。）然则其中举人止十五岁，于书中所述颇合也。

钱静方先生的《红楼梦考》（附在《石头记索隐》之后，页一二一至一三〇）也颇有赞成这种主张的倾向。钱先生说：

> 是书力写宝、黛痴情。黛玉不知所指何人。宝玉固全书之主人翁，即纳兰侍御也。使侍御而非深于情者，则焉得有此倩影？余读《饮水词钞》，不独于宾从间得欣合之欢，而尤于闺房内致缠绵之意。即黛玉葬花一段，亦从其词中脱卸而出。是黛玉虽影他人，亦实影侍御之德配也。

这一派的主张，依我看来，也没有可靠的根据，也只是一种很牵强的附会。（一）纳兰成德生于顺治十一年（西历一六五四），死于康熙二十四年（一六八五），年三十一岁。他死时，他的父亲明珠正在极盛的时代（大学士加太子太傅，不久又晋太子太师），我们如何可说那眼见贾府兴亡的宝玉是指他呢？（二）俞樾引乾隆五十一年上谕说成德中举人时止十五岁，其实连那上谕都是错的。成德生于顺治十一年；康熙壬子，他中举人时，年十八；明年癸丑，他中进士，年十九。徐乾学做的《墓志铭》与韩菼做的《神道碑》，都如此说。乾隆帝因为硬要否认《通志堂经解》的许多序是成德做的，故说他中进士时年止十六岁。（也许成德应试时故意减少三岁，而乾隆帝但依据履历上的年岁。）无论如何，我们不可用宝玉中举的年岁来附会成德。若宝玉中举的年岁可附会成德，我们也可以用成德中进士和殿试的年岁来证明宝玉不是成德了！（三）至于钱先生说的纳兰成德的夫人即是黛玉,似乎更不能成立。成德原配卢氏,为两广总督兴祖之女,续配官氏,生二子一女。卢氏早死,故《饮水词》中有几首悼亡的词。钱先生引他的悼亡词来附会黛玉,其实这种悼亡的诗词,在中国旧文学里,何止几千首?况且大致都是千篇一律的东西。若几首悼亡词可以附会林黛玉,林黛玉真要成"人尽可夫"了!(四)至于徐柳泉说的大观园里十二金钗都是纳兰成德所奉为上客的一班名士,这种附会法与《石头记索隐》的方法有同样的危险。即如徐柳泉说妙玉影姜宸英,那么,黛玉何以不可附会姜宸英?晴雯何以不可附会姜宸英?又如他说宝钗影高士奇,那么,袭人也可以影高士奇了,凤姐更可以影高士奇了。我们试读姜宸英祭纳兰成德的文:

> 兄一见我,怪我落落,转亦以此,赏我标格。……数兄知我,其端非一。我常箕踞,对客欠伸,兄不余傲,知我任真。我时嫚骂,无问高爵,兄不余狂,知余疾恶。激昂论事,眼睁舌挢,兄为抵掌,助之叫号。有时对酒,雪涕悲歌,谓余失志,孤愤则那?彼何人斯,实应且憎。余色拒之,兄门固扃。

妙玉可当得这种交情吗?这可不更像黛玉吗?我们又试读郭琇参劾高士奇的奏疏:

> ……久之,羽翼既多,遂自立门户。……凡督抚藩臬道府厅县以及在内之大小卿员,皆王鸿绪等为之居停哄骗而夤缘照管者,馈至成千累万,即不属党护者,亦有常例,名之曰平安钱。然而人之肯为贿赂者,盖士奇供奉日久,势焰日张,人皆谓之门路真,而士奇遂自忘乎其为撞骗,亦居之不疑,曰,我之门路真。……以觅馆糊口之穷儒,而今忽为数百万之富翁。试问金从何来?无非取给于各官。然官从何来?非侵国帑,

即剥民膏。夫以国帑民膏而填无厌之溪壑，是士奇等真国之蠹而民之贼也。……（《清史馆本传》，《耆献类征》六十。）

宝钗可当得这种罪名吗？这可不更像凤姐吗？我举这些例的用意是要说明这种附会完全是主观的，任意的，最靠不住的，最无益的。钱静方先生说的好："要之，《红楼》一书，空中楼阁。作者第由其兴会所至，随手拈来，初无成意。即或有心影射，亦不过若即若离，轻描淡写，如画师所绘之百像图，类似者固多，苟细按之，终觉貌是而神非也。"

二

我现在要忠告诸位爱读《红楼梦》的人："我们若想真正了解《红楼梦》，必须先打破这种种牵强附会的《红楼梦》谜学！"

其实做《红楼梦》的考证，尽可以不用那种附会的法子。我们只须根据可靠的版本与可靠的材料，考定这书的著者究竟是谁，著者的事迹家世，著书的时代，这书曾有何种不同的本子，这些本子的来历如何。这些问题乃是《红楼梦》考证的正当范围。

我们先从"著者"一个问题下手。

本书第一回说这书原稿是空空道人从一块石头上抄写下来的，故名《石头记》；后来空空道人改名情僧，遂改《石头记》为《情僧录》；东鲁孔梅溪题为《风月宝鉴》；后因曹雪芹于悼红轩中，被阅十载，增删五次，纂成目录，分出章回，又题曰《金陵十二钗》，并题一绝，即此便是《石头记》的缘起：诗云：

满纸荒唐言，一把辛酸泪。都云作者痴，谁解其中味？

第百二十回又提起曹雪芹传授此书的缘由。大概"石头"与空空道人等名目都是曹雪芹假托的缘起，故当时的人多认这书是曹雪芹做的。袁枚的《随园诗话》卷二中有一条说：

> 康熙间，曹练亭（练当作楝）为江宁织造，每出拥八驺，必携书一本，观玩不辍。人问："何好学？"曰："非也。我非地方官而百姓见我必起立，我心不安，故藉此遮目耳。"素与江宁太守陈鹏年不相中，及陈获罪，乃密疏荐陈。人以此重之。

> 其子雪芹撰《红楼梦》一书，备记风月繁华之盛，中有所谓大观园者，即余之随园也。明我斋读而羡之（坊间刻本无此七字。）当时红楼中有某校书尤艳，我斋题云（此四字坊间刻本作"雪芹赠云"，今据原刻本改正。）：

> 病容憔悴胜桃花，午汗潮回热转加；犹恐意中人看出，强言今日较差些。

> 威仪棣棣若山河，应把风流夺绮罗，不似小家拘束态，笑时偏少默时多。

我们现在所有的关于《红楼梦》的旁证材料，要算这一条为最早。近人征引此条，每不全录；他们对于此条的重要，也多不曾完全懂得。这一条记载的重要，凡有几点：

（一）我们因此知道乾隆时的文人承认《红楼梦》是曹雪芹做的。

（二）此条说曹雪芹是曹楝亭的儿子。（又《随园诗话》卷十六也说"雪芹者，曹楝亭织造之嗣君也"。但此说实是错的，说详后。）

（三）此条说大观园即是后来的随园。

俞樾在《小浮梅闲话》里曾引此条的一小部分，又加一注，说：

> 纳兰容若《饮水词集》有《满江红》词，为曹子清题其先人所构楝亭，即雪芹也。

俞樾说曹子清即雪芹，是大谬的。曹子清即曹楝亭，即曹寅。

我们先考曹寅是谁。吴修的《昭代名人尺牍小传》卷十二说：

> 曹寅，字子清，号楝亭，奉天人，官通政司使，江宁织造。校刊古书甚精，有扬州局刻《五韵》《楝亭十二种》盛行于世。著《楝亭诗钞》。

《扬州画舫录》卷二说：

> 曹寅，字子清，号楝亭，满洲人，官两淮盐院。工诗词，善书，著有《楝亭诗集》。刊秘书十二种，为《梅苑》《声画集》《法书考》《琴史》《墨经》《砚笺》刘后山（当作刘后村）《千家诗》《禁扁》《钓矶立谈》《都城纪胜》《糖霜谱》《录鬼簿》。今之仪征余园门榜"江天传舍"四字，是所书也。

这两条可以参看。又韩菼的《有怀堂文稿》里有《楝亭记》一篇说：

> 荔轩曹使君性至孝。自其先人董三服，官江宁，于署中手植楝树一株，绝爱之，爱亭其间，尝憩息于斯。后十余年，使君适自苏移节，如先生之任，则亭颇坏，为新其材，加墨焉，而亭复完。……

此可知曹寅又字荔轩，又可知《饮水词》中的楝亭的历史。

最详细的记载是章学诚的《丙辰札记》：

> 曹寅为两淮巡盐御史，刻古书凡十五种，世称"曹楝亭本"是也。康熙四十三年，四十五年，四十七年，四十九年，间年一任，与同旗李煦互相番代。李于四十四年，四十六年，四十八年，与曹互代；五十年，五十一年，五十二年，五十五年，五十六年，又连任，较曹用事为久矣。然曹至今为学士大夫所称，而李无闻焉。

不幸章学诚说的那"至今为学士大夫所称"的曹寅，竟不曾留下一篇传记给我们做考证的材料，《耆献类征》与《碑传集》都没有曹寅的碑传。只有宋和的《陈鹏年传》（《耆献类征》卷一六四，页一八以下）有一段重要的纪事：

> 乙酉（康熙四十四年），上南巡（此康熙帝第五次南巡。）总督集有司议供张，欲于丁粮耗加三分。有司皆慑服，唯唯。独鹏年（江宁知府陈鹏年）不服，否否。总督怏怏，议虽寝，则欲抉去鹏年矣。

> 无何，车驾由龙潭幸江宁。行宫草创，（按此指龙潭之行宫。）欲抉去之者因以是激上怒。时故庶人（按此即康熙帝的太子胤礽，至四十七年被废。）从幸，更怒，欲杀鹏年。车驾至江宁，驻跸织造府。一日，织造幼子嬉而过于庭，上以其无知也，曰："儿知江宁有好官乎？"曰："知有陈鹏年。"时有致政大学士张英来朝，上……使人问鹏年，英称其贤。而英则庶人之所傅，上乃谓庶人曰，"尔师傅贤之，如何杀之？"庶人犹欲杀之。

> 织造曹寅免冠叩头，为鹏年请。当是时，苏州织造李某伏寅后，为寅娃（娃字不见于字书，似有儿女亲家的意思。）见寅血被额，恐触上怒，阴曳其衣，警之。寅怒而顾之曰："云何也？"复叩头，阶有声，竟得请。出，巡抚宋荦逆之曰："君不愧朱云折槛矣！"

又我的朋友顾颉刚在《江南通志》里查出江宁织造的职官如下表：

康熙二年至二十三年	曹玺
康熙二十三年至三十一年	桑格

康熙三十一年至五十二年	曹寅
康熙五十二年至五十四年	曹颙
康熙五十四年至雍正六年	曹𫖯
雍正六年以后	隋赫德

又苏州织造的职官如下表：

| 康熙二十九年至三十二年 | 曹寅 |
| 康熙三十二年至六十一年 | 李煦 |

这两表的重要，我们可以分开来说：

（一）曹玺，字元壁，是曹寅的父亲。顾刚引《上元江宁两县志》道："织局繁剧，玺至，积弊一清。陛见，陈江南吏治极详，赐蟒服，加一品，御书'敬慎'匾额。卒于位。子寅。"

（二）因此可知曹寅当康熙二十九年至三十二年时，做苏州织造；三十一年至三十二年，他兼任江宁织造；三十二年以后，他专任江宁织造二十年。

（三）康熙帝六次南巡的时代，可与上两表参看：

康熙二三	一次南巡	曹玺为苏州织造
二八	二次南巡	
三八	三次南巡	曹寅为江宁织造
四二	四次南巡	同上
四四	五次南巡	同上
四六	六次南巡	同上

（四）顾刚又考得"康熙南巡，除第一次到南京驻跸将军署外，余五次均把织造署当行宫"。这五次之中，曹寅当了四次接驾的差。又《振绮堂丛书》内有《圣驾五幸江南恭录》一卷，记康熙四十

四年的第五次南巡，写曹寅既在南京接驾，又以巡盐御史的资格赶到扬州接驾；又记曹寅进贡的礼物及康熙帝回銮时赏他通政使司通政使的事，其详细，可以参看。

（五）曹颙与曹𫖯都是曹寅的儿子。曹寅的《楝亭诗钞》别集有郭振基序，内说"侍公函丈有年，今公子继任织部，又辱世讲"。是曹颙之为曹寅儿子，已无可疑。曹𫖯大概是曹颙的兄弟。（说详下）

又《四库全书提要·谱录类·食谱之属存目》里有一条说：

《居常饮馔录》一卷（编修程晋芳家藏本）

> 国朝曹寅撰。寅字子清，号楝亭，镶蓝旗汉军。康熙中，巡视两淮盐政，加通政司衔。是编以前代所传饮膳之法汇成一编：一曰，宋王灼《糖霜谱》；二三曰，宋东溪遁叟《粥品》及《粉面品》；四曰，元倪瓒《泉史》；五曰，元海滨逸叟《制脯鲊法》；六曰，明王叔承《酿录》；七曰，明释智舷《茗笺》；八九曰，明灌畦老叟《蔬香谱》及《制蔬品法》。中间《糖霜谱》，寅已刻入所辑楝亭十种；其他亦颇散见于《说郛》诸书云。

又《提要·别集类存目》里有一条：

《楝亭诗钞》五卷，附《词钞》一卷（江苏巡抚采进本）

> 国朝曹寅撰。寅有《居常饮馔录》，已著录。其诗一刻于扬州，计盈千首；再刻于仪征，则寅自汰其旧刻，而吴尚中开雕于柬园者。此本即仪征刻也。其诗出入于白居易苏轼之间。

《提要》说曹家是镶蓝旗人，这是错的。《八旗氏族通谱》有曹锡远一系，说他家是正白旗人，当据以改正。但我们因《四库提要》提起曹寅的诗集，故后来居然寻着他的全集，计《楝亭诗钞》八卷，《文钞》一卷，《词钞》一卷，《诗别集》四卷，《词别集》一卷（天津公园图书馆藏）。从他的集子里，我们得知他生于顺治十五年戊戌（一六五八）九月七日，他死时大概在康熙五十一年（一七一二）的下半年，那时他五十五岁。他的诗颇有好的，在八旗的诗人之中，他自然要算一个大家了。（他的诗在铁保辑的《八旗人诗钞》——改名《熙朝雅颂集》——里，占一全卷的地位。）当时的文学大家，如朱彝尊、姜宸英等，都为《楝亭诗钞》作序。

以上关于曹寅的事实，总结起来，可以得几个结论：

（一）曹寅是八旗的世家，几代都在江南做官。他的父亲曹玺做了二十一年的江宁织造；曹寅自己做了四年的苏州织造，做了二十一年的江宁织造，同时又兼做了四次的两淮巡盐御史。他死后，他的儿子曹颙接着做了三年的江宁织造，他的儿子曹頫接下去做了十三年的江宁织造。他家祖孙三代四个人总共做了五十八年的江宁织造。这个织造真成了他家的"世职"了。

（二）当康熙帝南巡时，他家曾办过四次以上的接驾的差。

（三）曹寅会写字，会做诗词，有诗词集行世；他在扬州曾管领《全唐诗》的刻印，扬州的诗局归他管理甚久；他自己又刻有二十几种精刻的书（除上举各书外，尚有《周易本义》《施愚山集》等，朱彝尊的《曝书亭集》也是曹寅捐赀倡刻的，刻未完而死）。他家中藏书极多，精本有三千二百八十七种之多（见他的《楝亭书目》，京师图书馆有钞本），可见他的家庭当有文学美术的环境。

（四）他生于顺治十五年，死于康熙五十一年（一六五八——一七一二）。

以上是曹寅的略传与他的家世。曹寅究竟是曹雪芹的什么人呢？袁枚在《随园诗话》里说曹雪芹是曹寅的儿子。这一百多年以来，大家多相信这话，连我在这篇《考证》的初稿里也信了这话。现在我们知道曹雪芹不是曹寅的儿子，乃是他的孙子。最初改正这个大错的是杨钟羲先生。杨先生编有《八旗文经》六十卷,又著有《雪桥诗话》三编,是一个最熟悉八旗文献掌故的人。他在《雪桥诗话》续集卷六,页二三,说:

> 敬亭(清宗室敦诚字敬亭)……尝为《琵琶亭传奇》一折,曹雪芹(霑)题句有云:"白传诗灵应喜甚,定教蛮素鬼排场。"雪芹为楝亭通政孙,平生为诗,大概如此,竟坎坷以终。敬亭挽雪芹诗有"牛鬼遗文悲李贺,鹿车荷锸葬刘伶"之句。

这一条使我们知道三个要点:

(一)曹雪芹名霑。

(二)曹雪芹不是曹寅的儿子,是他的孙子。(《中国人名大辞典》页九九〇作"名霑,寅子",似是根据《雪桥诗话》而误改其一部分。)

(三)清宗室敦诚的诗文集内必有关于曹雪芹的材料。

敦诚字敬亭,别号松堂,英王之裔。他的轶事也散见《雪桥诗话》初二集中。他有《四松堂集》诗二卷,文二卷,《鹪鹩轩笔尘》一卷。他的哥哥名敦敏,字子明,有《懋斋诗钞》。我从此便到处访求这两个人的集子,不料到如今还不曾寻到手。我今年夏间到上海,写信去问杨钟羲先生,他回信说,曾有《四松堂集》,但辛亥乱后遗失了。我虽然很失望,但杨先生既然根据《四松堂集》说曹雪芹是曹寅之孙,这话自然万无可疑。因为敦诚兄弟都是雪芹的好朋友,他们的证见自然是可信的。

我虽然未见敦诚兄弟的全集,但《八旗人诗钞》(《熙朝雅颂集》)里有他们兄弟的诗一卷。这一卷里有关于曹雪芹的诗四首,我因为这种材料颇不易得,故把这四首全抄于下:

赠 曹 雪 芹　　　　　　　敦 敏

碧水青山曲径遐,薜萝门巷足烟霞。寻诗人去留僧壁,卖画钱来付酒家。燕市狂歌悲遇合，秦淮残梦忆繁华。新愁旧恨知多少，都付酕醄醉眼斜。

访曹雪芹不值 　　　　敦　敏

野浦冻云深，柴扉晚烟薄。山村不见人，夕阳寒欲落。

佩刀质酒歌 　　　　敦　诚

秋晓遇雪芹于槐园，风雨淋涔，朝寒袭袂。时主人未出，雪芹酒渴如狂，余因解佩刀沽酒而饮之。雪芹欢甚，作长歌以谢余。余亦作此答之。

我闻贺鉴湖，不惜金龟掷酒垆。又闻阮遥集，直卸金貂作鲸吸。嗟余本非二子狂，腰间更无黄金珰。秋气酿寒风雨恶，满园榆柳飞苍黄。主人未出童子睡，斝干瓮涩何可当！相逢况是淳于辈，一石差可温枯肠。身外长物亦何有？弯刀昨夜磨秋霜。且酤满眼作软饱，……令此肝肺生角芒。曹子大笑称"快哉"！击石作歌声琅琅。知君诗胆昔如铁，堪与刀颖交寒光。我有古剑尚在匣，一条秋水苍波凉。君才抑塞倘欲拔，不妨斫地歌王郎。

寄怀曹雪芹 　　　　敦　诚

少陵昔赠曹将军，曾曰魏武之子孙。嗟君或亦将军后，于今环堵蓬蒿屯。扬州旧梦久已绝，且著临邛犊鼻裈。爱君诗笔有奇气，直追昌谷披篱樊。当时虎门数晨夕，西窗剪烛风雨昏。接䍦倒著容君傲，高谈雄辩虱手扪。感时思君不相见，蓟门落日松亭尊。劝君莫弹食客铗，劝君莫叩富儿门。残杯冷炙有德色，不如著书黄叶村。

我们看这四首诗，可想见他们弟兄与曹雪芹的交情是很深的。他们的证见真是史学家说的"同时人的证见"，有了这种证据，我们不能不认袁枚为误记了。

这四首诗中,有许多可注意的句子。

第一,如"秦淮残梦忆繁华",如"于今环堵蓬蒿屯,扬州旧梦久已绝,且著临邛犊鼻裈",如"劝君莫弹食客铗,劝君莫叩富儿门;残杯冷炙有德色,不如著书黄叶村",都可以证明曹雪芹当时已很贫穷,穷得很不像样了,故敦诚有"残杯冷炙有德色"的劝戒。

第二,如"寻诗人去留僧壁,卖画钱来付酒家",如"知君诗胆昔如铁",如"爱君诗笔有奇气,直追昌谷披篱樊",都可以使我们知道曹雪芹是一个会作诗又会绘画的人。最可惜的是曹雪芹的诗现在只剩得"白傅诗灵应喜甚,定教蛮素鬼排场"两句。但单看这两句,也就可以想见曹雪芹的诗大概是很聪明的,很深刻的。敦诚弟兄比他做李贺,大概很有点相像。

第三,我们又可以看出曹雪芹在那贫穷潦倒的境遇里,很觉得牢骚抑郁,故不免纵酒狂歌,自寻排遣。上文引的如"雪芹酒渴如狂",如"相逢况是淳于辈,一石差可温枯肠",如"新愁旧恨知多少,都付酕醄醉眼斜",如"鹿车荷锸葬刘伶",都可以为证。

我们既知道曹雪芹的家世和他自身的境遇了,我们应该研究他的年代。这一层颇有点困难,因为材料太少了。敦诚有挽雪芹的诗,可见雪芹死在敦诚之前。敦诚的年代也不可详考。但《八旗文经》里有几篇他的文字,有年月可考:如《拙鹃亭记》作于辛丑初冬,如《松亭再征记》作于戊寅正月,如《祭周立厓文》中说:"先生与先公始交时在戊寅己卯间;是时先生……每过静补堂,……诚尝侍几杖侧。……迨庚寅先公即世,先生哭之过时而哀,……诚追述平生,……回念静补堂几杖之侧,已二十余年矣。"今作一表,如下:

乾隆二三,戊寅(一七五八)。

乾隆二四，己卯（一七五九）。

乾隆三五，庚寅（一七七〇）。

乾隆四六，辛丑（一七八一）。自戊寅至此，凡二十三年。

清宗室永忠（臞仙）为敦诚作葛巾居的诗，也在乾隆辛丑。敦诚之父死于庚寅，他自己的死期大约在二十年之后，约当乾隆五十余年。约昀为他的诗集作序，虽无年月可考，但纪昀死于嘉庆十年（一八五〇），而序中的语意都可见敦诚死已甚久了。故我们可以猜定敦诚大约生于雍正初年（约一七二五），死于乾隆五十余年（约一七八五——一七九〇）。

敦诚兄弟与曹雪芹往来，从他们赠答的诗看起来，大概都在他们兄弟中年以前，不像在中年以后。况且《红楼梦》当乾隆五十六七年时已在社会上流通了二十余年了（说详下）。以此看来，我们可以断定曹雪芹死于乾隆三十年左右（约一七六五）。至于他的年纪，更不容易考定了。但敦诚兄弟的诗的口气，很不像是对一位老前辈的口气。我们可以猜想雪芹的年纪至多不过比他们大十来岁，大约生于康熙末叶（约一七一五——一七二〇）；当他死时，约五十岁左右。

以上是关于著者曹雪芹的个人和他的家世的材料。我们看了这些材料，大概可以明白《红楼梦》这部书是曹雪芹的自叙传了。这个见解，本来并没有什么新奇，本来是很自然的。不过因为《红楼梦》被一百多年来的红学大家越说越微妙了，故我们现在对于这个极平常的见解反觉得他有证明的必要了。我且举几条重要的证据如下：

第一，我们总该记得《红楼梦》开端时，明明的说着：

作者自云曾历过一番梦幻之后，故将真事隐去，而借"通

灵"说此《石头记》一书也。……自己又云：今风尘碌碌，一事
无成，忽念及当日所有之女子，一一细考较去，觉其行止见识
皆出我之上。我堂堂须眉，诚不若彼裙钗。……当此日，欲将
已往所赖天恩祖德，锦衣纨裤之时，饫甘厌肥之日，背父兄教
育之恩，负师友规训之德，以致今日一技无成半生潦倒之罪，
编述一集，以告天下。

这话说的何等明白！《红楼梦》明明是一部"将真事隐去"的自
叙的书。若作者是曹雪芹，那么，曹雪芹即是《红楼梦》开端时那个
深自忏悔的"我"！即是书里的甄、贾(真假)两个宝玉的底本！懂
得这个道理，便知书中的贾府与甄府都只是曹雪芹家的影子。

第二，第一回里那石头说道：

我想历来野史的朝代，无非假借汉、唐的名色；莫如我这
石头所记，不借此套，只按自己的事体情理，反到新鲜别致。

又说：

更可厌者，"之乎者也"，非理即文，大不近情，自相矛盾：
竟不如我半世亲见亲闻的这几个女子，虽不敢说强似前代书
中所有之人，但观其事迹原委，亦可消愁破闷。

他这样明白清楚的说"这书是我自己的事体情理"，"是我半世亲见
亲闻的"；而我们偏要硬派这书是说顺治帝的，是说纳兰成德的！
这岂不是作茧自缚吗?

第三，《红楼梦》第十六回有谈论南巡接驾的一大段，原文
如下：

凤姐道："……可恨我小几岁年纪。若早生二三十年，如
今这些老人家也不薄我没见世面了。说起当年太祖皇帝仿舜

巡的故事,比一部书还热闹,我偏偏的没赶上。"

赵嬷嬷(贾琏的乳母)道:"嗳哟,那可是千载难逢的! 那时候我才记事儿。咱们贾府正在姑苏扬州一带,监造海船,修理海塘。只预备接驾一次,把银子花的像淌海水是的。说起来——"

凤姐忙接道:"我们王府里也预备过一次。那时我爷爷专管各国进贡朝贺的事,凡有外国人来,都是我们家养活。粤闽滇浙所有的洋船货物,都是我们家的。"

赵嬷嬷道:"那是谁不知道的? ……如今还有现在江南的甄家,——嗳哟,好势派! ——独他们家接驾四次。要不是我们亲眼看见,告诉谁也不信的。别讲银子成了粪土;凭是世上有的,没有不是堆山积海的。'罪过可惜'四个字,竟顾不得了。"

凤姐道:"我常听见我们太爷说,也是这样的。岂有不信的? 只纳罕他家怎么就这样富贵呢?"

赵嬷嬷道:"告诉奶奶一句话:也不过拿着皇帝家的银子往皇帝身上使罢了。谁家有那些钱买这个虚热闹去?"

此处说的甄家与贾家都是曹家。曹家几代在江南做官,故《红楼梦》里的贾家虽在"长安",而甄家始终在江南。上文曾考出康熙帝南巡六次,曹寅当了四次接驾的差,皇帝就住在他的衙门里。《红楼梦》差不多全不提起历史上的事实,但此处却郑重的说起"太祖皇帝仿舜巡的故事",大概是因为曹家四次接驾乃是很不常见的盛事,故曹雪芹不知不觉的——或是有意的——把他家这桩最阔的大典说了出来。这也是敦敏送他的诗里说的"秦淮旧梦忆繁华"了。但我们却在这里得着一条很重要的证据。因为一家接驾四五次,不是人人可以随便有的机会。大官如督抚,不能久任一处,便不能有这样好的机会。只有曹寅做了二十年江宁织造,恰巧当了四次接驾的差。这不是很可靠的证据吗?

第四,《红楼梦》第二回叙荣国府的世次如下:

> 自荣国公死后,长子贾代善袭了官,娶的是金陵世家史侯的小姐为妻,生了两个儿子:长名贾赦,次名贾政。如今代善早已去世,太夫人尚在。长子贾赦袭了官,为人平静中和,也不管理家务。次子贾政,自幼酷喜读书,为人端方正直;祖父钟爱,原要他以科甲出身的。不料代善临终时,遗本一上,皇上因恤先臣,即时令长子袭官外,问还有几子,立刻引见;遂又额外赐了这政老爷一个主事之职,令其入部学习;如今已升了员外郎。

我们可用曹家的世系来比较:

> 曹锡远,正白旗包衣人。世居沈阳地方,来归年月无考。其子曹振彦,原任浙江盐法道。
>
> 孙:曹玺,原任工部尚书;曹尔正,原任佐领。
>
> 曾孙:曹寅,原任通政使司通政使;曹宜,原任护军参领兼佐领;曹荃,原任司库。
>
> 元孙:曹颙,原任郎中;曹頫,原任员外郎;曹顺,原任二等侍卫,兼佐领;曹天祐,原任州同。(《八旗氏族通谱》卷七十四。)

这个世系颇不分明。我们可试作一个假定的世系表如下:

```
                            ┌寅─┬颙
                            │   └頫
曹锡远─振彦─┤玺
                            │宜──顺
                            └尔正─荃─天祐
```

曹寅的《楝亭诗钞别集》中有《辛卯三月闻珍儿殇，书此忍恸，兼示四侄寄东轩诸友》诗三首，其二云："世出难居长，多才在四三，承家赖犹子，努力作奇男。"四侄即顾，那排行第三的当是那小名珍儿的了。如此看来，颙与頫当是行一与行二。曹寅死后，曹颙袭织造之职。到康熙五十四年，曹颙或是死了，或是因事撤换了，故次子曹頫接下去做。织造是内务府的一个差使，故不算做官，故《氏族通谱》上只称曹寅为通政使，称曹頫为员外郎。但《红楼梦》里的贾政，也是次子，也是先不袭爵，也是员外郎。这三层都与曹頫相合。故我们可以认贾政即是曹頫；因此，贾宝玉即是曹雪芹，即是曹頫之子，这一层更容易明白了。

第五，最重要的证据自然还是曹雪芹自己的历史和他家的历史。《红楼梦》虽没有做完（说详下），但我们看了前八十回，也就可以断定：（一）贾家必致衰败，（二）宝玉必致沦落。《红楼梦》开端便说，"风尘碌碌，一事无成"；又说，"一技无成，半生潦倒"；又说，"当此蓬牖茅椽，绳床瓦灶"。这是明说此书的著者——即是书中的主人翁——当著书时，已在那穷愁不幸的境地。况且第十三回写秦可卿死时在梦中对凤姐说的话，句句明说贾家将来必到"树倒猢狲散"的地步。所以我们即使不信后四十回（说详下）抄家和宝玉出家的话，也可以推想贾家的衰败和宝玉的流落了。我们再回看上文引的敦诚兄弟送曹雪芹的诗，可以列举雪芹一生的历史如下：

（一）他是做过繁华旧梦的人。

（二）他有美术和文学的天才，能做诗，能绘画。

（三）他晚年的境况非常贫穷潦倒。

这不是贾宝玉的历史吗？此外，我们还可以指出三个要点。第一是曹雪芹家自从曹玺、曹寅以来，积成一个很富丽的文学美术的环境。他家的藏书在当时要算一个大藏书家,他家刻的书至今推为精刻的善本。富贵的家庭并不难得;但富贵的环境与文学美术的环境合在一家,在当日的汉人中是没有的,就在当日的八旗世家中,也很不容易寻找了。第二,曹寅是刻《居常饮馔录》的人,《居常饮馔录》所收的书,如《糖霜谱》《制脯鲊法》《粉面品》之类,都是专讲究饮食糖饼的做法的。曹寅家做的雪花饼,见于朱彝尊的《曝书亭集》(二十一,页十二。)有"粉量云母细,糁和雪糕匀"的称誉。我们读《红楼梦》的人,看贾母对于吃食的讲究,看贾家上下对于吃食的讲究,便知道《居常饮馔录》的遗风未泯,雪花饼的名不虚传!第三,关于曹家衰落的情形,我们虽没有什么材料,但我们知道曹寅的亲家李煦在康熙六十一年已因亏空被革职查追了。雍正《朱批谕旨》第四十八册有雍正元年苏州织造胡凤翚奏折内称:

> 今查得李煦任内亏空各年余剩银两,现奉旨交督臣查弼纳查追外,尚有六十一年办六十年分应存剩银六万三百五十五两零,并无存库,亦系李煦亏空。……所有历年动用银两数目,另开细折,并呈御览。……

又第十三册有两淮巡盐御史谢赐履奏折内称:

> 窃照两淮应解织造银两,历年遵奉已久。兹于雍正元年三月十六日,奉户部咨行,将江苏织造银两停其支给;两淮应解银两;汇行解部。……前任盐臣魏廷珍于康熙六十一年内未奉部文停止之先,两次解过苏州织造银五万两。……再本年六月内奉有停止江宁织造之文。查前盐臣魏廷珍经解过江宁织造银四万两,臣任内……解过江宁织造银四万五千一百二十两。……臣请将解过苏州织造银两在于审理李煦亏空案内并追;将解过江宁织造银两行令曹頫解还户部。……

李煦做了三十年的苏州织造,又兼了八年的两淮盐政,到头来竟因亏空被查追。胡凤翚折内只举出康熙六十一年的亏空,已有六万两之多;加上谢赐履折内举出应退还两淮的十万两:这一年的亏空就是十六万两了! 他历年亏空的总数之多,可以想见。这时候,曹頫(曹雪芹之父)虽然还未曾得罪,但谢赐履折内已提及两事:一是停止两淮应解织造银两,一是要曹頫赔出本年已解的八万一千余两。这个江宁织造就不好做了。我们看了李煦的先例,就可以推想曹頫的下场也必是因亏空而查追,因查追而抄没家产,关于这一层,我们还有一个很好的证据。袁枚在《随园诗话》里说《红楼梦》里的大观园即是他的随园。我们考随园的历史,可以信此话不是假的。袁枚的《随园记》(《小仓山房文集》十二)说随园本名隋园,主人为康熙时织造隋公。此隋公即是隋赫德,即是接曹頫的任的人。(袁枚误记为康熙时,实为雍正六年。)袁枚作记在乾隆十四年己巳(一七四九),去曹頫卸织造任时甚近,他应该知道这园的历史。我们从此可以推想曹頫当雍正六年去职时,必是因亏空被追赔,故这个园子就到了他的继任人的手里。从此以后,曹家在江南的家产都完了,故不能不搬回北京居住。这大概是曹雪芹所以流落在北京的原因。我们看了李煦、曹頫两家败落的大概情形,再回头来看《红楼梦》里写的贾家的经济困难情形,便更容易明白了。如第七十二回凤姐夜间梦见有人来找他,说娘娘要一百匹锦,凤姐不肯给,他就来夺。来旺家的笑道:"这是奶奶日间操心常应候宫里的事。"一语未了,人回:"夏太监打发了一个小内监来说话。"贾琏听了,忙皱眉道:"又是什么话! 一年他们也够搬了。"凤姐道:"你藏起来,等我见他。"好容易凤姐弄了二百两银子把那小内监打发开去,贾琏出来,笑道:"这一起外祟,何日是了?"凤姐笑道:"刚说着,就来了一股子。"贾琏道:"昨儿周太监来,张口就是一千两。

我略慢应了些,他不自在。将来得罪人之处不少。这会子再发三二百万的财就好了!"又如第五十三回写黑山村庄头乌进孝来贾府纳年例,贾珍与他谈的一段话也很可注意:

> 贾珍皱眉道:"我算定你至少也有五千银子来。这够做什么的!……真真是叫别过年了!"

> 乌进孝道:"爷的地方还算好呢。我兄弟离我那里只有一百多里,竟又大差了。他现管着那府(荣国府)八处庄地,比爷这边多着几倍,今年也是这些东西,不过二三千两银子,也是有饥荒打呢。"

> 贾珍道:"如何呢? 我这边到可已,没什么外项大事,不过是一年的费用……比不得那府里(荣国府)这几年添了许多化钱的事,一定不可免是要化的,却又不添银子产业。这一二年里赔了许多。不和你们要,找谁去?"

> 乌进孝笑道:"那府里如今虽添了事,有去有来。娘娘和万岁爷岂不赏吗?"贾珍听了,笑向贾蓉等道:"你们听听,他说的可笑不可笑?"

> 贾蓉等忙笑道:"你们山坳海沿子上的人,那里知道这道理? 娘娘难道把皇上的库给我们不成? ……就是赏,也不过一百两金子,才值一千多两银子,够什么? 这二年,那一年不赔出几千两银子来? 头一年省亲,连盖花园子,你算算那一注化了多少,就知道了。再二年,再省一回亲,只怕精穷了! ……"

> 贾蓉又说又笑,向贾珍道:"果真那府里穷了。前儿我听见二婶娘(凤姐)和鸳鸯悄悄商议,要偷老太太的东西去当银子呢。"

借当的事又见于第七十二回：

> 鸳鸯一面说，一面起身要走。贾琏忙也立起身来说道："好姐姐，略坐一坐儿，兄弟还有一事相求。"说着，便骂小丫头："怎么不泡好茶来！快拿干净盖碗，把昨日进上的新茶泡一碗来！"说着，向鸳鸯道："这两日因老太太千秋，所有的几千两都使完了。几处房租地租统在九月才得。这会子竟接不上。明儿又要送南安府里的礼，又要预备娘娘的重阳节；还有几家红白大礼，至少还要二三千两银子用，一时难去支借。俗语说的好，求人不如求己。说不得，姐姐担个不是，暂且把老太太查不着的金银家伙，偷着运出一箱子来，暂押千数两银子，支腾过去。"

因为《红楼梦》是曹雪芹"将真事隐去"的自叙，故他不怕琐碎，再三再四的描写他家由富贵变成贫穷的情形。我们看曹寅一生的历史，决不像一个贪官污吏；他家所以后来衰败，他的儿子所以亏空破产，大概都是由于他一家都爱挥霍，爱摆阔架子；讲究吃喝，讲究场面；收藏精本的书，刻行精本的书；交结文人名士，交结贵族大官，招待皇帝，至于四次五次；他们又不会理财，又不肯节省；讲究挥霍惯了，收缩不回来；以至于亏空，以至于破产抄家。《红楼梦》只是老老实实的描写这一个"坐吃山空""树倒猢狲散"的自然趋势。因为如此，所以《红楼梦》是一部自然主义的杰作。那班猜谜的红学大家不晓得《红楼梦》的真价值正在这平淡无奇的自然主义的上面，所以他们偏要绞尽心血去猜那想入非非的笨谜，所以他们偏要用尽心思去替《红楼梦》加上一层极不自然的解释。

总结上文关于"著者"的材料，凡得六条结论：

（一）《红楼梦》的著者是曹雪芹。

（二）曹雪芹是汉军正白旗人，曹寅的孙子，曹頫的儿子，生于极富贵之家，身经极繁华绮丽的生活，又带有文学与美术的遗传与环境。他会做诗，也能画，与一班八旗名士往来。但他的生活非常贫苦，他因为不得志，故流为一种纵酒放浪的生活。

（三）曹寅死于康熙五十一年。曹雪芹大概即生于此时，或稍后。

（四）曹家极盛时，曾办过四次以上的接驾的阔差；但后来家渐衰败，大概因亏空得罪被抄没。

（五）《红楼梦》一书是曹雪芹破产倾家之后，在贫困之中做的。做书的年代大概当乾隆初年到乾隆三十年左右，书未完而曹雪芹死了。

（六）《红楼梦》是一部隐去真事的自叙：里面的甄、贾两宝玉，即是曹雪芹自己的化身；甄贾两府即是当日曹家的影子。（故贾府在"长安"都中，而甄府始终在江南。）

现在我们可以研究《红楼梦》的"本子"问题。现今市上通行的《红楼梦》虽有无数版本，然细细考较去，除了有正书局一本外，都是从一种底本出来的。这种底本是乾隆末年间程伟元的百二十回全本，我们叫他做"程本"。这个程本有两种本子：一种是乾隆五十七年壬子（一七九二）的第一次活字排本，可叫做"程甲本"。一种也是乾隆五十七年壬子程家排本，是用"程甲本"来校改修正的，这个本子可叫做"程乙本"。"程甲本"我的朋友马幼渔教授藏有一部，"程乙本"我自己藏有一部。乙本远胜于甲本，但我仔细审察，不能不承认"程甲本"为外间各种《红楼梦》的底本。各本的错误矛盾都是根据于"程甲本"的。这是《红楼梦》版本史上一件最不幸的事。

此外，上海有正书局石印的一部八十回本的《红楼梦》，前面有一篇德清戚蓼生的序，我们可叫他做"戚本"。有正书局的老板在这部书的封面上题着"国初钞本《红楼梦》"，又在首页题着"原本《红楼梦》"。那"国初钞本"四个字自然是大错的。那"原本"两字也不妥当。这本已有总评，有夹评，有韵文的评赞，又往往有"题"诗，有时又将评语钞入正文(如第二回)，可见已是很晚的钞本，决不是"原本"了。但自程氏两种百二十回本出版以后，八十回本已不可多见。戚本大概是乾隆时无数展转传钞本之中幸而保存的一种，可以用来参校程本，故自有他的相当价值，正不必假托"国初钞本"。

《红楼梦》最初只有八十回，直至乾隆五十六年以后始有百二十回的《红楼梦》。这是无可疑的。程本有程伟元的序，序中说：

> 《石头记》是此书原名，……好事者每传钞一部置庙市中，昂其值得数十金，可谓不胫而走者矣。然原本目录一百二十卷，今所藏只八十卷，殊非全本。即间有称全部者，及检阅仍只八十卷，读者颇以为憾。不佞以是书既有二十卷之目，岂无全璧？爰为竭力搜罗，自藏书家甚至故纸堆中，无不留心。数年以来，仅积有二十余卷。一日，偶于鼓担上得十余卷；遂重价购之，欣然翻阅，见其前后起伏尚属接榫(榫音笋，削木入窍名榫，又名榫头)。然漶漫不可收拾。乃同友人细加厘剔，截长补短，钞成全部，复为镌板，以公同好。《石头记》全书至是始告成矣。……小泉程伟元识。

我自己的程乙本还有高鹗的一篇序，中说：

> 予闻《红楼梦》脍炙人口者，几廿余年，然无全璧，无定本。……今年春，友人程子小泉过予，以其所购全书见示，且

曰："此仆数年铢积寸累之苦心，将付剞劂，公同好。子闲且惫矣，盍分任之？"予以是书虽稗官野史之流，然尚不谬于名教，欣然拜诺，正以波斯奴见宝为幸，遂襄其役。工既竣，并识端末，以告阅者。时乾隆辛亥（一七九一）冬至后五日铁岭高鹗叙，并书。

此序所谓"工既竣"，即是程序说的"同友人细加厘剔，截长补短"的整理工夫，并非指刻板的工程。我这部程乙本还有七条"引言"，比两序更重要，今节抄几条于下：

> 是书前八十回，藏书家抄录传阅，几三十年矣。今得后四十回，合成完璧。缘友人借抄争睹者甚多，抄录固难，刊板亦需时日，姑集活字刷印。因急欲公诸同好，故初印时不及细校，间有纰缪。今复聚集各原本，详加校阅，改订无讹。惟阅者谅之。

> 书中前八十回，抄本各家互异。今广集核勘，准情酌理，补遗订讹。其间或有增损数字处，意在便于披阅，非敢争胜前人也。

> 是书沿传既久，坊间缮本及诸家所藏秘稿，繁简歧出，前后错见。即如六十七回，此有彼无，题同文异，燕石莫辨。兹惟择其情理较协者，取为定本。

> 书中后四十回系就历年所得，集腋成裘，更无他本可考，惟按其前后关照者，略为修辑，使其有应接而无矛盾。至其原文，未敢臆改。俟再得善本，更为厘定，且不欲尽掩其本来面目也。

引言之末，有"壬子花朝后一日，小泉兰墅又识"一行。兰墅即高鹗。我们看上文引的两序与引言，有应该注意的几点：

（一）高序说"闻《红楼梦》脍炙人口者，几廿余年"。引言说"前八十回，藏书家抄录传阅，几三十年"。从乾隆壬子上数三十年，为乾隆二十七年壬午（一七六二）。今知乾隆三十年间此书已流行，可证我上文推测曹雪芹死于乾隆三十年左右之说大概无大差错。

（二）前八十回，各本互有异同。例如引言第三条说（六十七回此有彼无，题同文异）。我们试用戚本六十七回与程本及市上各本的六十七回互校，果有许多异同之处，程本所改的似胜于戚本。大概程本当日确曾经过一番"广集各本核勘，准情酌理，补遗订讹"的工夫，故程本一出即成为定本，其余各钞本多被淘汰了。

（三）程伟元的序里说，《红楼梦》当日虽只有八十回，但原本却有一百二十卷的目录。这话可惜无从考证。（戚本目录并无后四十回）我从前想当时各钞本中大概有些是有后四十回目录的，但我现在对于这一层很有点怀疑了。（说详下）。

（四）八十回以后的四十回，据高、程两人的话，是程伟元历年杂凑起来的，——先得二十余卷，又在鼓担上得十余卷，又经高鹗费了几个月整理修辑的工夫，方才有这部百二十回本的《红楼梦》。他们自己说这四十回"更无他本可考"；但他们又说："至其原文，未敢臆改"。

（五）《红楼梦》直到乾隆五十六年（一七九一）始有一百二十回的全本出世。

（六）这个百二十回的全本最初用活字版排印，是为乾隆五十七年壬子（一七九二）的程本。这本又有两种小不同的印本：（1）初印本（即程甲本），"不及细校，间有纰缪"。此本我近来见过，果然有许多纰缪矛盾的地方。（2）校正印本，即我上文说的程乙本。

（七）程伟元的一百二十回本的《红楼梦》，即是这一百三十年来的一切印本《红楼梦》的老祖宗。后来的翻本，多经过南方人的批注，书中京话的特别俗语往往稍有改换；但没有一种翻本（除了戚本）不是从程本出来的。

这是我们现有的一百二十回本《红楼梦》的历史。这段历史里有一个大可研究的题，就是"后四十回的著者究竟是谁?"

俞樾的《小浮梅闲话》里考证《红楼梦》的一条说：

> 《船山诗草》有《赠高兰墅鹗同年》一首云："艳情人自说《红楼》。"注云："《红楼梦》八十回以后，俱兰墅所补。"然则此书非出一手。按乡会试增五言八韵诗，始乾隆朝。而书中叙科场事已有诗，则其为高君所补，可证矣。

俞氏这一段话极重要。他不但证明了程排本作序的高鹗是实有其人，还使我们知道《红楼梦》后四十回是高鹗补的。船山即是张船山，名问陶，是乾隆嘉庆时代的一个大诗人。他于乾隆五十三年戊申（一七八八）中顺天乡试举人；五十五年庚戌（一七九〇）成进士，选庶吉士。他称高鹗为同年，他们不是庚戌同年，便是戊申同年。但高鹗若是庚戌的新进士，次年辛亥他作《红楼梦序》不会有"闲且惫矣"的话；故我推测他们是戊申乡试的同年。后来我又在《郎潜纪闻二笔》卷一里发见一条关于高鹗的事实：

> 嘉庆辛酉京师大水，科场改九月，诗题《百川赴巨海》，……闱中罕得解。前十本将进呈，韩城王文端公以通场无知出处为憾。房考高侍读鹗搜遗卷，得定远陈黻卷，亟呈荐，遂得南元。

辛酉（一八〇一）为嘉庆六年。据此，我们可知高鹗后来曾中进士，为侍读,且曾做嘉庆六年顺天乡试的同考官。我想高鹗既中进士,就有法子考查他的籍贯和中进士的年份了。果然我的朋友顾颉刚先生替我在《进士题名录》上查出高鹗是镶黄旗汉军人,乾隆六十年乙卯(一七九五)科的进士,殿试第三甲第一名。这一件引起我注意"题名录"一类的工具,我就发愤搜求这一类的书,果然我又在清代《御史题名录》里,嘉庆十四年(一八〇九)下,寻得一条:

> 高鹗,镶黄旗汉军人,乾隆乙卯进士,由内阁侍读考选江南道御史,刑科给事中。

又《八旗文经》二十三有高鹗的《操缦堂诗稿跋》一篇,末署乾隆四十七年壬寅(一七八二)小阳月。我们可以总合上文所得关于高鹗的材料,作一个简单的《高鹗年谱》如下:

> 乾隆四七(一七八二),高鹗作《操缦堂诗稿跋》。
>
> 乾隆五三(一七八八),中举人。
>
> 乾隆五六—五七(一七九一—一七九二),补作《红楼梦》后四十回,并作序例。《红楼梦》百廿回全本排印成。
>
> 乾隆六〇(一七九五),中进士,殿试三甲一名。
>
> 嘉庆六(一八〇一),高鹗以内阁侍读为顺天乡试的同考官,闱中与张问陶相遇,张作诗送他,有"艳情人自说《红楼》"之句;又有诗注,使后世知《红楼梦》八十回以后是他补的。
>
> 嘉庆一四(一八〇九),考选江南道御史,刑科给事中。——自乾隆四七至此,凡二十七年。大概他此时已近六十岁了。

后四十回是高鹗补的,这话自无可疑。我们可约举几层证据如下:

第一、张问陶的诗及注,此为最明白的证据。

第二、俞樾举的"乡会试增五言八韵诗始乾隆朝,而书中叙科场事已有诗"一项。这一项不十分可靠,因为乡会试用律诗,起于乾隆二十一二年,也许那时《红楼梦》前八十回还没有做成呢。

第三、程序说先得二十余卷,后又在鼓担上得十余卷。此话便是作伪的铁证,因为世间没有这样奇巧的事!

第四、高鹗自己的序,说的很含糊,字里行间都使人生疑。大概他不愿完全埋没他补作的苦心,故引言第六条说:"是书开卷略志数语,非云弁首,实因残缺有年,一旦颠末毕具,大快人心;欣然题名,聊以记成书之幸。"因为高鹗不讳他补作的事,故张船山的赠诗直说他补作后四十回的事。

但这些证据固然重要,总不如内容的研究更可以证明后四十回与前八十回决不是一个人作的。我的朋友俞平伯先生曾举出三个理由来证明后四十回的回目也是高鹗补作的。他的三个理由是:(一) 和第一回自叙的话都不合,(二)史湘云的丢开,(三)不合作文时的程序。这三层之中,第三层姑且不论。第一层是很明显的:《红楼梦》的开端明说"一技无成,半生潦倒";明说"蓬牖茅椽,绳床瓦灶";岂有到了末尾说宝玉出家成仙之理? 第二层也很可注意。第三十一回的回目"因麒麟伏白首双星"确是可怪! 依此句看来,史湘云后来似乎应该与宝玉做夫妇,不应该此话全无照应。以此看来,我们可以推想后四十回不是曹雪芹做的了。

其实何止史湘云一个人? 即如小红,曹雪芹在前八十回里极力描写这个攀高好胜的丫头;好容易他得着了凤姐的赏识,把他提拔上去了;但这样一个重要人才,岂可没有下场? 况且小红同贾芸的感情,前面既经曹雪芹那样郑重描写,岂有完全没有结果之理? 又如香菱的结果也决不是曹雪芹的本意。第五回的"十二钗副册"

上写香菱结局道：

> 根并荷花一茎香，平生遭际实堪伤。自从两地生孤木，致使芳魂返故乡。

两地生孤木，合成"桂"字。此明说香菱死于夏金桂之手，故第八十回说香菱"血分中有病，加以气怨伤肝，内外挫折不堪，竟酿成干血之症，日渐赢瘦，饮食懒进，请医服药无效"。可见八十回的作者明明的要香菱被金桂磨折死。后四十回里却是金桂死了，香菱扶正：这岂是作者的本意吗？此外，又如第五回"十二钗"册上说凤姐的结局道："一从二令三人木，哭向金陵事更哀。"这个谜竟无人猜得出，许多批《红楼梦》的人也都不敢下注解。所以后四十回里写凤姐的下场竟完全与这"二令三人木"无关。这个谜只好等上海灵学会把曹雪芹先生请来降坛时再来解决了！此外，又如写和尚送玉一段，文字的笨拙，令人读了作呕。又如写贾宝玉忽然肯做八股文，忽然肯去考举人，也没有道理。高鹗补《红楼梦》时，正当他中举人之后，还没有中进士。如果他补《红楼梦》在乾隆六十年之后，贾宝玉大概非中进士不可了！

以上所说，只是要证明《红楼梦》的后四十回确然不是曹雪芹做的。但我们平心而论，高鹗补的四十回，虽然比不上前八十回，也确然有不可埋没的好处。他写司棋之死，写鸳鸯之死，写妙玉的遭劫，写凤姐的死，写袭人的嫁，都是很有精彩的小品文字，最可注意的是这些人都写作悲剧的下场。还有那最重要的"木石前盟"一件公案，高鹗居然忍心害理的教黛玉病死，教宝玉出家，作一个大悲剧的结束，打破中国小说的团圆迷信。这一点悲剧的眼光，不能不令人佩服。我们试看高鹗以后，那许多《续红楼梦》和《补红楼梦》的人，那一人不是想把黛玉、晴雯都从棺材里扶出来，重新配给宝玉？那一个不是想做一部"团圆"的《红楼梦》的？我们这样退一步想，就不能不佩服高鹗的补本了。我们不但佩服，还应该感谢他，因为他这部悲剧的补本，靠着那个"鼓担"的神话，居然打倒了后来无数的团圆《红楼梦》，居然替中国文学保存了一部有悲剧下场的小说！

以上是我对于《红楼梦》的"著者"和"本子"两个问题的答案。我觉得我们做《红楼梦》的考证，只能在这两个问题上着手；只能运用我们力所能搜集的材料，参考互证，然后抽出一些比较的最近情理的结论。这是考证学的方法。我在这篇文章里，处处想撇开一切先入的成见；处处存一个搜求证据的目的；处处尊重证据，让证据做向导，引我到相当的结论上去。我的许多结论也许有错误的，——自从我第一次发表这篇《考证》以来，我已经改正了无数大错误了，——也许有将来发现新证据后即须改正的。但我自信：这种考证的方法，除了《董小宛考》之外，是向来研究《红楼梦》的人不曾用过的。我希望我这一点小贡献，能引起大家研究《红楼梦》的兴趣，能把将来的《红楼梦》研究引上正当的轨道去：打破从前种种穿凿附会的"红学"；创造科学方法的《红楼梦》研究！

一九二一年三月二七日初稿

一九二一年十一月十二日改定稿

【附记】

初稿曾附录《寄蜗残赘》一则：

《红楼梦》一书，始于乾隆年间。……相传其书出汉军曹雪芹之手。嘉庆年间，逆犯曹纶即其孙也。灭族之祸，实基于此。

这话如果确实，自然是一段极重要的材料。因此我就去查这一桩案子的事实。

嘉庆十八年癸酉(一八一三),天理教的信徒林清等勾通宫里的小太监,约定于九月十五日起事,乘嘉庆帝不在京城的时候,攻入禁城,占据皇宫。但他们的区区两百个乌合之众,如何能干这种大事? 所以他们全失败了,林清被捕,后来被磔死。

林清的同党之中,有一个独石口都司曹纶和他的儿子曹幅昌都是很重要的同谋犯。那年十月己未的上谕说:

> 前因正黄旗汉军兵丁曹幅昌从习邪教,与知逆谋。……兹据说明,曹幅昌之父曹纶听从林清入教,经刘四等告知逆谋,允为收众接应。曹纶身为都司,以四品职官习教从逆,实属猪狗不如,罪大恶极! ……

那年十一月中,曹纶等都被磔死。

清礼亲王昭梿是当日在紫禁城里的一个人,他的《啸亭杂录》卷六记此事有一段说:

> 有汉军独石口都司曹纶者,侍郎曹瑛后也(瑛字一本或作寅。),家素贫,尝得林清伙助,遂入贼党。适之任所,乃命其子曹福昌勾结不轨之徒,许为城中内应。……曹福昌临刑时,告刽子手曰:"我是可交之人,至死不卖友以求生也! ……"

《寄蜗残赘》说曹纶是曹雪芹之孙,不知是否根据《啸亭杂录》说的。我当初已疑心此曹瑛不是曹寅,况且官书明说曹瑛是正黄旗汉军,与曹寅不同旗。前天承陈筱庄先生(宝泉)借我一部《靖逆记》(兰簃外史纂,嘉庆庚辰刻),此书记林清之变很详细。其第六卷有《曹纶传》,记他家世系如下:

> 曹纶,汉军正黄旗人。曾祖金铎,官骁骑校;伯祖瑛,历官

工部侍郎；祖瑊，云南顺宁府知府；父廷奎，贵州安顺府同知。……廷奎三子，长绅，早卒；次维，武备院工匠；次纶，充整仪卫，擢治仪正，兼公中佐领，升独石口都司。

此可证《寄蜗残赘》之说完全是无稽之谈。

一九二一年十一月十二日

传记文学①

今天我想讲讲中国最缺乏的一类文学——传记文学。

这并不是因为我对传记文学有特别研究，而是因为我这二三十年来都在提倡传记文学。以前，我在北平，上海曾演讲过几次，提倡传记文学；并且在平常谈话的时候，也曾劝老一辈的朋友们多保留传记的材料，如梁任公先生，蔡孑民先生和绰号财神菩萨的梁士诒先生等，我都劝过。梁士诒先生有一个时期很受社会的毁谤。有一次，他来看我，我就劝他多留一点传记材料，把自己在袁世凯时代所经过的事，宣布出来，作成自传；不一定要人家相信，但可以借这个机会把自己做事的立场动机赤裸裸的写出来，给历史添些材料。可是这三位先生过去了，都没有留下自传。蔡先生去世十多年，还没有人替他做一部很详细的传记。梁任公先生五十多年的生活，是生龙活虎般的；他的学说，影响了中国数十年；我们觉得应该替他作一部好的传记。那时丁文江先生出来担任蒐集梁任公传记的材料，发出许多信并到处登广告，征求梁任公与朋友来往的书札以及其他的记述。丁先生将所得到的几万件材料，委托一

① 此文原载台北《中央日报》1953 年 1 月 13 日，后收入 1986 年远流出版公司《胡适演讲集》(一)。

位可靠并有素养的学者整理；后来写了一个长篇的初稿，油印几十份交给朋友们校阅。不幸国家多故，主办的丁文江先生很忙，未及定稿他本人也死了。所以梁任公先生传记到现在还没有定稿。梁士诒先生死后，他的学生叶誉虎先生根据他生前所经手做的事情的许多原始材料，编了两本《梁燕孙先生年谱》。这虽然不是梁先生的自传，但是内容完备详细，我看了很高兴。这个《年谱》的刊行，可以说是我宣传传记文学偶然的收获。今天借这个机会我又要来宣传传记文学了！我希望大家就各人范围之内来写传记，养成蒐集传记材料和爱读传记材料的习惯。

师院同学曾要我谈谈《红楼梦》。《红楼梦》也是传记文学，我对《红楼梦》的作者曹雪芹作过考据，蒐集曹雪芹传记材料，知道曹雪芹名霑，雪芹是他的别号，他的前四代是曹禧、曹寅、曹颙、曹洪。《现代名人大辞典》里列有曹霑的名字，使爱读《红楼梦》的人知道《红楼梦》作者的真名和他的历史，算是我的小小贡献。这种事情是值得提倡的……我希望这次回来能将我所写的有关《红楼梦》的文章（散见在《胡适文存》《胡适论学近著》中的），再加上我朋友们所找到的有关曹家的材料（如台大教授李玄伯先生所发表过的文章，以及吴相湘先生在清故宫发现的秘密了差不多一百五十年的奏本）收集在一起，合印为一册，使爱读《红楼梦》及关心《红楼梦》的人有一个参考。也许我下次再来时，便可以谈谈《红楼梦》了。

我觉得二千五百年来，中国文学最缺乏最不发达的是传记文学。中国的正史，可以说大部分是集合传记而成的；可惜所有的传记多是短篇的。如《史记》《汉书》《后汉书》《三国志》《晋书》等，其中的传记有许多篇现在看起来仍然是很生动的。我们略举几个例：太史公的《项羽本纪》，写得很有趣味；《叔孙通传》，看起来句句恭维叔孙通，而其实恐怕是句句挖苦叔孙通。《汉书·外戚传》

中的《赵飞燕传》，描写得很详细，保存的原料最多。《三国志》裴松之的注，十之八九是传记材料。《晋书》也有许多有趣味的传记，不幸是几百年后才写定的。《晋书》搜集了许多小说——没有经过史官严格审别的材料，成为小说传记，给中国传记文学开了一个新的体裁。后来作墓志铭小传，都是受了初期的几部伟大的历史——《史记》《汉书》《三国志》等——的传记体裁的影响。不过我们一开头就作兴短传记的体裁，是最不幸的事。

中国传记文学第一个重大缺点是材料太少，保存的原料太少，对于被作传的人的人格，状貌，公私生活行为，多不知道；原因是个人的记录日记与公家的文件，大部分毁弃散佚了。这是中国历史记载最大的损失。

除了短篇传记之外，还有许多名字不叫传记，实际是传记文学的言行录。这些言行录往往比传记还有趣味。我们中国最早、最出名，全世界都读的言行录，就是《论语》。这是孔子一班弟子或者弟子的弟子，对于孔子有特别大的敬爱心，因而把孔子生平的一言一行记录下来，汇集而成的。

中国从前的文字没有完全做到记录语言的职务；往往在一句话里面把许多虚字去掉了。《尚书》"商盘""周诰"为什么不好懂？就是因为当初记录时，没有把虚字记录下来，变成电报式的文字。现在打电报，为了省钱，把"的""呢""吗"等虚字去掉。古代的文字记载所有过简的毛病，不是省钱，而是因为记录的工具——文字不完全。大概文字初用的时候，单有实字——名词、代名词，没有虚字。实字是骨干重要，虚字是血脉，精神。骨干重要，血脉更重要。所以古时的文字，不容易把一个人讲的话很完全的记录下来。到了春秋时代，文字有了进步，开始有说话的完全记录。最早最好的说话记录，是《诗经》。《诗经》里的《大雅》《周颂》，文字还不十分完全。但是《国风》全部和《小雅》一部分，是民间歌唱的文字；因为实在太好了，所以记录的人把实字，虚字通通记录下来了。如"投我以木桃；报之以琼瑶。匪报也，永以为好也！"表示口气的"也"字都写出来了。又如"俟我于著乎而？充耳以素乎而？尚之以琼华乎而？"你看看，耳环戴红的好，还是戴白的好？又戴什么花咧？把一个漂亮的小姐问他爱人的神态，通通表现出来了。这是记录文字的一个好榜样。至历史上最好的言行录，就是刚才说的《论语》。《论语》文字，虚字最多。比方"学而时习之，不亦说乎！"一句话有五个虚字。子禽问于子贡曰："夫子至于是邦也，必闻其政，求之欤？抑与之欤？"这是孔子的一个学生问另外一个学生的话。拿现在的话来说：我们的老师到一个国家，就知道人家政治的事情，这是他自己要求得来的，还是人家给他的呢？子贡答复的最后两句话："夫子之求之也，其诸异乎人之求之欤！"（我们的先生要求知道政治的事情，恐怕同别人家的要求不同一点吧！）这样一句话，竟有十个虚字。这是把说话用文字完完全全记录出来的缘故，妙处也就在这里。

《论语》这部书，在中国文学史上占最重要的地位。这部书的绝大部分是记孔子同他的弟子或其他的人问答的话的。聪明的学生问他，有聪明的答复；笨的学生问他同样的一个问题，他的答复便不同。孔子说话，是因人而异的；但他对学生，对平辈，以及对国君——政治领袖——那种不卑不亢的神情，在《论语》里面，是很完整的表现出来了。现在有许多人提倡读经：我希望大家不要把《诗经》《论语》《孟子》当成经看。我们要把这些书当成文学看，才可以得到新的观点，读起来，也才格外发生兴趣。比方鲁定公问孔子一个问题，问得很笨。他问道："一言而可以兴邦，有诸？"这正如现在我要回到美国，美国的新闻记者要我以一分钟的时间报告这次回中国台湾的观感一样。孔子对曰:"言不可以若是;其几也!人之言曰:'为君难;为臣不易。'如知为君之难也,不几乎一言而兴邦乎?"(孔子的话译成现在的话就是:"一句话便可以把国家兴盛起来,不会有这样简单的事;但说个'差不多'罢!曾有人说过:'做君上难;做臣下也不容易。'如果一个国君知道做君上的难,那么不是一句话就差不多可以把国家兴盛起来么?")定公又问:"一言而丧邦,有诸?"孔子答复道:"言不可以若是;其几也!人之言曰:'予无乐乎为君,唯其言而莫予违也!'如其善而莫之违也,不亦善乎!如不善而莫之违也,不几乎一言而丧邦乎?"(孔子的话译成现代的话就是:"一句话把一个国家亡掉,不会有这样简单的事;但说个'差不多'罢!曾有人说过:'我不喜欢做一个国君;做一个国君只有一件事是可喜欢的,那就是:我的话没有人敢违抗。'如果他所说的是好话而没有人敢违抗,那岂不是很好的事!如果他所说的不是好话而没有人敢违抗,那么,岂不是一句话便差不多会把一个国家亡掉了么!")我们从孔子和鲁定公这段对话来看,知道《论语》里面,用了相当完备的虚字。用了完备的虚字,就能够把孔子循循善诱的神气和不亢不卑的态度都表现出来了。像这样一部真正纯粹的白话言行录,实在是值得宣传,值得仿效的。很可惜的,二千五百年来,没有能继续这个言行录的传统。不过单就《论语》来说,我们也可知道,好的传记文字,就是用白话把一言一行老老实实写下来的。诸位如果读经,应该把《论语》当作一部开山的传记读。

我们若从语言文字发展的历史来看,更可以知道《论语》是一部了不得的书。它是二千五百年来,第一部用当时白话所写的生动的言行录。从《论语》以后,我们历史上使人崇拜的大人物的言行,用白话文记录下来的,也有不少。比方昨天我们讲禅宗问题时提到的许多禅宗和尚留下来的语录,都是用白话写的。这些大和尚的人格，思想，在当时都是了不得的。他有胆量把他的革命思想——守旧的人认为危险的思想说出来，做出来，为当时许多人所佩服。他的徒弟们把他所做的记下来。如果用古文记，就记不到那样的亲切，那样的不失说话时的神气。所以不知不觉便替白话文学，白话散文开了一个新天地。尤其是湖南"德山"和尚和河北"灵济"和尚的语录，可以说都是用最通俗的话写成的。现在我不必引证他们的语录，但是从那记言记行的文字中，可以知道，这些大和尚的语录，的确留下了一批传记的材料。

还有古时的许多大哲学家，思想界的领袖，他们的言行录，也是一批传记的史料。比方死于一千二百年的朱子，在他未死之前，他的学生就曾印出许多"朱子语录"，朱子死了之后，又印出了许多。这些都是朱子的学生们，在某年某月向朱子问学所记录下来的东西。这些语录，大部分是白话文。后来"朱子语录"传出来的太多了，于是在朱子死后六七十年间，便有人出来搜集各家所记的语录，合成一书，以便学者。这就是我们现在所有的黎清德编的《朱子语类》一百四十卷。假如写朱子传记，这部语类就是好材料。为朱子写年谱的人很多。最有名的是一位王懋竑先生；他费了半生时间，为朱子写年谱，都是用语录作材料。这些白话语录，记得很详细；有时一段谈话，就有几千字的纪录。这些有价值的材料，到现在还没有充分利用。像这样完全保存下来的史料，实在很少很少。明朝有一位了不得的哲学家王阳明，他的学生佩服老师，爱敬老师，也为老师记下了一大批白话语录。后来就有人根据这些语录，来写王阳明年谱。语录可说是中国传记文学中比较好的一部分。可惜二千五百年来，中国历史上许多真正大学者，平生的说话，很少有人这样详细的用白话记录下来的。就是个人的日记，书翰，札记这类材料，也往往散佚，不能好好的保存下来。所以中国的文学中，二千五百年来，只有短篇的传记，伟大的传记很少很少。

我们再看西洋文学方面是怎样的呢？最古的希腊时代，就有许多可读的传记文学；譬如大哲学家苏格拉底（Socrates）的两个大弟子，都曾写下许多苏格拉底的言行录。他的一个大弟子叫施乃芬（Xenophon），规规矩矩的写他老师的一言一行。另外一个大弟子柏拉图（Plato），是一个天才的文学家。他认为他的老师是一个最伟大的人，不应该没有传记，不应该没有生动的、活的传记。他用戏剧式写出了他的老师苏格拉底和朋友及门人的对话。这种对话留传下来的有几十种。其中关于苏格拉底临死以前的记录就有三种。当时社会上的人控告苏格拉底，说他是异端、邪说，不相信本国的宗教，煽惑青年，带坏了青年，要予他的惩罚。当时的希腊已是民主政治，就将他交由人民审判——议会审判。柏拉图所描写苏格拉底在法庭上为他自己辩护的对话，叫做《苏格拉底辩护录》，为世界上不朽的传记文学。审判的结果，还是判他死罪。再一部是写他在监里等死的时候，同一个去看他的学生的对话录。还有一部是写他死刑的日子，服毒前的情景。当毒药拿来时，他还如平时一样从容的同他的学生谈话，谈哲学和其他学问的问题，等到时候到了，苏格拉底神色不变的将毒药吃下去。那种毒药的药性，是先从脚下一点一点的发作上来的。苏格拉底用手慢慢向上摸着说："你看！药性已经发作到这地方了。"他的学生看到毒药在他老师身上起着变化，拿一条巾把他盖起来；一会儿苏格拉底还没有死，自己把它拿开了，嘱咐他的学生说："我在药王——医药之神——前许过愿要献他一只鸡。请你不要忘记了，回去以后，到医药之神那里献上一只鸡。"他的学生说："一定不敢忘记。"这是最后的问答。这三种谈话录，可算是世界文学中最美、最生动、最感人的传记文学。

基督教的《新约全书》中有四福音。第四个福音为《约翰福音》，是四福音中较晚的书。前面三个福音为《马太福音》《马可福音》《路加福音》；这三个福音是耶稣死后不久，他的崇拜者所记下来的三种耶稣的言行录，也像《论语》为孔子的一种言行录一样。这三种言行录中有一部分的材料相同，有一部分不相同，但都是记录他们所爱戴的人在世时的一言一行的。这三个福音也是西洋重要的传记文学。以传记文学的眼光来看，是很值得人人一读的。

　　在希腊、罗马以后，当十八世纪的时候，英国有一个了不得的文学家约翰生博士（Dr. Johnson）。这个人谈锋很好，学问也很好。同时有一个人叫做博施惠（Boswell）的，极崇拜约翰生，就天天将约翰生所说的话记录下来。后来就根据他多年所写的记录，作了一部《约翰生传》。这是一部很伟大的传记，可以说是开了传记文学的一个新的时代的。

　　再说九十年前就任美国总统的林肯，是一个出身很穷苦的人。他由于自己努力修养成为一个大人物，在国家最危险的时期出来作领袖。他在被选为连任总统的第一年中，被人刺杀而死。这个真正伟大人物的传记，九十年来仍不断的出来；新材料到今天还时有发现，其中有许多部可以说是最值得读的书。

　　不但文人和政治家的传记值得读，就是科学家的传记也值得读。近代新医学创始人巴斯德（Pastur）的传记，是由他的女婿写的，也是一部最动人的传记。巴斯德是十九世纪中法国的化学家。到他以后，医学家才确定承认疾病的传染是由于一种微菌。他一生最大的贡献也就在于微菌的发现。我们中国有一句很流行的话，叫做"物必先腐也，而后虫生之"。差不多很多人做文章的时候都这样写。其实这一句话是最错误的。照近代医学的证明，并不是物腐而后虫生，乃是虫生而后物腐。这个重大而最有利于生命的发现，是巴斯德对于人类的大贡献。这一个科学家的传记，使我这个外行人一直看到夜里三四点钟，使我掉下来的眼泪润湿了书页。我感觉到传记可以帮助人格的教育。我国并不是没有圣人贤人；只是传记文学不发达，所以未能有所发扬。这是我们一个很大的损失。

我们的传记文学为什么不发达呢？我想这个问题值得大家讨论。今天时间不多，只简单的就个人所领会的提出二三点：

第一，传记文学写得好，必须能够没有忌讳；忌讳太多，顾虑太多，就没有法子写可靠的生动的传记了。譬如说，中国的帝王也有了不得的人，像汉高祖、汉光武、唐太宗等，都是不易有的人物。但是这些人都没有一本好传记。我刚才说过，古代历史中对传记文学的贡献很少；现在我想起，在《后汉书》中有一篇《汉光武传》，是值得我们注意的。这一篇中，保存了许多光武寄给他的将领、大臣以及朋友的短信——原来也许是长信，大概是由史官把他删节成为一二句或几行的短信的。除此以外，其他的帝王传记都没有这样的活材料。因为执笔的人，对于这些高高在上的人多有忌讳，所以把许多有价值的材料都删削去了。讲到这里，我不能不一一提及一件近代的掌故。清朝末年有一个做过外国公使的人的女儿，叫做德龄公主的，懂得几句外国话，后来嫁给外国人。她想出一个发财的方法，要做文学的买卖，就写了一部《西太后传》。你想她这样的人一生中能够看见几次西太后？我恐怕她根本就没有法子看见西太后，所以从头就造谣言来骗外国人。这样的传记，当然不会有什么大价值的。

此外，有许多人有材料不敢随意流传出去，尤其是专制国家中政治上社会上有地位的人，甚至文人，往往毁灭了许多有价值的传记材料。譬如，清朝的曾国藩，是一个很了不得的人；他死了以后，他的学生们替他写了一个传记。但是我把他的日记（据说印出来的日记已经删掉一部分）对照起来，才知道这本传记，并没有把曾国藩这个人写成活的人物。我们可以说一直到现在，还没有一本好的曾国藩的传记。什么缘故呢？因为有了忌讳。中国的传记文学，因为有了忌讳，就有许多话不敢说，许多材料不敢用，不敢赤裸裸的写一个人，写一个伟大人物，写一个值得做传记的人物。

第二个原因，是我们缺乏保存史料的公共机关。从前我们没有很多的图书馆——公家保存文献的机关，一旦遇到变乱的时候，许多材料都不免毁去。譬如说，来了一个兵乱，许多公家或私人的传记材料都会完全毁灭。我举一件事情来说明这个道理罢。大家知道第一次世界大战时美国总统威尔逊是一个伟大的人物，为举世所公认的伟大领袖。他死了以后，他家属找人替他作传，就邀集了许多朋友在家中商量。后来决定请贝克（Baker）替他作传。贝克考虑后答应了。所需的材料，威尔逊太太答应替他送去；后来由当时的陆军部长下命令，派七节铁甲车替威尔逊太太装传记材料给贝克。你想，光是威尔逊太太家中所存的材料就可以装了七辆车！我们中国因为很少有保存这种材料的地方，所以有些时候，只好将这种材料烧毁了。烧毁之后，不知道毁去多少传记学者要保留的材料。

以上两点，只是部分说明中国传记文学所以不发达的原因。还有第三个原因是因为文字的关系。我感觉得中国话是世界上最容易懂的话。但文字的确是困难的。以这样的文字来记录活的语言，确有困难。所以传记文学遂不免吃了大亏。

前边我介绍的几部我们文学中的模范传记，也可以说是我们划时代的传记文学。《论语》是一部以活的文字来记录活的语言的；禅宗和尚的语录，在文学上也开了一个新的纪元，在传记文学上开辟了一个新的天地,提倡了一种新的方法。后来中国理学家的语录,像《朱子语类》和《传习录》(王阳明)等等,多是用白话来记录的。但因为文字的困难,不容易完完全全记录下活的语言,所以这类的文学,发达得比较慢。这是我们传记文学不发达的第三个原因。

最后,我想提出两部我个人认为是中国最近一二百年来最有趣味的传记。这两部传记,虽然不能说可以与世界上那些了不得的传记相比,但是它在我们中国传记中,却是两部了不得,值得提倡的传记。

一、《罗壮勇公年谱》(即《罗思举年谱》);

二、《汪辉祖病榻梦痕录》及《梦痕余录》。

这两部书,是我多少年来蒐求传记文学得到的。现在先介绍第二部。

汪辉祖,本来是一个绍兴师爷。当他十几岁的时候,就开始跟人家学做幕府。后来慢慢的做到正式幕府。所谓幕府,就是刑名师爷。因为从前没有法律学校,士子做官的凭科举进阶。而科举考的是文学,考中的人,又不见得就懂法律,所以做官的人,可以请一个幕府来做法律顾问,以备审问案件的时候的咨询。汪辉祖从十七岁步入仕途,一直在做幕府工作,直到三十九岁左右才中了进士。他虽然没有点翰林,但是已经取得了做官的资格,就奉派到湖南做知县。因为他是做幕府出身的,所以当他奉派到湖南做知县的时候,他没有请幕府。就这样一直做到和他的上司闹翻了,才罢官回乡。在家园中又过了几十年,才与世长辞。他的这部《病榻梦痕录》与《梦痕余录》,写的就是他做幕府与做官的那些经历,实在是一部自传。因为他生在清朝乾嘉时代,受了做官判案的影响,所以他以幕府判案的方法和整理档案的方法,来整理学问的材料。

他所著的那部《史姓韵编》，可以说是中国《二十四史》的第一部人名索引。他讲政治的书籍，连《梦痕余录》在内，后人编印了出来，名叫《汪龙庄遗书》。这一部书后来成为销行最广的"做官教科书"，凡是做知县的人，都要用到这部书，因为这部书里头，尽是关于法律、判案、做官及做幕府的东西。我名为"做官教科书"，是名副其实的。

汪辉祖的自传，在现代眼光看来，当然嫌它简略。但是我们如果仔细从头读下去，就可以知道是一部了不得的书。我们读了以后，不但可以晓得司法制度在当时是怎样实行的，法律在当时是怎样用的，还可以从这部自传中，了解当时的宗教信仰和经济生活，所以后来我的朋友卫挺生要写中国经济史，问我到那里去找材料，我就以汪辉祖的书告诉他。因为我看了这本书，知道他在每年末了，把这一年中，一块本洋一柱的换多少钱，二柱、三柱的又换多少钱，谷子麦子每石换多少钱，都记载得很清楚。我当时对本洋的一柱、二柱、三柱等名目，还弄不清楚。卫挺生先生对这本书很感兴趣；研究以后向我说：书中所谓一柱、二柱、三柱，就是罗马字的 I Ⅱ Ⅲ，为西班牙皇帝一世、二世、三世的标记；中国当时不认识这种字，所以就叫它一柱、二柱、三柱。

其次讲到当时的宗教信仰。这里所谓宗教信仰，不是讲皇帝找和尚去谈禅学，而是说从这本传记中可以了解当时士大夫所信仰的是什么。因为汪辉祖曾经替人家做过幕府，审问过人民的诉讼案件；我们看他的自传，可以知道他是用道德的标准来负起这个严格的责任的。他说：他每天早晨起来，总是点一支香念一遍《太上感应篇》，然后再审案。这是继续不断，数十年如一日的。《太上感应篇》是专讲因果报应的；我们当然不会去相信它。不过还是值得看一看。汪辉祖天天都要念它一遍；这可以代表一个历史事实，代表他们所谓"生做包龙图，死做阎罗王"的思想。包龙图是一个清官；俗传，他死了以后，就做了第五殿阎罗王。所以他们认为生的时候做官清廉，死了就有做阎罗判官的资格。这原是他的一种理想，也可说是当时一般法律家的一大梦想。由于汪辉祖每天要念《太上感应篇》，所以他到了老年生病发烧发寒的时候，就做起怪梦来，说是有个女人来找他去打官司，为的是汪辉祖曾经因为救了一个人的生命，结果使她没有得到贞节牌坊，所以告他一状，说他救生不救死。汪辉祖当时对这个案子虽然很感困难，但也觉得似乎有点对不起那个女子。但是人家既然告了他的状，他也不得不去对质。对质结果，准他的申诉。这一段写得很可笑。我讲这件事有什么意思呢？就是我们从这里可以看出汪辉祖的宗教观。

其次，讲到《罗壮勇公（思举）年谱》——这也是值得一看的书。罗思举是贫苦出身的。当满清嘉庆年间，白莲教作乱，满清官兵不够用了，就用各省的兵。罗思举就是在这个军队中当大兵出身的，从来慢慢晋升，竟做了几省的提督。因为罗思举是当兵出身的，所以他写的自传，都是用的很老实很浅近的白话。现在，我就举一两个例子，来看看他写的是多么的诚朴。他说：他当小孩子的时候，曾经做个贼，偷过人家的东西；他的叔父怕他长大也不学好，所以就把他打了一顿，然后再拿去活埋；幸而掩埋的泥土盖得不多，所以他能够爬了出来，并跑到军队里头去当兵。这一点，可以说是写得很老实的。至于他写清朝白莲教的情形，也很可注意。他说白莲教原不叫白莲教，而叫"百莲教"，就是一连十、十连百的一种秘密组织。当时剿"白莲教"的军队，据他说都是一些叫化子军队；打起狗来，把狗肉吃了，狗皮就披在身上蔽体。这也是一种赤裸裸的写法。最后，我还要举一个例子：我们常常听到人说，我们是精神文明的国家，我们希望这种人把罗思举的年谱仔仔细细的一读。

他说，有一天在打仗的时候，送粮的人没有赶上时间，粮草因此断绝。他怕影响军心，于是他就去报告他的长官："我们粮草断绝，没有办法，可不可以把几千俘虏杀来吃?"他的长官说："好。"结果，就把俘虏杀来吃了，留下一些有毛发的部分。第二天，运粮的人仍然没有到，于是又把昨天丢了的那些有毛发的部分捡起来吃。第三天，粮草才运到。这些都是赤裸裸的写实。

我过去对中国传记文学感到很失望；但是偶然得了一些值得看一看的材料，所以特别介绍出来供诸位朋友研究。

名　教[①]

中国是个没有宗教的国家，中国人是个不迷信宗教的民族。——这是近年来几个学者的结论。有些人听了很洋洋得意，因为他们觉得不迷信宗教是一件光荣的事。有些人听了要做愁眉苦脸，因为他们觉得一个民族没有宗教是要堕落的。

于今好了。得意的也不可太得意了，懊恼的也不必懊恼了。因为我们新发现中国不是没有宗教的：我们中国有一个很伟大的宗教。

孔教早倒霉了，佛教早衰亡了，道教也早冷落了。然而我们却还有我们的宗教。这个宗教是什么教呢？提起此教，大大有名，他就叫做"名教"。

名教信仰什么？信仰"名"。

名教崇拜什么？崇拜"名"。

名教的信条只有一条："信仰名的万能。"

"名"是什么？这一问似乎要做点考据。《论语》里孔子说，"必也正名乎"，郑玄注：

---

① 此文最初发表于 1928 年 7 月 10 日《新月》月刊第一卷第五号，后收入《胡适文存》第三集，上海亚东图书馆 1930 年出版。

> 正名，谓正书字也。古者曰名，今世曰字。

《仪礼·聘礼》注：

> 名，书文也。今谓之字。

《周礼·大行人》下注：

> 书名，书文字也。古曰名。

《周礼·外史》下注：

> 古曰名，今曰字。

《仪礼·聘礼》的释文说：

> 名，谓文字也。

总括起来，"名"即文字，即是写的字。

"名教"便是崇拜写的文字的宗教；便是信仰写的字有神力，有魔力的宗教。

这个宗教，我们信仰了几千年，却不自觉我们有这样一个伟大宗教。不自觉的缘故正是因为这个宗教太伟大了，无往不在，无所不包，就如同空气一样，我们日日夜夜在空气里生活，竟不觉得空气的存在了。

现在科学进步了，便有好事的科学家去分析空气是什么，便也有好事的学者去分析这个伟大的名教。

民国十五年有位冯友兰先生发表一篇很精辟的《名教之分析》(《现代评论第二周年纪念增刊》，页一九四——九六)。冯先生指出"名教"便是崇拜名词的宗教，是崇拜名词所代表的概念的宗教。

冯先生所分析的还只是上流社会和智识阶级所奉的"名教"，它的势力虽然也很伟大，还算不得"名教"的最重要部分。

这两年来,有位江绍原先生在他的"礼部"职司的范围内,发现了不少有趣味的材料,陆续在《语丝》《贡献》几种杂志上发表。他同他的朋友们收的材料是细大不捐,雅俗无别的,所以他们的材料使我们渐渐明白我们中国民族崇奉的"名教"是个什么样子。

究竟我们这个贵教是个什么样子呢?且听我慢慢道来。

先从一个小孩生下地说起。古时小孩生下地之后,要请一位专门术家来听小孩的哭声,声中某律,然后取名字。(看江绍原《小品》百六八,《贡献》第八期,页二四。)现在的民间变简单了,只请一个算命的,排排八字,看他缺少五行之中的那一行。若缺水,便取个水旁的名字;若缺金,便取个金旁的名字。若缺火又缺土的,我们徽州人便取个"灶"字。名字可以补气禀的缺陷。

小孩命若不好,便把他"寄名"在观音菩萨的座前,取个和尚式的"法名",便可以无灾无难了。

小孩若爱啼啼哭哭,睡不安宁,便写一张字帖,贴在行人小便的处所,上写着:

> 天皇皇,地皇皇,我家有个夜啼郎。过路君子念一遍,一夜睡到大天光。

文字的神力真不少。

小孩跌了一跤,受了惊骇,那是骇掉了"魂"了,须得"叫魂"。魂怎么叫呢?到那跌跤的地方,撒把米,高叫小孩子的名字,一路叫回家。叫名便是叫魂了。

小孩渐渐长大了,在村学堂同人打架,打输了,心里恨不过,便拿一条柴炭,在墙上写着诅咒他的仇人的标语:"王阿三热病打死"。他写了几遍,心上的气便平了。

他的母亲也是这样。他受了隔壁王七嫂的气,便拿一把菜刀,在刀板上剁，一面剁，一面喊"王七老婆"的名字，这便等于乱剁王七嫂了。

他的父亲也是"名教"的信徒。他受了王七哥的气，打又打他不过，只好破口骂他，骂他的爹妈，骂他的妹子，骂他的祖宗十八代。骂了便算出了气了。

据江绍原先生的考查，现在这一家人都大进步了。小孩在墙上会写"打倒阿毛"了，他妈也会喊"打倒周小妹"了，他爸爸也会贴"打倒王庆来"了。（《贡献》九期，江绍原《小品》百七八。）

他家里人口不平安，有病的，有死的。这也有好法子。请个道士来，画几道符，大门上贴一张，房门上贴一张，毛厕上也贴一张，病鬼便都跑掉了，再不敢进门了。画符自然是"名教"的重要方法。

死了的人又怎么办呢？请一班和尚来，念几卷经，便可以超度死者了。念经自然也是"名教"的重要方法。符是文字，经是文字，都有不可思议的神力。

死了人，要"点主"。把神主牌写好，把那"主"字上头的一点空着，请一位乡绅来点主。把一支雄鸡头上的鸡冠切破，那位赵乡绅把朱笔蘸饱了鸡冠血，点上"主"字。从此死者的灵魂遂凭依在神主牌上了。

吊丧须用挽联，贺婚贺寿须用贺联，讲究的送幛子，更讲究的送祭文寿序。都是文字，都是"名教"的一部分。

豆腐店的老板梦想发大财，也有法子。请村口王老师写副门联："生意兴隆通四海，财源茂盛达三江"。这也可以过发财的瘾了。

赵乡绅也有他的梦想，所以他也写副门联："总集福荫，备至嘉祥"。

王老师虽是不通，虽是下流，但他也得写一副门联："文章华国,忠孝传家"。

豆腐店里老板心里还不很满足,又去请王老师替他写一个大红春帖:"对我生财",贴在对面墙上,于是他的宝号就发财的样子十足了。

王老师去年的家运不大好,所以他今年元旦起来,拜了天地,洗净手,拿起笔来,写个红帖子:"戊辰发笔,添丁进财"。他今年一定时运大来了。

父母祖先的名字是要避讳的。古时候,父名晋,儿子不得应进士考试。现在宽的多了,但避讳的风俗还存在一般社会里。皇帝的名字现在不避讳了。但孙中山死后,"中山"尽管可用作学校地方或货品的名称,"孙文"便很少人用了;忠实同志都应该称他为"先总理"。

南京有一个大学,为了改校名,闹了好几次大风潮,有一次竟把校名牌子抬了送到大学院去。

北京下来之后,名教的信徒又大忙了。北京已改做"北平"了;今天又有人提议改南京做"中京"了。还有人郑重提议"故宫博物院"应该改作"废宫博物院"。将来这样大改革的事业正多呢。

前不多时,南京的《京报》附刊的画报上有一张照片,标题是"军事委员会政治训练部宣传处艺术科写标语之忙碌"。图上是五六个中山装的青年忙着写标语;桌上,椅背上,地板上,满铺着写好了的标语,有大字,有小字,有长句,有短句。

这不过是"写"的一部分工作;还有拟标语的,有讨论审定标语的,还有贴标语的。

五月初济南事件发生以后,我时时往来淞沪铁路上,每一次四十分钟的旅行所见的标语总在一千张以上;出标语的机关至少总在七八十个以上。有写着"枪毙田中义一"的,有写着"活埋田中义一"的，有写着"杀尽矮贼"而把"矮贼"两字倒转来写，如报纸上寻人广告倒写的"人"字一样。"人"字倒写，人就会回来了；"矮贼"倒写，矮贼也就算打倒了。

现在我们中国已成了口号标语的世界。有人说，这都是从苏俄学来的法子，这是很冤枉的。我前年在莫斯科住了三天，就没有看见墙上有一张标语。标语是道地的国货，是"名教"国家的祖传法宝。

试问墙上贴一张"打倒帝国主义"，同墙上贴一张"对我生财"或"抬头见喜"，有什么分别？是不是一个师父传授的衣钵？

试问墙上贴一张"活埋田中义一"，同小孩子贴一张"雷打王阿毛"，有什么分别？是不是一个师父传授的法宝？

试问"打倒唐生智""打倒汪精卫"，同王阿毛贴的"阿发黄病打死"，有什么分别？王阿毛尽够做老师了，何须远学莫斯科呢？

自然，在党国领袖的心目中，口号标语是一种宣传的方法，政治的武器。但在中小学生的心里，在第九十九师十五连第三排的政治部人员的心里，口号标语便不过是一种出气泄愤的法子罢了。如果"打倒帝国主义"是标语，那么，第十区的第七小学为什么不可贴"杀尽矮贼"的标语呢？如果"打倒汪精卫"是正当的标语，那么"活埋田中义一"为什么不是正当的标语呢？

如果多贴几张"打倒汪精卫"可以有效果，那么，你何以见得多贴几张"活埋田中义一"不会使田中义一打个寒噤呢？

故从历史考据的眼光看来，口号标语正是"名教"的正传嫡派。因为在绝大多数人的心里，墙上贴一张"国民政府是为全民谋幸福的政府"正等于门上写一条"姜太公在此"，有灵则两者都应该有灵，无效则两者同为废纸而已。

我们试问，为什么豆腐店的张老板要在对门墙上贴一张"对我生财"？岂不是因为他天天对着那张纸可以过一点发财的瘾吗？为什么他元旦开门时嘴里要念"元宝滚进来"？岂不是因为他念这句话时心里感觉舒服吗？

要不然，只有另一个说法，只可说是盲从习俗，毫无意义。张老板的祖宗下来每年都贴一张"对我生财"，况且隔壁剃头店门口也贴了一张，所以他不能不照办。

现在大多数喊口号，贴标语的，也不外这两种理由：一是心理上的过瘾，二是无意义的盲从。

少年人抱着一腔热沸的血，无处发泄，只好在墙上大书"打倒卖国贼"，或"打倒日本帝国主义"。写完之后，那二尺见方的大字，那颜鲁公的书法，个个挺出来，好生威武，他自己看着，血也不沸了，气也稍稍平了，心里觉得舒服的多，可以坦然回去休息了。于是他的一腔义愤，不曾收敛回去，在他的行为上与人格上发生有益的影响，却轻轻地发泄在墙头的标语上面了。

这样的发泄情感，比什么都容易，既痛快，又有面子，谁不爱做呢？一回生，二回熟，便成了惯例了，于是"五一""五三""五四""五七""五九""六三"……都照样做去：放一天假，开个纪念会，贴无数标语，喊几句口号，就算做了纪念了！

于是月月有纪念，周周做纪念周，墙上处处是标语，人人嘴上有的是口号。于是老祖宗几千年相传的"名教"之道遂大行于今日，而中国遂成了一个"名教"的国家。

我们试进一步，试问，为什么贴一张"雷打王阿毛"或"枪毙田中义一"可以发泄我们的感情，可以出气泄愤呢？

这一问便问到"名教"的哲学上去了。这里面的奥妙无穷，我们现在只能指出几个有趣味的要点。

第一，我们的古代老祖宗深信"名"就是魂，我们至今不知不觉地还逃不了这种古代老迷信的影响。"名就是魂"的迷信是世界人类在幼稚时代同有的。埃及人的第八魂就是"名魂"。我们中国古今都有此迷信。《封神演义》上有个张桂芳能够"呼名落马";他只叫一声"黄飞虎还不下马,更待何时!"黄飞虎就滚下五色神牛了。不幸张桂芳遇见了哪吒,喊来喊去,哪吒立在风火轮上不滚下来,因为哪吒是莲花化身,没有魂的。《西游记》上有个银角大王,他用一个红葫芦,叫一声"孙行者",孙行者答应一声,就被装进去了。后来孙行者逃出来,又来挑战,改名做"行者孙",答应了一声,也就被装了进去! 因为有名就有魂了。(参看《贡献》八期,江绍原《小品》百五四。)民间"叫魂",只是叫名字,因为叫名字就是叫魂了。因为如此,所以小孩在墙上写"鬼捉王阿毛",便相信鬼真能把王阿毛的魂捉去。党部中人制定"打倒汪精卫"的标语,虽未必相信"千夫所指,无病自死";但那位贴"枪毙田中"的小学生却难保不知不觉地相信他有咒死田中的功用。

第二,我们古代老祖宗深信"名"(文字)有不可思议的神力,我们也免不了这种迷信的影响。这也是幼稚民族的普通迷信,高等民族也往往不能免除。《西游记》上如来佛写了"唵嘛呢叭咪吽"六个字,便把孙猴子压住了一千年。观音菩萨念一个"唵"字咒语,便有诸神来见。他在孙行者手心写一个"唵"字,就可以引红孩儿去受擒,小说上的神仙妖道作法,总得"口中念念有词"。一切符咒,都是有神力的文字。现在有许多人似乎真相信多贴几张"打倒军阀"的标语便可以打倒张作霖了。他们若不信这种神力,何以不到前线去打仗,却到吴淞镇的公共厕所墙上张贴"打倒张作霖"的标语呢?

第三,我们的古代圣贤也提倡一种"理智化"了的"名"的迷信,几千年来深入人心,也是造成"名教"的一种大势力。卫君要请孔子去治国,孔老先生却先要"正名"。他恨极了当时的乱臣贼子,却又"手无斧柯,奈龟山何!"所以他只好做一部《春秋》来褒贬他们,"一字之贬,严于斧钺;一字之褒,荣于华衮。"这种思想便是古代所谓"名分"的观念。尹文子说:

> 善名命善,恶名命恶。故善有善名,恶有恶名。……今亲贤而疏不肖,赏善而罚恶。贤不肖,善恶之名宜在彼;亲疏赏罚之称宜属我。……"名"宜属彼,"分"宜属我。我爱白而憎黑,韵商而舍徵,好膻而恶焦,嗜甘而逆苦。白黑商徵,膻焦甘苦,彼之"名"也;爱憎韵舍,好恶嗜逆,我之"分"也。定此名分,则万事不乱也。

"名"是表物性的,"分"是表我的态度的。善名便引起我爱敬的态度,恶名便引起我厌恨的态度。这叫做"名分"的哲学。"名教""礼教"便建筑在这种哲学的基础之上。一块石头,变作了贞节牌坊,便可以引无数青年妇女牺牲他们的青春与生命去博礼教先生的一篇铭赞,或志书"列女"门里的一个名字,"贞节"是"名",羡慕而情愿牺牲,便是"分"。女子的脚裹小了,男子赞为"美",诗人说是"三寸金莲",于是几万万的妇女便拼命裹小脚了。"美"与"金莲"是"名",羡慕而情愿吃苦牺牲,便是"分"。现在人说小脚"不美",又"不人道",名变了,分也变了,于是小脚的女子也得塞棉花,充大脚了。——现在的许多标语,大都有个褒贬的用意:宣传便是宣传这褒贬的用意。说某人是"忠实同志",便是教人"拥护"他。说某人是"军阀""土豪劣绅""反动""反革命""老朽昏庸",便是教人"打倒"他。故"忠实同志""总理信徒"的名,要引起"拥护"的分。"反动分子"的名,要引起"打倒"的分。故今日墙上的无数"打倒"与"拥护",其实都是要寓褒贬,定名分。不幸标语用的太滥了,今天要打倒的,明天却又在拥护之列了;今天的忠实同志,明天又变为反革命了。于是打倒不足为辱,而反革命有人竟以为荣。于是"名教"失其作用,只成为墙上的符箓而已。

两千年前,有个九十岁的老头子对汉武帝说:"为治不在多言,顾力行何如耳。"两千年后,我们也要对现在的治国者说:

治国不在口号标语,顾力行何如耳。

一千多年前,有个庞居士,临死时留下两句名言:

但愿空诸所有。

慎勿实诸所无。

"实诸所无",如"鬼"本是没有的,不幸古代的浑人造出"鬼"名,更造出"无常鬼""大头鬼""吊死鬼"等等名,于是人的心里便像煞真有鬼了。我们对于现在的治国者,也想说:

但愿空诸所有。

慎勿实诸所无。

末了,我们也学时髦,编两句口号:

打倒名教!

名教扫地,中国有望!

不　朽[①]

——我的宗教

不朽有种种说法，但是总括看来，只有两种说法是真有区别的。一种是把"不朽"解作灵魂不灭的意思。一种就是《春秋左传》上说的"三不朽"。

一，神不灭论　宗教家往往说灵魂不灭，死后须受末日的裁判：做好事的享受天国天堂的快乐，做恶事的要受地狱的苦痛。这种说法，几千年来不但受了无数愚夫愚妇的迷信，居然还受了许多学者的信仰。但是古今来也有许多学者对于灵魂是否可离形体而存在的问题，不能不发生疑问。最重要的如南北朝人范缜的《神灭论》说："形者神之质，神者形之用。……神之于质，犹利之于刀；形之于用，犹刀之于利。……舍利无刀，舍刀无利。未闻刀没而利存，岂容形亡而神在？"宋朝的司马光也说："形既朽灭，神亦飘散，虽有锉烧舂磨，亦无所施。"但是司马光说的"形既朽灭，神亦飘散"，还不免把形与神看作两件事，不如范缜说的更透切。范缜说人的神灵即是形体的作用，形体便是神灵的形质。正如刀子是形质，刀子的利钝是作用；有刀子方才有利钝，没有刀子便没有利钝。

---

① 　此文选自《胡适文存》第一集卷四，上海亚东图书馆 1921 年出版。

人有形体方才有作用：这个作用，我们叫做"灵魂"。若没有形体，便没有作用了，便没有灵魂了。范缜这篇《神灭论》出来的时候，惹起了无数人的反对。梁武帝叫了七十几个名士作论驳他，都没有什么真有价值的议论。其中只有沈约的《难〈神灭论〉》说："利若遍施四方，则利体无处复立；利之为用正存一边毫毛处耳。神之与形，举体若合，又安得同乎？若以此譬为尽耶，则不尽；若谓本不尽耶，则不可以为譬也。"这一段是说刀是无机体，人是有机体，故不能彼此相比。这话固然有理，但终不能推翻"神者形之用"的议论。近世唯物派的学者也说人的灵魂并不是什么无形体，独立存在的物事，不过是神经作用的总名；灵魂的种种作用都即是脑部各部分的机能作用；若有某部被损伤，某种作用即时废止；人年幼时脑部不曾完全发达，神灵作用也不能完全，老年人脑部渐渐衰耗，神灵作用也渐渐衰耗，这种议论的大旨，与范缜所说"神者形之用"正相同。但是有许多人总舍不得把灵魂打消了，所以咬住说灵魂另是一种神秘玄妙的物事，并不是神经的作用。这个"神秘玄妙"的物事究竟是什么，他们也说不出来，只觉得总应该有这么一件物事。既是"神秘玄妙"，自然不能用科学试验来证明他，也不能用科学试验来驳倒他。既然如此，我们只好用实验主义（Pragmatism）的方法，看这种学说的实际效果如何，以为评判的标准。依此标准看来，信神不灭论的固然也有好人，信神灭论的也未必全是坏人。即如司马光，范缜，赫胥黎一类的人，说不信灵魂不灭的话，何尝没有高尚的道德？更进一层说，有些人因为迷信天堂，天国，地狱，末日裁判，方才修德行善，这种修行全是自私自利的，也算不得真正道德。总而言之，灵魂灭不灭的问题，于人生行为上实在没有什么重大影响；既没有实际的影响，简直可说是不成问题了。

　　二，三不朽说　《左传》说的三种不朽是：一，立德的不朽，二，立功的不朽,三,立言的不朽。"德"便是个人人格的价值,像墨翟,耶稣一类的人,一生刻意孤行,精诚勇猛,使当时的人敬爱信仰,使千百年后的人想念崇拜。这便是立德的不朽。"功"便是事业,像哥伦布发见美洲,像华盛顿造成美洲共和国,替当时的人开一新天地,替历史开一新纪元,替天下后世的人种下无量幸福的种子。这便是立功的不朽。"言"便是语言著作,像那《诗经》三百篇的许多无名诗人,又像陶潜、杜甫、萧士比亚、易卜生一类的文学家,又像柏拉图、卢骚、弥儿一类的哲学家,又像牛敦、达尔文一类的科学家,或是做了几首好诗使千百年后的人欢喜感叹;或是做了几本好戏使当时的人鼓舞感动,使后世的人发愤兴起;或是创出一种新哲学,或是发明了一种新学说,或在当时发生思想的革命,或在后世影响无穷。这便是立言的不朽。总而言之,这种不朽说,不问人死后灵魂能不能存在,只问他的人格,他的事业,他的著作有没有永远存在的价值。即如基督教徒说耶稣是上帝的儿子,他的神灵永远存在,我们正不用驳这种无凭据的神话,只说耶稣的人格、事业和教训都可以不朽,又何必说那些无谓的神话呢?又如孔教会的人每到了孔丘的生日,一定要举行祭孔的典礼,还有些人学那"朝山进香"的法子,要赶到曲阜孔林去对孔丘的神灵表示敬意!其实孔丘的不朽全在他的人格与教训,不在他那"在天之灵"。大总统多行两次丁祭,孔教会多走两次"朝山进香",就可以使孔丘格外不朽了吗?更进一步说,像那"三百篇"里的诗人,也没有姓名,也没有事实,但是他们都可说是立言的不朽。为什么呢?因为不朽全靠一个人的真价值,并不靠姓名事实的流传,也不靠灵魂的存在。试看古今来的多少大发明家,那发明火的,发明养蚕的,发明缲丝的,发明织布的,发明水车的,发明舂米的、水碓的,发明规矩的,发明秤的,……虽然姓名不传,事实湮没,但他们的功业永远存在,他们也就都不朽了。这种不朽比那个人的小小灵魂的存在，可不是更可宝贵，更可羡慕吗？况且那灵魂的有无还在不可知之中，这三种不朽——德，功，言——可是实在的。这三种不朽可不是比那灵魂的不灭更靠得住吗？

以上两种不朽论，依我个人看来，不消说得，那"三不朽说"是比那"神不灭说"好得多了。但是那"三不朽说"还有三层缺点，不可不知。第一，照平常的解说看来，那些真能不朽的人只不过那极少数有道德，有功业，有著述的人。还有那无量平常人难道就没有不朽的希望吗？世界上能有几个墨翟、耶稣，几个哥伦布、华盛顿，几个杜甫、陶潜，几个牛敦、达尔文呢？这岂不成了一种"寡头"的不朽论吗？第二，这种不朽论单从积极一方面着想，但没有消极的裁制。那种灵魂的不朽论既说有天国的快乐，又说有地狱的苦楚，是积极消极两方面都顾着的。如今单说立德可以不朽，不立德又怎样呢？立功可以不朽，有罪恶又怎样呢？第三，这种不朽论所说的"德，功，言"三件，范围都很含糊。究竟怎样的人格方才可算是"德"呢？怎样的事业方才可算是"功"呢？怎样的著作方才可算是"言"呢？我且举一个例。哥伦布发见美洲固然可算得立了不朽之功，但是他船上的水手头又怎样呢？他那只船的造船工人又怎样呢？他船上用的罗盘器械的制造工人又怎样呢？他所读的书的著作者又怎样呢？……举这一条例，已可见"三不朽"的界限含糊不清了。

因为要补足这三层缺点，所以我想提出第三种不朽论来请大家讨论。我一时想不起别的好名字，姑且称他做"社会的不朽论"。

三，社会的不朽论　社会的生命，无论是看纵剖面，是看横截面，都像一种有机的组织。从纵剖面看来，社会的历史是不断的；

前人影响后人，后人又影响更后人；没有我们的祖宗和那无数的古人，又那里有今日的我和你？没有今日的我和你，又那里有将来的后人？没有那无量数的个人，便没有历史，但是没有历史，那无数的个人也决不是那个样子的个人。总而言之，个人造成历史，历史造成个人。从横截面看来，社会的生活是交互影响的：个人造成社会，社会造成个人。社会的生活全靠个人分工合作的生活，但个人的生活，无论如何不同，都脱不了社会的影响。若没有那样这样的社会，决不会有这样那样的我和你；若没有无数的我和你，社会也决不是这个样子。来勃尼慈(Leibnitz)说得好：

> 这个世界乃是一片大充实(Plenum，为真空 Vacuum 之对)，其中一切物质都是接连着的。一个大充实里面有一点变动，全部的物质都要受影响，影响的程度与物体距离的远近成正比例。世界也是如此。每一个人不但直接受他身边亲近的人的影响，并且间接又间接的受距离很远的人的影响，所以世间的交互影响，无论距离远近，都受得着。所以世界上的人，每人受着全世界一切动作的影响。如果他有周知万物的智慧，他可以在每人的身上看出世间一切施为，无论过去未来都可看得出，在这一个现在里面便有无穷时间空间的影子。(见 Monadology 第六十一节)

从这个交互影响的社会观和世界观上面，便生出我所说的"社会的不朽论"来。我这"社会的不朽论"的大旨是：

> 我这个"小我"不是独立存在的，是和无量数小我有直接或间接的交互关系的；是和社会的全体和世界的全体都有互为影响的关系的；是和社会世界的过去和未来都有因果关系的。种种从前的因，种种现在无数"小我"和无数他种势力所

造成的因，都成了我这个"小我"的一部分。我这个"小我"，加上了种种从前的因，又加上了种种现在的因，传递下去，又要造成无数将来的"小我"。这种种过去的"小我"，和种种现在的"小我"，和种种将来无穷的"小我"，一代传一代，一点加一滴；一线相传，连绵不断；一水奔流，滔滔不绝：——这便是一个"大我"。"小我"是会消灭的，"大我"是永远不灭的。"小我"是有死的，"大我"是永远不死，永远不朽的。"小我"虽然会死，但是每一个"小我"的一切作为，一切功德罪恶，一切语言行事，无论大小，无论是非，无论善恶，——都永远留存在那个"大我"之中。那个"大我"，便是古往今来一切"小我"的纪功碑，彰善祠，罪状判决书，孝子慈孙百世不能改的恶谥法。这个"大我"是永远不朽的，故一切"小我"的事业，人格，一举一动，一言一笑，一个念头，一场功劳，一桩罪过，也都永远不朽。这便是社会的不朽，"大我"的不朽。

那边"一座低低的土墙，遮着一个弹三弦的人"，那三弦的声浪，在空间起了无数波澜；那被冲动的空气质点，直接间接冲动无数旁的空气质点；这种波澜，由近而远，至于无穷空间；由现在而将来，由此刹那以至于无量刹那，至于无穷时间：——这已是不灭不朽了。那时间，那"低低的土墙"外边来了一位诗人，听见那三弦的声音，忽然起了一个念头；由这一个念头，就成了一首好诗；这首好诗传诵了许多人；人读了这诗，各起种种念头；由这种种念头，更发生无量数的念头，更发生无数的动作，以至于无穷。然而那"低低的土墙"里面那个弹三弦的人又如何知道他所发生的影响呢？

一个生肺病的人在路上偶然吐了一口痰。那口痰被太阳晒干了，化为微尘，被风吹起空中，东西飘散，渐吹渐远，至于无穷时间，至于无穷空间。偶然一部分的病菌被体弱的人呼吸进去，便发生肺病，由他一身传染一家，更由一家传染无数人家。如此辗转传染，至于无穷空间，至于无穷时间。然而那先前吐痰的人的骨头早已腐烂了，他又如何知道他所种的恶果呢？

一千五六百年前有一个人叫做范缜说了几句话道："神之于形，犹利之于刀；未闻刀没而利存，岂容形亡而神在？"这几句话在当时受了无数人的攻击。到了宋朝有个司马光把这几句话记在他的《资治通鉴》里。一千五六百年之后，有一个十一岁的小孩子——就是我——看《通鉴》到这几句话，心里受了一大感动，后来便影响了他半生的思想行事。然而那说话的范缜早已死了一千五百年了！

二千六七百年前，在印度地方有一个穷人病死了，没人收尸，尸首暴露在路上，已腐烂了。那边来了一辆车，车上坐着一个王太子，看见了这个腐烂发臭的死人，心中起了一念；由这一念，辗转发生无数念。后来那位王太子把王位也抛了，富贵也抛了，父母妻子也抛了，独自去寻思一个解脱生老病死的方法。后来这位王子便成了一个教主，创了一种哲学的宗教，感化了无数人。他的影响势力至今还在；将来即使他的宗教全灭了，他的影响势力终久还存在，以至于无穷。这可是那腐烂发臭的路毙所曾梦想到的吗？

以上不过是略举几件事，说明上文说的"社会的不朽""大我的不朽"。这种不朽论，总而言之，只是说个人的一切功德罪恶，一切言语行事，无论大小好坏，一一都留下一些影响在那个"大我"之中，一一都与这永远不朽的"大我"一同永远不朽。

上文我批评那"三不朽论"的三层缺点：一，只限于极少数的人，二，没有消极的裁制，三，所说"功，德，言"的范围太含糊了。如今所说"社会的不朽"，其实只是把那"三不朽论"的范围更推广了。既然不论事业功德的大小，一切都可不朽，那第一第三两层短处都没有了。冠绝古今的道德功业固可以不朽，那极平常的"庸言庸行"，油盐柴米的琐屑，愚夫愚妇的细事，一言一笑的微细，也都永远不朽。那发见美洲的哥伦布固可以不朽，那些和他同行的水手火头，造船的工人，造罗盘器械的工人，供给他粮食衣服银钱的人，他所读的书的著作家，生他的父母，生他父母的父母祖宗，以及生育训练那些工人商人的父母祖宗，以及他以前和同时的社会，……都永远不朽。社会是有机的组织，那英雄伟人可以不朽，那挑水的，烧饭的，甚至于浴堂里替你擦背的，甚至于每天替你家掏粪倒马桶的，也都永远不朽。至于那第二层缺点，也可免去。如今说立德不朽，行恶也不朽；立功不朽，犯罪也不朽；"流芳百世"不朽，"遗臭万年"也不朽；功德盖世固是不朽的善因，吐一口痰也有不朽的恶果。我的朋友李守常先生说得好："稍一失脚，必致遗留层层罪恶种子于未来无量的人，——即未来无量的我，——永不能消除，永不能忏悔。"这就是消极的裁制了。

中国儒家的宗教提出一个父母的观念，和一个祖先的观念，来做人生一切行为的裁制力。所以说，"一出言而不敢忘父母，一举足而不敢忘父母"。父母死后，又用丧礼祭礼等等见神见鬼的方法，时刻提醒这种人生行为的裁制力。所以又说，"斋明盛服，以承祭祀，洋洋乎如在其上，如在其左右"。又说，"斋三日，则见其所为斋者；祭之日，入室，僾然必有见乎其位；周还出户，肃然必有闻乎其容声；出户而听，忾然必有闻乎其叹息之声"。这都是"神道设教"，见神见鬼的手段。这种宗教的手段在今日是不中用了。还有那种"默示"的宗教，神权的宗教，崇拜偶像的宗教，在我们心里也不能发生效力，不能裁制我们一生的行为。以我个人看来，这种

"社会的不朽"观念很可以做我的宗教了。我的宗教的教旨是：

> 我这个现在的"小我"，对于那永远不朽的"大我"的无穷
> 过去，须负重大的责任；对于那永远不朽的"大我"的无穷未
> 来，也须负重大的责任。我须要时时想着，我应该如何努力利
> 用现在的"小我"，方才可以不辜负了那"大我"的无穷过去，方
> 才可以不遗害那"大我"的无穷未来？

（跋）这篇文章的主意是民国七年年底当我的母亲丧事里想到
的。那时只写成一部分，到八年二月十九日方才写定付印。后来
俞颂华先生在报纸上指出我论社会是有机体一段很有语病，我觉
得他的批评很有理，故九年二月间我用英文发表这篇文章时，我就
把那一段完全改过了。十年五月，又改定中文原稿，并记作文与修
改的缘起于此。

贞操问题①

一

周作人先生所译的日本与谢野晶子的《贞操论》(《新青年》四卷五号)，我读了很有感触。这个问题，在世界上受了几千年的无意识的迷信，到近几十年中，方才有些西洋学者正式讨论这问题的真意义。文学家如易卜生的《群鬼》和 Thomas Hardy 的《苔史》(Tess)，都带着讨论这个问题。如今家庭专制最利害的日本居然也有这样大胆的议论！这是东方文明史上一件极可贺的事。

当周先生翻译这篇文字的时候，北京一家很有价值的报纸登出一篇恰相反的文章。这篇文章是海宁朱尔迈的《会葬唐烈妇记》。(七月二十三四日北京《中华新报》)上半篇写唐烈妇之死如下：

> 唐烈妇之死，所阅灰水，钱卤，投河，雉经者五，前后绝食者三；又益之以砒霜，则其亲试乎杀人之方者凡九。自除夕上溯其夫亡之夕，凡九十有八日。夫以九死之惨毒，又历九十八日之长，非所称百挫千折有进而无退者乎？……

---

① 此文选自《胡适文存》第一集卷四，1921年由上海亚东图书馆出版。

下文又借出一件"俞氏女守节"的事来替唐烈妇作陪衬：

> 女年十九,受海盐张氏聘,未于归,夫夭,女即绝食七日;家人劝之力,始进糜曰,"吾即生,必至张氏,宁服丧三年,然后归报地下"。

最妙的是朱尔迈的论断：

> 嗟乎,俞氏女盖闻烈妇之风而兴起者乎? ……俞氏女果能死于绝食七日之内岂不甚幸? 乃为家人阻之,俞氏女亦以三年为己任,余正恐三年之间,凡一千八十日有奇,非如烈妇之九十八日也。且绝食之后,其家人防之者百端,……虽有死之志,而无死之间,可奈何? 烈妇倘能阴相之以成其节,风化所关,猗欤甚矣!

这种议论简直是全无心肝的贞操论。俞氏女还不曾出嫁,不过因为信了那种荒谬的贞操迷信,想做那"青史上留名的事",所以绝食寻死,想做烈女。这位朱先生要维持风化,所以忍心害理的巴望那位烈妇的英灵来帮助俞氏女赶快死了,"岂不甚幸!"这种议论可算得贞操迷信的极端代表。《儒林外史》里面的王玉辉看他女儿殉夫死了,不但不哀痛,反仰天大笑道:"死得好! 死得好!"(五十二回)王玉辉的女儿殉已嫁之夫,尚在情理之中。王玉辉自己"生这女儿为伦纪生色",他看他女儿死了反觉高兴,已不在情理之中了。至于这位朱先生巴望别人家的女儿替他未婚夫做烈女,说出那种"猗欤盛矣"的全无心肝的话,可不是贞操迷信的极端代表吗?

贞操问题之中,第一无道理的,便是这个替未婚夫守节和殉烈的风俗。在文明国里,男女用自由意志,由高尚的恋爱,订了婚约,有时男的或女的不幸死了,剩下的那一个因为生时爱情太深,故情愿不再婚嫁。这是合情理的事。若在婚姻不自由之国，男女订婚以后，女的还不知男的面长面短，有何情爱可言？不料竟有一种陋儒，用"青史上留名的事"来鼓励无知女儿做烈女，"为伦纪生色"，"风化所关，猗欤盛矣！"我以为我们今日若要作具体的贞操论，第一步就该反对这种忍心害理的烈女论，要渐渐养成一种舆论，不但永不把这种行为看作"猗欤盛矣"可旌表褒扬的事，还要公认这是不合人情，不合天理的罪恶；还要公认劝人做烈女，罪等于故意杀人。

这不过是贞操问题的一方面。这个问题的真相，已经与谢野晶子说得很明白了。她提出几个疑问，内中有一条是："贞操是否单是女子必要的道德，还是男女都必要的呢？"这个疑问，在中国更为重要。中国的男子要他们的妻子替他们守贞守节，他们自己却公然嫖妓，公然纳妾，公然"吊膀子"。再嫁的妇人在社会上几乎没有社交的资格；再婚的男子，多妻的男子，却一毫不损失他们的身份。这不是最不平等的事吗？怪不得古人要请"周婆制礼"来补救"周公制礼"的不平等了。

我不是说，因为男子嫖妓，女子便该偷汉；也不是说，因为老爷有姨太太，太太便该有姨老爷。我说的是，男子嫖妓，与妇人偷汉，犯的是同等的罪恶；老爷纳妾，与太太偷人，犯的也是同等的罪恶。

为什么呢？因为贞操不是个人的事，乃是人对人的事；不是一方面的事，乃是双方面的事。女子尊重男子的爱情，心思专一，不肯再爱别人，这就是贞操。贞操是一个"人"对别一个"人"的一种态度。因为如此，男子对于女子，也该有同等的态度。若男子不能照样还敬，他就是不配受这种贞操的待遇。这并不是外国进口的妖言，这乃是孔丘说的"己所不欲，勿施于人"。孔丘说：

> 君子之道四，丘未能一焉：所求乎子以事父，未能也；所
> 求乎臣以事君，未能也；所求乎弟以事兄，未能也；所求乎朋
> 友，先施之，未能也。

孔丘五伦之中，只说了四伦，未免有点欠缺。他理该加上一
句道：

> 所求乎吾妇，先施之，未能也。

这才是大公无私的圣人之道！

二

我这篇文字刚才做完，又在上海报上看见陈烈女殉夫的事。
今先记此事大略如下：

> 陈烈女名宛珍，绍兴县人，三世居上海。年十七，字王远
> 甫之子菁士。菁士于本年三月廿三日病死，年十八岁。陈女
> 闻死耗，即沐浴更衣，潜自仰药。其家人觉察，仓皇施救，已无
> 及。女乃泫然曰："儿志早决，生虽未获见夫，殁或相从地
> 下……"言讫，遂死，死时距其未婚夫之死仅三时而已。（此据
> 上海绍兴同乡会所出征文启）

过了两天，又见上海县知事呈江苏省长请予褒扬的呈文，
中说：

> 呈为陈烈女行实可风，造册具书证明，请予按例褒扬
> 事。……（事实略）……兹据呈称，……并开具事实，附送褒扬
> 费银六元前来。……知事复查无异。除先给予"贞烈可风"匾
> 额，以资旌表外，谨援《褒扬条例》……之规定，造具清册，并附
> 证明书，连同褒扬费，一并备文呈送，仰祈鉴核，俯赐咨行内务

部将陈烈女按例褒扬，实为德便。

我读了这篇呈文，方才知道我们中华民国居然还有什么《褒扬条例》。于是我把那些条例寻来一看，只见第一条九种可褒扬的行谊的第二款便是"妇女节烈贞操可以风世者"；第七款是"著述书籍，制造器用，于学术技艺或发明或改良之功者"；第九款是"年逾百岁者"！一个人偶然活到了一百岁，居然也可以与学术技艺上的著作发明享受同等的褒扬！这已是不伦不类可笑得很了。再看那条例《施行细则》解释第一条第二款的"妇女节烈贞操可以风世者"如下：

> 第二条：《褒扬条例》第一条第二款所称之"节"妇，其守节年限自三十岁以前守节至五十岁以后者。但年未五十而身故，其守节已及六年者同。
>
> 第三条：同条款所称之"烈"妇"烈"女，凡遇强暴不从致死，或羞忿自尽，及夫亡殉节者，属之。
>
> 第四条：同条款所称之"贞"女，守贞年限与节妇同。其在夫家守贞身故，及未符年例而身故者，亦属之。

以上各条乃是中国贞操问题的中心点。第二条褒扬"自三十岁以前守节至五十岁以后"的节妇，是中国法律明明认三十岁以下的寡妇不该再嫁；再嫁为不道德。第三条褒扬"夫亡殉节"的烈妇烈女，是中国法律明明鼓励妇人自杀以殉夫；明明鼓励未嫁女子自杀以殉未嫁之夫。第四条褒扬未嫁女子替未婚亡夫守贞二十年以上，是中国法律明明说未嫁而丧夫的女子不该再嫁人，再嫁便是不道德。

这是中国法律对于贞操问题的规定。

依我个人的意思看来，这三种规定都没有成立的理由。

第一，寡妇再嫁问题　这全是一个个人问题。妇人若是对她已死的丈夫真有割不断的情义，她自己不忍再嫁；或是已有了孩子，不肯再嫁；或是年纪已大，不能再嫁；或是家道殷实，不愁衣食，不必再嫁；——妇人处于这种境地，自然守节不嫁。还有一些妇人，对她丈夫，或有怨心，或无恩意，年纪又轻，不肯抛弃人生正当的家庭快乐；或是没有儿女，家又贫苦，不能度日；——妇人处于这种境遇没有守节的理由，为个人计，为社会计，为人道计，都该劝她改嫁。贞操乃是夫妇相待的一种态度。夫妇之间爱情深了，恩谊厚了，无论谁生谁死，无论生时死后，都不忍把这爱情移于别人，这便是贞操。夫妻之间若没有爱情恩意，即没有贞操可说。若不问夫妇之间有无可以永久不变的爱情，若不问做丈夫的配不配受他妻子的贞操，只晓得主张做妻子的总该替她丈夫守节；这是一偏的贞操论，这是不合人情公理的伦理。再者，贞操的道德，"照各人境遇体质的不同，有时能守，有时不能守；在甲能守，在乙不能守。"（用与谢野晶子的话）若不问个人的境遇体质，只晓得说"忠臣不事二君，烈女不更二夫"；只晓得说"饿死事极小，失节事极大"；（用程子语）这是忍心害理，男子专制的贞操论。——以上所说，大旨只要指出寡妇应否再嫁全是个人问题，有个人恩情上，体质上，家计上种种不同的理由，不可偏于一方面主张不近情理的守节。因为如此，故我极端反对国家用法律的规定来褒扬守节不嫁的寡妇。褒扬守节的寡妇，即是说寡妇再嫁为不道德，即是主张一偏的贞操论。法律既不能断定寡妇再嫁为不道德，即不该褒扬不嫁的寡妇。

第二，烈妇殉夫问题　寡妇守节最正当的理由是夫妇间的爱情。妇人殉夫最正当的理由也是夫妇间的爱情。爱情深了，生离尚且不能堪，何况死别？再加以宗教的迷信，以为死后可以夫妇团圆。因此有许多妇人，夫死之后，情愿杀身从夫于地下。这个不属于贞操问题。但我以为无论如何,这也是个人恩爱问题,应由个人自由意志去决定。无论如何,法律总不该正式褒扬妇人自杀殉夫的举动。一来呢,殉夫既由于个人的恩爱,何须用法律来褒扬鼓励?二来呢,殉夫若由于死后团圆的迷信,更不该有法律的褒扬了。三来呢,若用法律来褒扬殉夫的烈妇,有一些好名的妇人,便要借此博一个"青史留名";是法律的褒扬反发生一种沽名钓誉、作伪不诚的行为了!

第三,贞女烈女问题 未嫁而夫死的女子,守贞不嫁的,是"贞女";杀身殉夫的是"烈女"。我上文说过,夫妇之间若没有恩爱,即没有贞操可说。依此看来,那未嫁的女子,对于她丈夫有何恩爱?既无恩爱,更有何贞操可守?我说到这里,有个朋友驳我道,"这话别人说了还可,胡适之可不该说这话,为什么呢?你自己曾做过一首诗,诗里有一段道:

> 我认不得他,他不认得我,我却常念他,这是为什么?
> 岂不因我们,分定常相亲?由分生情意,所以非路人。
> 海外土生子,生不识故里,终有故乡情,其理亦如此。

依你这诗的理论看来,岂不是已订婚而未嫁娶的男女因为名分已定,也会有一种情意。既有了情意,自然发生贞操问题。你如今又说未婚嫁的男女没有恩爱,故也没有贞操可说,可不是自相矛盾吗?"

我听了这段驳论,几乎开口不得。想了一想,我才回答道:我那首诗所说名分上发生的情意,自然是有的;若没有那种名分上的情意,中国的旧式婚姻决不能存在。如旧日女子听人说他未婚夫的事,即面红害羞,即留神注意,可见她对她未婚夫实有这种名分上所发生的情谊。但这种情谊完全属于理想的。这种理想的情谊往往因实际上的反证，遂完全消灭。如女子悬想一个可爱的丈夫，及到嫁时，只见一个极下流不堪的男子，她如何能坚持那从前理想中的情谊呢？我承认名分可以发生一种情谊，我并且希望一切名分都能发生相当的情谊。但这种理想的情谊，依我看来实在不够发生终身不嫁的贞操，更不够发生杀身殉夫的节烈。即使我更让一步，承认中国有些女子，例如吴趼人《恨海》里那个浪子的聘妻，深中了圣贤经传的毒，由名分上真能生出极浓挚的情谊，无论她未婚夫如何淫荡，人格如何堕落，依旧贞一不变。试问我们在这个文明时代，是否应该赞成提倡这种盲从的贞操？这种盲从的贞操，只值得一句"其愚不可及也"的评论，却不值得法律的褒扬。法律既许未嫁的女子夫死再嫁，便不该褒扬处女守贞。至于法律褒扬无辜女子自杀以殉不曾见面的丈夫，那更是男子专制时代的风俗，不该存在于现今的世界。

总而言之，我对于中国人的贞操问题，有三层意见。

第一，这个问题，从前的人都看作"天经地义"，一味盲从，全不研究"贞操"两字究竟有何意义。我们生在今日，无论提倡何种道德，总该想想那种道德的真意义是什么。墨子说得好：

> 子墨子问于儒者曰，"何故为乐？"曰，"乐以为乐也。"子墨子曰，"子未我应也。今我问曰，'何故为室？'曰，'冬避寒焉，夏避暑焉，室以为男女之别也'，则子告我为室之故矣。今我问曰，'何故为乐？'曰'乐以为乐也。'是犹曰，'何故为室？'曰，'室以为室也。'"(公孟篇)

今试问人"贞操是什么？"或"为什么你褒扬贞操？"他一定回答道，"贞操就是贞操。我因为这是贞操，故褒扬他。"这种"室以为室也"的论理，便是今日道德思想宣告破产的证据。故我做这篇文字的第一个主意只是要大家知道"贞操"这个问题并不是"天经地义",是可以彻底研究,可以反复讨论的。

第二,我以为贞操是男女相待的一种态度,乃是双方交互的道德,不是偏于女子一方面的。由这个前提,便生出几条引申的意见:(一)男子对于女子,丈夫对于妻子,也应有贞操的态度;(二)男子做不贞操的行为,如嫖妓娶妾之类,社会上应该用对待不贞妇女的态度来对待他;(三)妇女对于无贞操的丈夫,没有守贞操的责任;(四)社会法律既不认嫖妓纳妾为不道德,便不该褒扬女子的"节烈贞操"。

第三,我绝对的反对褒扬贞操的法律。我的理由是:

(一)贞操既是个人男女双方对待的一种态度,诚意的贞操是完全自动的道德,不容有外部的干涉,不须有法律的提倡。

(二)若用法律的褒扬为提倡贞操的方法,势必至造成许多沽名钓誉,不诚实,无意识的贞操举动。

(三)在现代社会,许多贞操问题,如寡妇再嫁,处女守贞等等问题的是非得失,却都还有讨论余地,法律不当以武断的态度制定褒贬的规条。

(四)法律既不奖励男子的贞操,又不惩男子的不贞操,便不该单独提倡女子的贞操。

(五)以近世人道主义的眼光看来,褒扬烈妇烈女杀身殉夫,都是野蛮残忍的法律,这种法律,在今日没有存在的地位。

大宇宙中谈博爱①

　　"博爱"就是爱一切人。这题目范围很大。在未讨论以前，让我们先看一个问题："我们的世界有多大？"

　　我的答复是"很大！"我从前念《千字文》的时候，一开头便已念到这样的辞句："天地玄黄，宇宙洪荒。"

　　宇宙是中国的字，和英文的 Universe，World 的意思差不多，都是抽象名词。

　　宇是空间（Space）即东南西北；宙是时间（Time）即古今旦暮。

　　《淮南子》说宇是上下四方，宙是古往今来。

　　宇宙就是天地，宇宙就是 Time—Space。

　　古人能得"Universe"的观念实在不易，相当合于今日的科学。

　　但古人所见的空间很小，时间很短，现在的观念已扩大了许多。考古学探讨千万年的事，地质学，古生物学，天文学等等不断的发现，更将时间空间的观念扩大。

　　现在的看法：空间是无穷的大，时间是无穷的长。

　　古人只见到八大行星，二十年前只见九大行星。现在所谓的银河，是古代所未能想象得到的。以前觉得太阳很远，现在说起来

────────

　　① 　此文选自《胡适演讲集》，台北中央研究院胡适纪念馆 1970 年出版。

算不得什么，因为比太阳远千万倍的东西多得很。

科学就这样地答复了"宇宙究竟有多大？"这个问题。

现在谈第二点：博爱。

在这个大世界里谈博爱，真是个大问题。

广义的爱，是世界各大宗教的最终目的。墨子可谓中国历史上最了不起的人，可说是宗教创立者（Founder of Religion），他提出"兼爱"为他的理论中心。兼爱就是博爱，是爱无等差的爱。墨子理论和基督教教义有很多相合的地方，如"爱人如己""爱我们的仇敌"等。

佛教哲学本谓一切无常，我亦无常，"我"是"四大"（土、水、火、风）偶然结合而成的，是十分简单的东西，因此无所谓爱与恨——根本不值得爱，也不值得恨。但早期佛教亦有爱的意念在：我既无常，可牺牲以为人。

和尚爱众生，但是佛教不准自食其力，所以有人称之为"叫化"（乞丐）宗教。自己的饭亦须取之于人，何能博爱？

古时很多人为了"爱"，每次登坑（大便）的时候便想想，大想一番，想到爱人。有些人则以身喂蚊，或以刀割肉，以自身所受的痛苦来显示他们对人的爱。这种爱的方法，只能做到牺牲自己，在现代的眼光看来，是可笑的。这种博爱给人的帮助十分有限，与现代的科学——工程、医学……等所能给我们的"博爱"比起来，力量实在小得可怜。今日的科学增进了人类互助博爱的能力。就说最近意大利邮船 Andrea Doria 号遇难的事吧，短短的数小时内就救起千多人。近代交通、医学……等的发达，减少了人类无数的痛苦。

我们要谈博爱，一定要换一观念。古时那种喂蚊割肉的博爱，等于开空头支票，毫无价值。现在的科学才能放大我们的眼光，促进我们的同情心，增加我们助人的能力。我们需要一种以科学为基础的博爱——一种实际的博爱。

　　孔子说:"修己以敬,修己以安人,修己以安百姓。"修己就是把自己弄好。我们应当先把自己弄好,然后帮助别人,独善其身然后能兼善天下。同学们,现在我们读书的时候,不要空谈高唱博爱,但应先努力学习,充实自己,到我们有充分能力的时候才谈博爱,仍不算迟。

"宁鸣而死，不默而生"[①]

——九百年前范仲淹争自由的名言

几年前，有人问我，美国开国前期争自由的名言"不自由，毋宁死"（原文是 Patric Henry 在一七七五年的"给我自由，否则给我死"Give me liberty, or give me death），在中国有没有相似的话。我说，我记得是有的，但一时记不清是谁说的了。

我记得是在王应麟的《困学纪闻》里见过有这样一句话，但这几年我总没有机会去翻查《困学纪闻》。今天偶然买得一部影印元本的《困学纪闻》，昨天检得卷十七有这一条。

范文正《灵乌赋》曰："宁鸣而死，不默而生。"其言可以立懦。"宁鸣而死，不默而生"，当时往往专指谏诤的自由，我们现在叫做言论自由。

范仲淹生在西历九八九年，死在一〇五二年，他死了九百零三年了。他作《灵乌赋》答梅圣俞的《灵乌赋》，大概是在景祐三年（一〇三六）他同欧阳修、余靖、尹洙诸人因言事被贬谪的时期。这比亨利柏得烈的"不自由，毋宁死"的话要早七百四十年。这也可以特别记出，作为中国争自由史上的一段佳话。

[①]　此文原载 1954 年 4 月台北《自由中国》第十二卷第七期。

梅圣俞名尧臣,生在西历一〇〇三年,死在一〇六一年。他集中有《灵乌赋》,原是寄给范仲淹的,大意是劝他的朋友们不要多说话。……这篇赋的见解,文辞都不高明。……

范仲淹作《灵乌赋》,有自序说:

> 梅君圣俞作是赋,曾不我鄙,而寄以为好。因勉而和之。庶几感物之意同归而殊途矣。

因为这篇赋是中国古代哲人争自由的重要文献,所以我多摘钞几句:

> 灵乌,灵乌,
> 尔之为禽兮何不高飞而远鸯?
> 何为号呼于人兮告吉凶而逢怒!
> 方将折尔翅而烹尔躯,
> 徒悔焉而亡路。
> 彼哑哑兮如诉,
> 请臆对而忍谕:
> 我有生兮累阴阳之含育,
> 我有质兮虑天地之覆露。
> 长慈母之危巢,
> 托主人之佳树。……
> 母之鞠兮孔艰,
> 主之仁兮则安。
> 度春风兮既成我以羽翰,
> 眷高柯兮欲去君而盘桓。
> 思报之意,厥声或异:
> 忧于未形,恐于未炽。

知我者谓吉之先，

不知我者谓凶之类。

故告之则反灾于身，

不告之则稔祸于人。

主恩或忘，我怀靡臧。

虽死而告，为凶之防。

亦由桑妖于庭，惧而修德，俾王之兴；

雉怪于鼎，惧而修德，俾王之盛。

天听甚迩，人言曷病！

彼希声之凤皇，

亦见讥于楚狂。

彼不世之麒麟，

亦见伤于鲁人。

凤岂以讥而不灵？

麟岂以伤而不仁？

故割而可卷，孰为神兵？

焚而可变，孰为英琼？

宁鸣而死，不默而生！

胡不学太仓之鼠兮，

　　何必仁为，丰食而肥？

仓苟竭兮，吾将安归！

又不学荒城之狐兮，

　　何必义为，深穴而威？

城苟圮兮，吾将畴依！

……

我乌也勤于母兮自天，

爱于主兮自天。

人有言兮是然。

人无言兮是然。

这是九百多年前一个中国政治家争取言论自由的宣言。

赋中"忧于未形,恐于未炽"两句,范公在十年后(一〇四六),在他最后被贬谪之后一年,作《岳阳楼记》,充分发挥成他最有名的一段文字:

> 嗟夫,予尝求古仁人之心……不以物喜,不以己悲,居庙堂之高则忧其民,处江湖之远则忧其君,是进亦忧,退亦忧。然则何时而乐耶?其必曰"先天下之忧而忧,后天下之乐而乐"乎?噫,微斯人,吾谁与归。

当前此三年(一〇四三)他同韩琦、富弼同在政府的时期,宋仁宗有手诏,要他们"尽心为国家诸事建明,不得顾忌"。范仲淹有《答手诏条陈十事》,引论里说:

> 我国家革五代之乱,富有四海,垂八十年。纲纪制度,日削月侵,官壅于下,民困于外,夷狄骄盛,寇盗横炽,不可不更张以救之。……

这是他在那所谓"庆历盛世"的警告。那十事之中,有"精贡举"一事,他说:

> ……国家乃专以辞赋取进士,以墨义取诸科,士皆舍大方而趋小道。虽济济盈庭,求有才有识者,十无一二。况天下危困,乏人如此,将何以救?在乎教以经济之才,庶可以救其不逮。或谓救弊之术无乃后时?臣谓四海尚完,朝谋而夕行,庶乎可济。安得晏然不救,坐俟其乱哉。……

这是在中原沦陷之前八十三年提出的警告。这就是范仲淹所说的"忧于未形，恐于未炽"；这就是他说的"先天下之忧而忧"。

从中国向来知识分子的最开明的传统看，言论的自由，谏诤的自由，是一种"自天"的责任，所以说，"宁鸣而死，不默而生。"

从国家与政府的立场看，言论的自由可以鼓励人人肯说"忧于未形，恐于未炽"的正论危言，来替代小人们天天歌功颂德，鼓吹升平的滥调。

少年中国之精神①

　　前番太炎先生,话里面说现在青年的四种弱点,都是很可使我们反省的。他的意思是要我们少年人:一,不要把事情看得太容易了。二,不要妄想凭借已成的势力。三,不要虚慕文明。四,不要好高骛远。这四条都是消极的忠告。我现在且从积极一方面提出几个观念,和各位同志商酌。

　　一、少年中国的逻辑　逻辑即是思想、辩论、办事的方法,一般中国人现在最缺乏的就是一种正当的方法,因为方法缺乏,所以有下列的几种现象:(一)灵异鬼怪的迷信,如上海的盛德坛及各地的各种迷信。(二)谩骂无理的议论。(三)用诗云子曰作根据的议论。(四)把西洋古人当作无上真理的议论。还有一种平常人不很注意的怪状,我且称他为"目的热",就是迷信一些空虚的大话,认为高尚的目的,全不问这种观念的意义究竟如何,今天有人说"我主张统一和平",大家齐声喝彩,就请他做内阁总理;明天又有人说"我主张和平统一",大家又齐声叫好,就举他做大总统。此外还有什么"爱国"哪,"护法"哪,"孔教"哪,"卫道"哪……许多空虚的名词,意义不曾确定,也都有许多人随声附和,认为天经地义,

---

　　①　此文选自《胡适演讲集》(三),台北中央研究院胡适纪念馆 1970 年出版。

这便是我所说的"目的热"。以上所说各种现象都是缺乏方法的表示。我们既然自认为"少年中国",不可不有一种新方法。这种新方法,应该是科学的方法。科学方法,不是我在这短促时间里所能详细讨论的,我且略说科学方法的要点:

第一注重事实　科学方法是用事实作起点的,不要问孔子怎么说,柏拉图怎么说,康德怎么说,我们须要先从研究事实下手,凡游历调查统计等事都属于此项。

第二注重假设　单研究事实,算不得科学方法。王阳明对着庭前的竹子做了七天的"格物"工夫,格不出什么道理来,反病倒了,这是笨伯的"格物"方法。科学家最重"假设"(Hypothesis)。观察事物之后,自然有几个假定的意思,我们应该把每一个假设所涵的意义彻底想出,看那意义是否可以解释所观察的事实?是否可以解决所遇的疑难?所以要博学。正是因为博学方才可以有许多假设,学问只是供给我们种种假设的来源。

第三注重证实　许多假设之中,我们挑出一个,认为最合用的假设。但是这个假设是否真正合用?必须实地证明。有时候,证实是很容易的;有时候,必须用"试验"方才可以证实。证实了的假设,方可说是"真"的,方才可用。一切古人今人的主张,东哲西哲的学说,若不曾经过这一层证实的工夫,只可作为待证的假设,不配认作真理。

少年的中国,中国的少年,不可不时时刻刻保存这种科学的方法,实验的态度。

二、少年中国的人生观　现在中国有几种人生观都是"少年中国"的仇敌:第一种是醉生梦死的无意识生活,固然不消说了。第二种是退缩的人生观,如静坐会的人,如坐禅学佛的人,都只是消极的缩头主义。这些人没有生活的胆子,不敢冒险,只求平安,所以变成一班退缩懦夫。第三种是野心的投机主义,这种人虽不退缩,但为完全自己的私利起见,所以他们不惜利用他人,作他们自己的器具,不惜牺牲别人的人格和自己的人格,来满足自己的野心;到了紧要关头,不惜作伪,不惜作恶,不顾社会的公共幸福,以求达他们自己的目的。这三种人生观都是我们该反对的。少年中国的人生观,依我个人看来,该有下列的几种要素:

第一须有批评的精神　一切习惯、风俗、制度的改良,都起于一点批评的眼光。个人的行为和社会的习俗,都最容易陷入机械的习惯,到了"机械的习惯"的时代,样样事都不知不觉的做去,全不理会何以要这样做,只晓得人家都这样做故我也这样做。这样的个人便成了无意识的两脚机器,这样的社会便成了无生气的守旧社会,我们如果发愿要造成少年的中国,第一步便须有一种批评的精神。批评的精神不是别的,就是随时随地都要问我为什么要这样做?为什么不那样做?

第二须有冒险进取的精神　我们须要认定这个世界是很多危险的,定不太平的,是需要冒险的。世界的缺点很多,是要我们来补救的;世界的痛苦很多,是要我们来减少的;世界的危险很多,是要我们来冒险进取的。俗语说得好:"成人不自在,自在不成人。"我们要做一个人,岂可贪图自在?我们要想造一个"少年的中国",岂可不冒险?这个世界是给我们活动的大舞台,我们既上了台,便应该老着面皮,拚着头皮,大着胆子,干将起来。那些缩进后台去静坐的人都是懦夫,那些袖着双手只会看戏的人,也都是懦夫。这个世界岂是给我们静坐旁观的吗?那些厌恶这个世界梦想超生别的世界的人,更是懦夫,不用说了。

第三须要有社会协进的观念　上条所说的冒险进取,并不是野心的,自私自利的。我们既认定这个世界是给我们活动的,又须认定人类的生活全是社会的生活，社会是有机的组织，全体影响个人，个人影响全体，社会的活动是互助的，你靠他帮忙，他靠你帮忙，我又靠你同他帮忙，你同他又靠我帮忙。你少说了一句话，我或者不是我现在的样子，我多尽了一分力，你或者也不是你现在这个样子，我和你多尽了一分力，或少做了一点事，社会的全体也许不是现在这个样子，这便是社会协进的观念。有这个观念，我们自然把人人都看作同力合作的伴侣，自然会尊重人人的人格了。有这个观念，我们自然觉得我们的一举一动都和社会有关，自然不肯为社会造恶因，自然要努力为社会种善果，自然不致变成自私自利的野心投机家了。

少年的中国，中国的少年，不可不时时刻刻保存这种批评的、冒险进取的、社会的人生观。

三、少年中国的精神　少年中国的精神并不是别的，就是上文所说的逻辑和人生观。我且说一件故事做我这番谈话的结论：诸君读过英国史的，一定知道英国前世纪有一种宗教革新的运动，历史上称为"牛津运动"（The Oxford Movement），这种运动的几个领袖如客白尔（Keble），纽曼（Newman），福鲁德（Froude）诸人，痛恨英国国教的腐败，想大大的改革一番。这个运动未起事之先，这几位领袖做了一些宗教性的诗歌写在一个册子上，纽曼摘了一句荷马的诗题在册子上，那句诗是 You shall see the difference now that we are back again! 翻译出来即是"如今我们回来了，你们看便不同了！"

少年的中国，中国的少年，我们也该时时刻刻记着这句话：

如今我们回来了，你们看便不同了！

这便是少年中国的精神。

介绍我自己的思想①

  我在这十年之中,出版了三集《胡适文存》,约计有一百四五十万字。我希望少年学生能读我的书,故用报纸印刷,要使定价不贵。但现在三集的书价已在七元以上,贫寒的中学生已无力全买了。字数近百五十万,也不是中学生能全读的了。所以我现在从这三集里选出了二十二篇论文,印作一册,预备给国内的少年朋友们作一种课外读物。如有学校教师愿意选我的文字作课本的,我也希望他们用这个选本。

  我选的这二十二篇文字,可以分作五组。

  第一组六篇,泛论思想的方法。

  第二组三篇,论人生观。

  第三组三篇,论中西文化。

  第四组六篇,代表我对于中国文学的见解。

  第五组四篇,代表我对于整理国故问题的态度与方法。

为读者的便利起见,我现在给每一组作一个简短的提要,使我的少年朋友们容易明白我的思想的路径。

---

  ① 此文即《〈胡适文选〉自序》,初刊 1930 年 12 月亚东图书馆初版《胡适文选》,又载 1931 年 6 月《新月》第三卷四号,后收入 1935 年商务印书馆初版《胡适论学近著》第一集卷五。

一

第一组收的文字是：

《演化论与存疑主义》

《杜威先生与中国》

《杜威论思想》

《问题与主义》

《新生活》

《新思潮的意义》

我的思想受两个人的影响最大：一个是赫胥黎，一个是杜威先生。赫胥黎教我怎样怀疑，教我不信任一切没有充分证据的东西。杜威先生教我怎样思想，教我处处顾到当前的问题，教我把一切学说理想都看作待证的假设，教我处处顾到思想的结果。这两个人使我明了科学方法的性质与功用，故我选前三篇介绍这两位大师给我的少年朋友们。

从前陈独秀先生曾说实验主义和辩证法的唯物史观是近代两个最重要的思想方法，他希望这两种方法能合作一条联合战线。这个希望是错误的。辩证法出于黑格尔的哲学，是生物进化论成立以前的玄学方法。实验主义是生物进化论出世以后的科学方法。这两种方法所以根本不相容，只是因为中间隔了一层达尔文主义。达尔文的生物演化学说给了我们一个大教训：就是教我们明了生物进化，无论是自然的演变，或是人为的选择，都由于一点一滴的变异，所以是一种很复杂的现象，决没有一个简单的目的地可以一步跳到，更不会有一步跳到之后可以一成不变。辩证法的哲学本来也是生物学发达以前的一种进化理论；依它本身的理论，这个一正一反相毁相成的阶段应该永远不断的呈现。但狭义的共产主义者却似乎忘了这个原则,所以武断的虚悬一个共产共有的理想境界,以为可以用阶级斗争的方法一蹴即到,既到之后又可以用一阶级专政方法把持不变。这样的化复杂为简单,这样的根本否定演变的继续,便是十足的达尔文以前的武断思想,比那顽固的黑格尔更顽固了。

实验主义从达尔文主义出发,故只能承认一点一滴的不断的改进是真实可靠的进化。我在《问题与主义》和《新思潮的意义》两篇里,只发挥这个根本观念。我认定民国六年以后的新文化运动的目的是再造中国文明,而再造文明的途径全靠研究一个个的具体问题。我说:

> 文明不是笼统造成的,是一点一滴的造成的,进化不是一晚上笼统进化的,是一点一滴的进化的,现今的人爱谈"解放"与"改造",须知解放不是笼统解放,改造也不是笼统改造。解放是这个那个制度的解放,这种那种思想的解放,这个那个人的解放:都是一点一滴的解放。改造是这个那个制度的改造,这种那种思想的改造,这个那个人的改造:都是一点一滴的改造。
>
> 再造文明的下手工夫是这个那个问题的研究。再造文明的进行是这个那个问题的解决。(页六八)

我这个主张在当时最不能得各方面的了解。当时(民国八年),承"五四""六三"之后,国内正倾向于谈主义。我预料到这个趋势的危险,故发表《多研究些问题,少谈些主义》的警告。我说:

> 凡是有价值的思想,都是从这个那个具体的问题下手的。先研究了问题的种种方面的种种事实,看看究竟病在何处,这是思想的第一步工夫。然后根据于一生的经验学问,提出种

种解决的方法,提出种种医病的丹方,这是思想的第二步工夫。然后用一生的经验学问,加上想像的能力,推想每一个假定的解决法应该可以有什么样的效果,更推想这种效果是否真能解决眼前这个困难问题。推想的结果,拣定一种假定的〔最满意的〕解决,认为我的主张,这是思想的第三步工夫。凡是有价值的主张,都是先经过这三步工夫来的。(页三六)

我又说:

> 一切主义,一切学理,都该研究。但只可认作一些假设的〔待证的〕见解,不可认作天经地义的信条;只可认作参考印证的材料,不可奉为金科玉律的宗教;只可用作启发心思的工具,切不可用作蒙蔽聪明,停止思想的绝对真理。如此方才可以渐渐养成人类的创造的思想力,方才可以渐渐使人类有解决具体问题的能力,方才可以渐渐解放人类对于抽象名词的迷信。(页五〇)

这些话是民国八年七月写的。于今已隔了十几年,当日和我讨论的朋友,一个已被杀死了,一个也颓唐了,但这些话字字句句都还可以应用到今日思想的现状。十几年前我所预料的种种危险——"目的热"而"方法盲",迷信抽象名词,把主义用作蒙蔽聪明停止思想的绝对真理,———都显现在眼前了。所以我十分诚恳的把这些老话贡献给我的少年朋友们,希望他们不可再走错了思想的路子。

《新生活》一篇,本是为一个通俗周报写的;十几年来,这篇短文走进了中小学的教科书里,读过的人应该在一千万以上了。但我盼望读过此文的朋友们把这篇短文放在同组的五篇里重新读一遍。赫胥黎教人记得一句"拿证据来!"我现在教人记得一句"为什么?"少年的朋友们,请仔细想想:你进学校是为什么? 你进一个政党是为什么? 你努力做革命工作是为什么? 革命是为了什么而革命? 政府是为了什么而存在?

请大家记得:人同畜生的分别,就在这个"为什么"上。

二

第二组的文字只有三篇:

《〈科学与人生观〉序》

《不朽》

《易卜生主义》

这三篇代表我的人生观,代表我的宗教。

《易卜生主义》一篇写的最早,最初的英文稿是民国三年在康奈尔大学哲学会宣读的,中文稿是民国七年写的。易卜生最可代表十九世纪欧洲的个人主义的精华,故我这篇文章只写得一种健全的个人主义的人生观。这篇文章在民国七八年间所以能有最大的兴奋作用和解放作用,也正是因为他所提倡的个人主义在当日确是最新鲜又最需要的一针注射。

娜拉抛弃了家庭丈夫儿女,飘然而去,只因为她觉悟了,她自己也是一个人,只因为她感觉到她"无论如何,务必努力做一个人"。这便是易卜生主义。易卜生说:

> 我所最期望于你的是一种真实纯粹的为我主义,要使你有时觉得天下只有关于你的事最要紧,其余的都算不得什么。……你要想有益于社会,最好的法子莫如把你自己这块材料铸造成器。……有的时候我真觉得全世界都像海上撞沉了船,最要紧的还是救出自己。(页一三〇)

这便是最健全的个人主义。救出自己的唯一法子便是把你自己这块材料铸造成器。

把自己铸造成器,方才可以希望有益于社会。真实的为我,便是最有益的为人。把自己铸造成了自由独立的人格,你自然会不知足,不满意于现状,敢说老实话,敢攻击社会上的腐败情形,做一个"贫贱不能移,富贵不能淫,威武不能屈"的斯铎曼医生。斯铎曼医生为了说老实话,为了揭穿本地社会的黑幕,遂被全社会的人喊作"国民公敌"。但他不肯避"国民公敌"的恶名,他还要说老实话。他大胆的宣言:

世上最强有力的人就是那孤立的人!

这也是健全的个人主义的真精神。

这个个人主义的人生观一面教我们学娜拉,要努力把自己铸造成个人;一面教我们学斯铎曼医生,要特立独行,敢说老实话,敢向恶势力作战。少年的朋友们,不要笑这是十九世纪维多利亚时代的陈腐思想!我们去维多利亚时代还老远哩。欧洲有了十八九世纪的个人主义,造出了无数爱自由过于面包,爱真理过于生命的特立独行之士,方才有今日的文明世界。

现在有人对你们说:"牺牲你们个人的自由,去求国家的自由!"我对你们说:"争你们个人的自由,便是为国家争自由!争你们自己的人格,便是为国家争人格!自由平等的国家不是一群奴才建造得起来的!"

《〈科学与人生观〉序》一篇略述民国十二年的中国思想界里的一场大论战的背景和内容。(我盼望读者能参读《文存》三集里《几个反理学的思想家》的《吴敬恒》一篇,页一五一~一八六。)在此序的末段,我提出我所谓

《自然主义的人生观》(页九二～九五)这不过是一个轮廓,我希望少年朋友们不要仅仅接受这个轮廓,我希望他们能把这十条都拿到科学教室和实验室里去细细证实或否证。

这十条的最后一条是:

> 根据于生物学及社会学的知识,叫人知道个人——"小我"——是要死灭的,而人类——"大我"——是不死的,不朽的;叫人知道"为全种万世而生活"就是宗教,就是最高的宗教;而那些替个人谋死后的天堂净土的宗教乃是自私自利的宗教。

这个意思在这里说得太简单了,读者容易起误解。所以我把"不朽"一篇收在后面,专说明这一点。

我不信灵魂不朽之说,也不信天堂地狱之说,故我说这个小我是会死灭的。死灭是一切生物的普通现象,不足怕,也不足惜。但个人自有他的不死不灭的部分:他的一切作为,一切功德罪恶,一切语言行事,无论大小,无论善恶,无论是非,都在那大我上留下不能磨灭的结果和影响。他吐一口痰在地上,也许可以毁灭一村一族。他起一个念头,也许可以引起几十年的血战。他也许"一言可以兴邦,一言可以丧邦"。善亦不朽,恶亦不朽;功盖万世固然不朽,种一担谷子也可以不朽,喝一杯酒,吐一口痰也可以不朽。古人说,"一出言而不敢忘父母,一举足而不敢忘父母"。我们应该说,"说一句话而不敢忘这句话的社会影响,走一步路而不敢忘这步路的社会影响。"这才是对于大我负责任。能如此做,便是道德,便是宗教。

这样说法,并不是推崇社会而抹煞个人。这正是极力抬高个人的重要。个人虽渺小,而他的一言一动都在社会上留下不朽的痕迹,芳不止流百世,臭也不止遗万年,这不是绝对承认个人的重要吗? 成功不必在我,也许在我千百年后,但没有我也决不能成功。毒害不必在眼前,"我躬不阅,遑恤我后"! 然而我岂能不负这毒害的责任? 今日的世界便是我们的祖宗积的德,造的孽。未来的世界全看我们自己积什么德或造什么孽。世界的关键全在我们手里,真如古人说的"任重而道远",我们岂可错过这绝好的机会,放下这绝重大的担子?

有人对你说,"人生如梦"。就算是一场梦罢,可是你只有这一个做梦的机会,岂可不振作一番,做一个痛痛快快轰轰烈烈的梦?

有人对你说,"人生如戏"。就说是做戏罢,可是,吴稚晖先生说的好:"这唱的是义务戏,自己要好看才唱的;谁便无端的自己扮做跑龙套,辛苦的出台,止算做没有呢?"

其实人生不是梦,也不是戏,是一件最严重的事实。你种谷子,便有人充饥;你种树,便有人砍柴,便有人乘凉;你拆烂污,便有人遭瘟;你放野火,便有人烧死。你种瓜便得瓜,种豆便得豆,种荆棘便得荆棘。少年的朋友们,你爱种什么? 你能种什么?

三

第三组的文字,也只有三篇:
《我们对于西洋近代文明的态度》
《漫游的感想》
《请大家来照照镜子》
在这三篇里,我很不客气的指摘我们的东方文明,很热烈的颂扬西洋的近代文明。

人们常说东方文明是精神的文明,西方文明是物质的文明,或唯物的文明。这是有夸大狂的妄人捏造出来的谣言,用来遮掩我们的差脸的。其实一切文明都有物质和精神的两部分：材料都是物质的,而运用材料的心思才智都是精神的。木头是物质;而刳木为舟,构木为屋,都靠人的智力,那便是精神的部分。器物越完备复杂,精神的因子越多。一只蒸汽锅炉,一辆摩托车,一部有声电影机器,其中所含的精神因子比我们老祖宗的瓦罐,大车,毛笔多的多了。我们不能坐在舢板船上自夸精神文明,而嘲笑五万吨大汽船是物质文明。

但物质是倔强的东西,你不征服他,他便要征服你。东方人在过去的时代,也曾制造器物,做出一点利用厚生的文明。但后世的懒惰子孙得过且过,不肯用手用脑去和物质抗争,并且编出"不以人易天"的懒人哲学,于是不久便被物质战胜了。天旱了,只会求雨;河决了,只会拜金龙大王;风浪大了,只会祷告观音菩萨或天后娘娘。荒年了,只好逃荒去;瘟疫来了,只好闭门等死;病上身了,只好求神许愿。树砍完了,只好烧茅草;山都精光了,只好对着叹气。这样又愚又懒的民族,不能征服物质,便完全被压死在物质环境之下,成了一分像人九分像鬼的不长进民族。所以我说:

> 这样受物质环境的拘束支配,不能跳出来,不能运用人的心思智力来改造环境改良现状的文明,是懒惰不长进的民族的文明,是真正唯物的文明。(页一五四)

反过来看看西洋的文明:

> 这样充分运用人的聪明智慧来寻求真理以解放人的心灵,来制服天行以供人用,来改造物质的环境,来改造社会政治的制度,来谋人类最大多数的最大幸福——这样的文明是精神文明。(页一五五)

这是我的东西文化论的大旨。

少年的朋友们，现在有一些妄人要煽动你们的夸大狂，天天要你们相信中国的旧文化比任何国高，中国的旧道德比任何国好。还有一些不曾出国门的愚人鼓起喉咙对你们喊道，"往东走！往东走！西方的这一套把戏是行不通的了！"

我要对你们说：不要上他们的当！不要拿耳朵当眼睛！睁开眼睛看看自己，再看看世界。我们如果还想把这个国家整顿起来，如果还希望这个民族在世界上占一个地位，——只有一条生路，就是我们自己要认错。我们必须承认我们自己百事不如人，不但物质机械上不如人，不但政治制度不如人，并且道德不如人，知识不如人，文学不如人，音乐不如人，艺术不如人，身体不如人。

肯认错了，方才肯死心塌地的去学人家，不要怕模仿，因为模仿是创造的必要预备工夫。不要怕丧失我们自己的民族文化，因为绝大多数人的惰性已尽够保守那旧文化了，用不着你们少年人去担心。你们的职务在进取，不在保守。

请大家认清我们当前的紧急问题。我们的问题是救国，救这衰病的民族，救这半死的文化。在这件大工作的历程里，无论什么文化，凡可以使我们起死回生，返老还童的，都可以充分采用，都应该充分收受。我们救国建国，正如大匠建屋，只求材料可以应用，不管他来自何方。

四

第四组的文字有六篇：
《建设的文学革命论》
《〈尝试集〉自序》
《文学进化观念》

《国语的进化》

《文学革命运动》

《〈词选〉自序》

这里有一部分是叙述文学运动的经过的,有一部分是我自己对于文学的见解。

我在这十几年的中国文学革命运动上,如果有一点点贡献,我的贡献只在:

一、我指出了"用白话作新文学"的一条路子。(页一九四～二〇三;页二三八～二四〇;页二七七～二八三)

二、我供给了一种根据于历史事实的中国文学演变论,使人明了国语是古文的进化,使人明了白话文学在中国文学史上占什么地位。(页二四二～二八四,页三〇四～三〇九)

三、我发起了白话新诗的尝试。(页二一七～二四一)

这些文字都可以表出我的文学革命论也只是进化论和实验主义的一种实际应用。

五

第五组的文字有四篇:

《〈国学季刊〉发刊宣言》

《古史讨论的读后感》

《〈红楼梦〉考证》

《治学的方法与材料》

这都是关于整理国故的文字。

《季刊宣言》是一篇整理国故的方法总论,有三个要点:

第一,用历史的眼光来扩大研究的范围。

第二，用系统的整理来部勒研究的资料。

第三，用比较的研究来帮助材料的整理与解释。

这一篇是一种概论，故未免觉得太悬空一点。以下的两篇便是两个具体的例子，都可以说明历史考证的方法。

《古史讨论》一篇，在我的《文存》里要算是最精彩的方法论。这里面讨论了两个基本方法：一个是用历史演变的眼光来追求传说的演变；一个是用严格的考据方法来评判史料。

顾颉刚先生在他的《古史辨》的自序里曾说他从我的《〈水浒传〉考证》和《井田辨》等文字里得着历史方法的暗示。这个方法便是用历史演化的眼光来追求每一个传说演变的历程，我考证《水浒》的故事，包公的传说，狸猫换太子的故事，井田的制度，都用这个方法。顾先生用这方法来研究中国古史，曾有很好的成绩。顾先生说的最好："我们看史迹的整理还轻，而看传说的经历却重。凡是一件史事，应看他最先是怎样，以后逐步逐步的变迁是怎样。"其实对于纸上的古史迹，追求其演变的步骤，便是整理他了。

在这篇文字里，我又略述考证的方法，我说：

我们对于"证据"的态度是：一切史料都是证据。但史家要问：

一、这种证据是在什么地方寻出的？

二、什么时候寻出的？

三、什么人寻出的？

四、依地方和时候上看起来，这个人有做证人的资格吗？

五、这个人虽有证人资格，而他说这句话时有作伪（无心的，或有意的）的可能吗？（页三四八～三四九）

《红楼梦考证》诸篇只是考证方法的一个实例。我说：

我觉得我们做《红楼梦》的考证，只能在"著者"和"本子"两个问题上着手；只能运用我们力所能搜集的材料，参考互证，然后抽出一些比较的最近情理的结论。这是考证学的方法。我在这篇文章里，处处想撇开一切先入的成见，处处存一个搜求证据的目的，处处尊重证据，让证据做向导，引我到相当的结论上去。（页四一一——四一二）

这不过是赫胥黎、杜威的思想方法的实际应用。我的几十万字的小说考证，都只是用一些"深切而著明"的实例来教人怎样思想。

　　试举曹雪芹的年代一个问题作个实例。民国十年，我收得了一些证据，得着这些结论：

　　　　我们可以断定曹雪芹死于乾隆三十年左右（约西历一七六五）。……我们可以猜想雪芹大约生于康熙末叶（约一七一五～一七二〇），当他死时，约五十岁左右。（页三八三）

民国十一年五月，我得着了《四松堂集》原本，见敦诚《挽曹雪芹》的诗题下注"甲申"二字，又诗中有"四十年华"的话，故修正我的结论如下：

　　　　曹雪芹死在乾隆二十九年甲申（一七六四），……他死时只有"四十年华"，我们可以断定他的年纪不能在四十五岁以上。假定他死时年四十五岁，他的生时当康熙五十八年（一七一九）。（页四二〇）

但到了民国十六年，我又得了《脂砚斋评本〈石头记〉》，其中有"壬午除夕，书未成，芹为泪尽而逝"的话。壬午为乾隆二十七年，除夕当西历一七六三年二月十二日，和我七年前的断定（"乾隆三十年左右，约西历一七六五"）只差一年多。又假定他活了四十五岁，他的生年大

概在康熙五十六年（一七一七），这也和我七年前的猜测正相符合。（页四三三）

考证两个年代，经过七年的时间，方才得着证实。证实是思想方法的最后又最重要的一步。不曾证实的理论，只可算是假设；证实之后，才是定论，方是真理。我在别处（《文存》三集，页二七三）说过：

> 我为什么要考证《红楼梦》？
>
> 在消极方面，我要教人怀疑王梦阮、徐柳泉一班人的谬说。
>
> 在积极方面，我要教人一个思想学问的方法。我要教人疑而后信，考而后信，有充分证据而后信。
>
> 我为什么要替《水浒传》作五万字的考证？我为什么要替庐山一个塔作四千字的考证？我要教人知道学问是平等的，思想是一贯的。……肯疑问"佛陀耶舍究竟到过庐山没有"的人，方才肯疑问"夏禹是神是人"。有了不肯放过一个塔的真伪的思想习惯，方才敢疑上帝的有无。

少年的朋友们，莫把这些小说考证看作我教你们读小说的文字。这些都只是思想学问的方法的一些例子。在这些文字里，我要读者学得一点科学精神，一点科学态度，一点科学方法。科学精神在于寻求事实，寻求真理。科学态度在于撇开成见，搁起感情，只认得事实，只跟着证据走，科学方法只是"大胆的假设，小心的求证"十个字。没有证据，只可悬而不断；证据不够，只可假设，不可武断；必须等到证实之后，方才奉为定论。

少年的朋友们，用这个方法来做学问，可以无大差失，用这种态度来做人处事，可以不至于被人蒙着眼睛牵着鼻子走。

从前禅宗和尚曾说，"菩提达摩东来，只要寻一个不受人惑的人"。我这里千言万语，也只是要教人一个不受人惑的方法。被孔丘、朱熹牵着鼻子走，固然不算高明；被马克思、列宁、斯大林牵着鼻子走，也算不得好汉。我自己决不想牵着谁的鼻子走。我只希望尽我的微薄的能力，教我的少年朋友们学一点防身的本领，努力做一个不受人惑的人。

抱着无限的爱和无限的希望，我很诚挚的把这一本小书贡献给全国的少年朋友！

十九年十一月二十七日晨二时，
将离开江南的前一日　胡适